企业高技能人才职业培训系列教材

移动通信机务员

五级 四级 三级

移动通信原理

主　　编：孙　凯　宋铁民
副 主 编：钟志鲲　孙智强　周　菁
编　　者：孙智强　马芝玲
主　　审：高人俊　朱建群

中国劳动社会保障出版社

图书在版编目(CIP)数据

移动通信机务员：五级、四级、三级. 移动通信原理/人力资源和社会保障部教材办公室等组织编写. —北京：中国劳动社会保障出版社，2014

企业高技能人才职业培训系列教材

ISBN 978-7-5167-1179-8

Ⅰ.①移… Ⅱ.①人… Ⅲ.①移动通信-邮电业务-职业培训-教材②移动通信-通信原理-职业培训-教材 Ⅳ.①F626.12②TN929.5

中国版本图书馆 CIP 数据核字(2014)第 121822 号

中国劳动社会保障出版社出版发行

（北京市惠新东街 1 号　邮政编码：100029）

*

北京市艺辉印刷有限公司印刷装订　新华书店经销

787 毫米×1092 毫米　16 开本　14.75 印张　252 千字

2014 年 6 月第 1 版　2014 年 6 月第 1 次印刷

定价：34.00 元

读者服务部电话：（010）64929211/64921644/84643933

发行部电话：（010）64961894

出版社网址：http://www.class.com.cn

内容简介

本教材由人力资源和社会保障部教材办公室、中国就业培训技术指导中心上海分中心、上海市职业技能鉴定中心、中国电信股份有限公司上海分公司依据移动通信机务员（五级 四级 三级）职业技能鉴定细目组织编写。教材从强化培养操作技能，掌握实用技术的角度出发，较好地体现了当前最新的实用知识与操作技术，对于提高从业人员基本素质，掌握移动通信机务员（五级 四级 三级）的核心知识与技能有直接的帮助和指导作用。

本教材既注重理论知识的掌握，又突出操作技能的培养，实现了培训教育与职业技能鉴定考核的有效对接，形成一套完整的移动通信机务员培训体系。本教材内容共分为4章，主要包括：移动通信基础、CDMA技术原理、移动基站天馈与铁塔、CDMA无线网络优化。

本教材可作为移动通信机务员（五级 四级 三级）职业技能培训与鉴定考核教材，也可供本职业从业人员培训使用，全国中、高等职业技术院校相关专业师生也可以参考使用。

前言

企业技能人才是我国人才队伍的重要组成部分，是推动经济社会发展的重要力量。加强企业技能人才队伍建设，是增强企业核心竞争力、推动产业转型升级和提升企业创新能力的内在要求，是加快经济发展方式转变、促进产业结构调整的有效手段，是劳动者实现素质就业、稳定就业、体面就业的重要途径，也是深入实施人才强国战略和科教兴国战略、建设人力资源强国的重要内容。

国务院办公厅在《关于加强企业技能人才队伍建设的意见》中指出，当前和今后一个时期，企业技能人才队伍建设的主要任务是：充分发挥企业主体作用，健全企业职工培训制度，完善企业技能人才培养、评价和激励的政策措施，建设技能精湛、素质优良、结构合理的企业技能人才队伍，在企业中初步形成初级、中级、高级技能劳动者队伍梯次发展和比例结构基本合理的格局，使技能人才规模、结构、素质更好地满足产业结构优化升级和企业发展需求。

高技能人才是企业技术工人队伍的核心骨干和优秀代表，在加快产业优化升级、推动技术创新和科技成果转化等方面具有不可替代的重要作用。为促进高技能人才培训、评价、使用、激励等各项工作的开展，上海市人力资源和社会保障局在推进企业高技能人才培训资源优化配置、完善高技能人才考核评价体系等方面做了积极的探索和尝试，积累了丰富而宝贵的经验。企业高技能人才培养的主要目标是三级（高级）、二级（技师）、一级（高级技师）等，考虑到企业高技能人才培养的实际情况，除一部分在岗培养并已达到高技能人才水平外，还有较大一批人员需要从基础技能水平培养起。为此，上海市将企业特有职业的五级（初级）、四级（中级）作为高技能人才培养的基础阶段一并列入企业高技能人才培养评价工作的总体框架内，以此进一步加大企业高技能人才培养工作力度，提高企业高技能人才培养效果，更好地实现高技能人才培养的总体目标。

为配合上海市企业高技能人才培养评价工作的开展，人力资源和社会保障部教材办公室、中国就业培训技术指导中心上海分中心、上海市职业技能鉴定中心联合组织有关行业和企业的专家、技术人员，共同编写了企业高技能人才职业培训系列教材。本教材是系列教材中的一种，由中国电信股份有限公司上海分公司负责具体编写工作。

企业高技能人才职业培训系列教材聘请上海市相关行业和企业的专家参与教材编审工作，以“能力本位”为指导思想，以先进性、实用性、适用性为编写原则，内容涵盖该职业的职业功能、工作内容的技能要求和专业知识要求，并结合企业生产和技能人才培养的实际需求，充分反映了当前从事职业活动所需要的核心知识与技能。教材可为全国其他省、市、自治区开展企业高技能人才培养工作，以及相关职业培训和鉴定考核提供借鉴或参考。

新教材的编写是一项探索性工作，由于时间紧迫，不足之处在所难免，欢迎各使用单位及个人对教材提出宝贵意见和建议，以便教材修订时补充更正。

企业高技能人才职业培训系列教材

编审委员会

目录

第 1 章

移动通信基础

本章学习目标

- ✔ 了解移动通信发展简史
- ✔ 了解第三代移动通信系统和 3G 3种制式的比较等基础知识
- ✔ 掌握无线频谱划分、无线电磁波传播的基础理论和传播模型等移动通信特点以及常用通信术语的含义
- ✔ 掌握移动通信发展简史和移动通信系统基本概念

1.1 移动通信简介

移动通信系统指通信双方或至少一方处于移动状态中进行信息交流的通信。常见的移动通信系统有蜂窝通信系统、寻呼系统、卫星系统（如铱星系统），另外还有无绳电话系统、集群通信系统等。移动状态中，通信联系的传输手段只能依靠无线通信，因此，无线通信是移动通信的基础，而无线通信技术的发展将推动移动通信的发展。

1.1.1 移动通信发展简史

1928 年用于警用车辆广播消息的第一个陆地移动通信系统在美国投入使用，1933 年美国新泽西警察局采用了双路的移动通信装置，该系统非常方便，使得几年后全美警察部门安装了 5 000 个无线接收装置。20 世纪 40 年代无线通信设备才逐步向民用扩展，近 20 年是移动通信真正迅猛发展的时期，而且由于其存在许多优点，其发展前景十分广阔。

第一代：1980 年出现，为模拟话音通信系统，如 AMPS、TACS、NMT、NTT 等。

20 世纪 70 年代，随着大规模集成电路技术和计算机技术的迅猛发展，终端小型化和系统设计等关键问题得到解决，移动通信系统进入了蓬勃发展的阶段。1978 年，美国开发了 AMPS（Advance Mobile Phone Service），这是第一种真正具有随时随地通信功能的大容量蜂窝移动通信系统。20 世纪 80 年代中期，欧洲和日本也纷纷建立了自己的蜂窝移动通信网络，主要代表有：英国的 ETACS（Extended Total Access Communication System）、法国的 450 系统、北欧的 NMT－450（Nordic Mobile Telephone System），这些系统都是双工的 FDMA 模拟制式系统，被称为第一代蜂窝移动通信系统。

尽管模拟蜂窝系统取得了巨大的成功，但是实际使用中也暴露出一些问题：频谱效率较低；业务种类单一，主要是语音业务；模拟系统存在同频干扰和互调干扰；保密性较差等。模拟蜂窝系统很快就被 20 世纪 90 年代推出的数字蜂窝系统取代。

第二代：20 世纪 80 年末出现，可传递话音和低速数据，为窄带数字通信系统，如 GSM、PDC、D－AMPS、CDMA（IS 95）等。第二代半：1996 年出现，用于解决中速数据传递的数字通信系统，如 GPRS、IS 95B 等。

随着超大规模集成电路、低速率语音编码技术以及近 20 年来计算机技术的发展，数字化处理技术和模拟技术相比具有更明显的优势，现代通信已经由模拟方式转向数字化处理方式。1992 年第一个数字蜂窝移动通信系统，欧洲的 GSM（Global System for Mobile Communication）网络在欧洲推出，由于其优越的性能，该系统在全球以惊人的速度扩张，目前该系统的用户占比超过全球蜂窝系统用户的 60%，是全球最大的蜂窝通信网络。

数字蜂窝移动通信的发展在美国也很迅速，尤其值得一提的是 Qualcomm 公司提出的一种基于码分多址（CDMA）方式的数字蜂窝系统的技术方案，在技术上有许多独特之处和优势，1993 年被 CTIA 和 TIA 批准为 IS 95 标准。

第二代数字蜂窝系统只能提供语音和低速数据业务的服务，随着人们对图像、语音及数据相结合的多媒体业务和高速率数据业务的需求越来越迫切，第一、第二代通信系统已经远远不能满足用户的需要。第三代移动通信系统应运而生。

第三代：用于传递高速数据，以支持多媒体应用，如 WCDMA、CDMA2000、TD－SCDMA等。

在 20 世纪 80 年代模拟蜂窝系统开始大规模商用时，多种制式的模拟蜂窝系统之间无法实现漫游。为了实行全球统一标准并能全球漫游，1985 年国际电信联盟（ITU）提出了未来公共陆地移动通信系统（Future Public Land Mobile Telecommunication System，FPLMTS）的概念。FPLMTS 是第三代移动通信系统的前身，其目的是实现任何人在任何时间、任何地点，能向任何人传送任何信息的功能。1992 年世界无线电大会（WARC）为 FPLMTS 确定了 2 GHz 附近共 230 MHz 的频谱。1994 年，ITU－R 和 ITU－T 开始合作研究 FPLMTS，其中 ITU－R 负责无线接入技术的标准化；ITU－T负责网络的标准化。为了解决2G系统所面临的主要问题，同时满足对分组数据传输及频谱利用率更高的要求，1996年ITU将FPLMTS更名为国际移动电信2000（IMT－2000），即第三代移动通信系统或3G系统。

1.1.2　移动通信系统结构

CDMA网络结构如图1—1所示，整个移动通信系统由接入终端、无线接入网络、核心网组成。本教材主要介绍的是接入终端MS与BTS之间的接口，即空中无线接口。

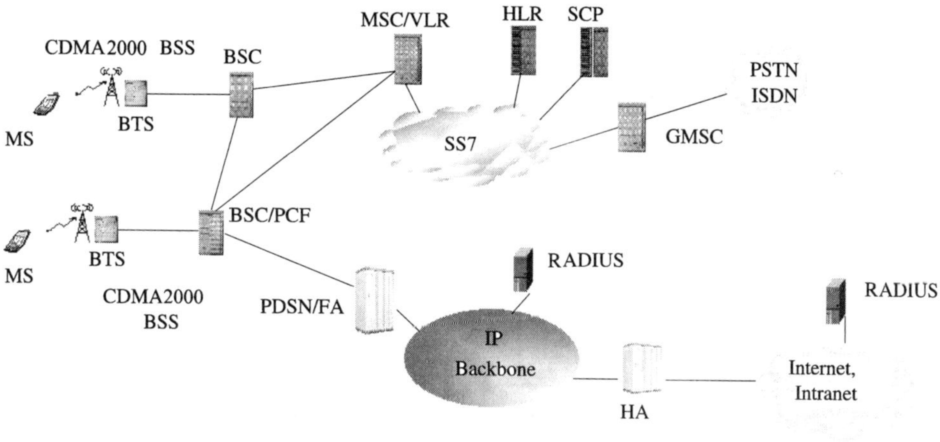

图1—1　CDMA网络结构图

MS：移动台　BTS：基站　BSC：基站控制器　SC：移动交换中心　HLR：归属位置寄存器
VLR：拜访位置寄存器　PCF：分组数据控制功能　PDSN：分组数据控制节点　HA：家乡代理
FA：外地代理　SCP：业务控制点　RADIUS：远程认证拨入用户业务

1.1.3　第三代移动通信系统

第三代移动通信系统能提供多种类型、高质量的多媒体业务，能实现全球无缝覆盖，具有全球漫游能力，可与固定网络相兼容，小型便携式终端在任何时候、任何地点可以进行任何种类的通信。由于其诸多的优点，吸引了全世界各个运营商、生产厂家与广大用户。

第三代移动通信系统最早由国际电信联盟（ITU）在1985年提出，曾被称为未来公众陆地移动通信系统，后来考虑到该系统将于2000年左右进入商用市场，并且其工作的频段在2 000 MHz，故于1996年正式更名为IMT－2000（International Mobile

Telecommunication -2000）。

1．第三代移动通信系统的目标

（1）能实现全球漫游：用户可以在整个系统甚至全球范围内漫游，且可以在不同速率、不同的运动状态下获得有质量保证的服务。

（2）能提供多种业务：提供话音、可变速率的数据、视频通话业务，特别是多媒体业务。

（3）能适应多种环境：可以综合现有的公众电话交换网（PSTN）、综合业务数字网、无绳系统、地面移动通信系统、卫星通信系统等多种系统，提供无缝隙的覆盖。

（4）足够的系统容量、强大的多种用户管理能力、高保密性能和高服务质量。

2．实现上述目标所需技术要求

为实现上述目标，对第三代移动通信系统的无线传输技术（Radio Transmission Technology，RTT）提出了以下要求：

（1）高速传输以支持多媒体任务：①室内环境速率至少 2 Mbit/s；②室内外步行环境速率至少 384 Kb/s；③室外车辆运动中速率至少 144 Kb/s；④卫星移动环境速率至少 9. 6 Kb/s。

（2）传输速率能够按需分配。

（3）上下行链路能适应不对称需求。

3．通信系统体制技术规范制定的工作组

第三代移动通信系统的引入是一个渐进演变的过程，并充分考虑向下兼容的原则。通信业务方面，将以第二代出现的各种业务为基础，逐步引入宽带及多媒体业务；通信技术方面，网络技术和设施将与有线网的智能化、宽带化结合在一起，通过一种演变的过程进入第三代，而无线传输技术将经历一场革命，为第三代移动通信新业务的提供奠定基础。

第三代移动通信系统 IMT -2000 的标准化工作是在国际电信联盟的指导下有组织有步骤地进行的。目前在 ITU 组织中负责第三代移动通信系统体制技术规范制定的工作组主要包括如下 3 个：ITU -R、ITU -T、ICG。

（1）ITU -R。ITU -R 负责系统集成无线部分，解决频谱与法规问题，协调无线传输技术的评估活动。

（2）ITU -T。ITU -T 负责网络端的标准化工作，主要包括网络部分、信令与协议、编号与寻址、网管及安全性等问题。

（3）ICG for IMT –2000。中间协调组，负责协调工作，使 ITU –R 和 ITU –T 之间能定期进行交流，并协调在制定 IMT –2000 技术标准过程中出现的各种问题。

目前 ITU 对 3G 的研究工作主要由 3GPP 和 3GPP2 来承担。3GPP 是以 WCDMA 为基础，集合了 Erission、Nokia、Simens 等欧洲公司以及日本的 NTT 和韩国的一些公司，共同研究 3G 的组织。3GPP2 是以 CDMA2000 为基础，集合了 Qualcomm、Lucent 等美国公司及日本的 ARIB 和韩国的一些公司，共同研究 3G 的组织。

IMT –2000 中最关键的是无线传输技术（RTT）。为了确定 IMT –2000 RTT 的关键技术，ITU 对多种无线接入方案（卫星接入除外）进行了艰难的融合，以尽可能达到形成统一的 RTT 标准的目的。但是，经过一年多的研究之后，ITU 发现要想获得不同 RTT 技术间的完全融合是根本行不通的。因此，1999 年 11 月，ITU TG8/1 在芬兰举行的会议上通过了“IMT –2000 无线接口技术规范”，最终确定了 IMT –2000 可用的 5 种 RTT 技术，这些技术覆盖了欧洲与日本的 WCDMA、美国的 CDMA 2000 和中国的 TD –SCDMA。

1.1.4 3G 3 种制式的比较

1. WCDMA

WCDMA 是欧洲 ETSI 提出的宽带 CDMA 技术，与日本 ARIB 提出的宽带 CDMA 技术基本一致，两者融合后形成了第三代移动通信无线传输技术 WCDMA。WCDMA 系统是一种异步系统，码片速率为 3. 84 Mchip/s，采用了快速功率控制技术，支持多种切换方式，可以适应多种速率的传输，灵活地提供多种业务。

2. CDMA2000

CDMA2000 是由美国 TIA 提出的宽带 CDMA 技术，采用直接序列扩频或多载波方式，码片速率可以是 1. 228 8 Mchip/s 的 1 倍或 3 倍（最高可达 9 倍或 11 倍），分别对应于 CDMA2000 1x 或 CDMA2000 3x 系统。CDMA2000 系统与 IS –95 系统后向兼容，采用 GPS 授时同步，并在 IS –95 系统软切换、功率控制及 RAKE 接收分集技术的基础上，增加了快速寻呼、反向信道相干解调、前向快速功率控制、Turbo 码及较高速率的分组数据传送等功能。

3. TD –SCDMA

TD –SCDMA 是由中国 CWTS 提出的宽带 CDMA 技术，采用直接序列扩频，码片速率为 1. 28 Mchip/s。TD –SCDMA 系统基于 TDD 方式，前反向信道工作在相同的频段上，在不同的时隙进行传送。

TD－SCDMA 系统采用智能天线、联合检测、接力切换等关键技术。

在这 3 种无线传输技术体制中，CDMA2000 和 WCDMA 均采用 FDD 方式；TD－SCDMA采用 TDD 方式。TDD 系统采用多时隙非连续传送方式，其抗快衰落和多普勒效应能力比连续传送的FDD 方式差；TDD 系统的峰平比（Peak to Average Rate，PAR）随着时隙数的增加而降低，考虑到耗能和成本因素，终端的发射功率不可能很大，故通信距离（小区半径）较小，而 FDD 系统的小区半径则相对较大。

1.2　移动通信技术

1.2.1　移动通信特点

移动通信就是移动体之间的通信，或移动体与固定体之间的通信。移动通信主要有如下特点：

1．移动性

移动性就是要保持物体在移动状态中的通信，因此必须是无线通信，或无线通信与有线通信的结合。

2．电磁波传播条件复杂

因移动体可能在各种环境中运动，电磁波在传播时会产生反射、折射、绕射、多普勒效应等现象，产生多径干扰、信号传播延迟和展宽等效应。

3．噪声和干扰严重

城市环境中的汽车火花噪声、各种工业噪声，移动用户之间的互调干扰、邻道干扰、同频干扰等。

4．系统和网络结构复杂

移动通信系统是一个多用户通信系统和网络，必须使用户之间互不干扰，才能协调一致地工作。此外，移动通信系统还应与市话网、卫星通信网、数据网等互联，整个网络结构是很复杂的。

5．要求频带利用率高、设备性能好。

1.2.2　无线频谱划分

目前我国三大运营商频谱划分如图 1—2 所示。

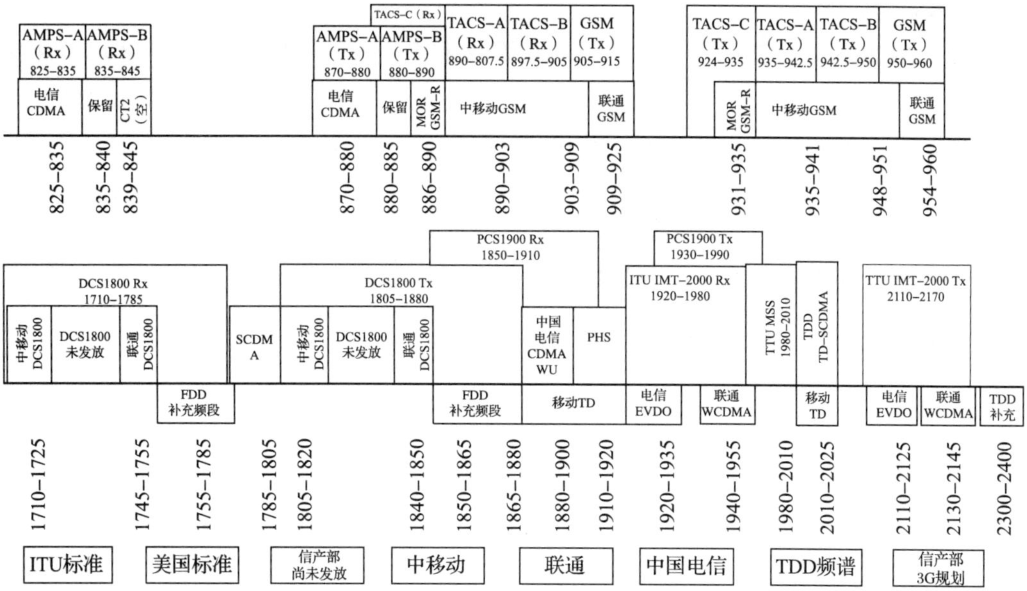

图 1—2 各运营商频谱划分

1. 2G 频谱划分

(1) 中国移动

GSM900：885 ~909 MHz 上行，930 ~954 MHz 下行

GSM1800：1710 ~1 725 MHz 上行，1 805 ~1 820 MHz 下行

ETACS 现划归中国移动 EGSM900：885 ~890 MHz 上行，930 ~935 MHz 下行

(2) 中国联通

GSM900：909 ~915 MHz 上行，954 ~960 MHz 下行

GSM1800：1 745 ~1 755 MHz 上行，1 840 ~1 850 MHz 下行

PHS：1 900 ~1 920 MHz

SCDMA：1 785 ~1 805 MHz

村通 CDMA400：401 ~409 MHz

(3) 中国电信

PHS：1 900 ~1 920 MHz

CDMA：825 ~840 MHz 上行，870 ~885 MHz 下行

2. 3G 频谱划分

(1) 中国移动：1 880 ~1 900 MHz 和 2 010 ~2 025 MHz，以及日后小灵通让出的

1 900 ~1 920 MHz 频段，其中核心频段为 55 MHz 资源，另外还存在 2 300 ~2 400 MHz 的补充资源。

（2）中国电信：获得 1 920 ~1 935 MHz 和 2 110 ~2 125 MHz 共 30 MHz 频段。

（3）中国联通：获得 1 940 ~1 955 MHz 和 2 130 ~2 145 MHz 共 30 MHz 频段。

1.2.3 常用通信术语的意义

常用通信术语的意义见表 1—1。

表 1—1 常用通信术语的意义

术语	意义
CDMA	CDMA 是码分多址（Code Division Multiple Access）的英文缩写。根据美国标准（IS－95）而设计的频率在 900～1800 MHz 范围的数字移动电话系统。与 FDMA 和 TDMA 相比，CDMA 具有许多独特的优点，其中一部分是扩频通信系统所固有的，另一部分则是由软切换和功率控制等技术所带来的
CDMA2000	一种专门为提供 ITU 及其 IMT2000 版本中所定义的 3G 能力而设计的无线通信模式。CDMA 2000 网络后向兼容 CDMA one 部署，并支持一系列高速无线信息业务
Erl（爱尔兰）	Erl（爱尔兰）是话务量的单位，话务量为呼叫次数与每次呼叫的平均占用时长的乘积
Abis interface	Abis 接口，基站与基站控制器之间的接口，遵守 ISDN 数据链路层协议，用于提供 D 通路数据链路连接、帧分界定位、次序控制、差错检测与控制、流量控制等功能
Access channel	接入信道，移动台接入系统得到服务的控制信道
A interface	A 接口，基站控制器（BSC）至 MSC 间的接口
Air interface	空中接口，移动台（MS）与基站（BTS）之间的无线接口
BS	BS 是基站（Base Station）的英文缩写，用来与移动台进行无线通信
BSC	基站控制器，其功能是作为无线电设备与 MSC 的控制和通信的接口，直接控制 BTS。BSS——基站子系统，通过无线接口与移动台直接联系，负责在一定区域内和移动台通信。BTS——基站收发台，可以看成复杂的无线调制器，BSS 的主要部分，每个分配有若干信道（GSM）

续表

术语	意　　义
Cell	小区，蜂窝通信系统的基本地理单位。一个给定区域的业务覆盖范围是基于相连的小区网络，其中每个小区的中心都有一个无线基站（BTS）。小区范围的大小由地形和用户数量决定。Cell Site——基站，包括无线和控制设备的装置，以实现通向移动单元的对话。小区可以分裂，通过将较大的小区划分为较小的小区，来满足增大话务量的要求
IMT－2000	国际电信联盟（ITU）在1985年提出了未来陆地移动通信系统，即FPLMTS。1992年世界无线电行政大会（WARC）将其频率定在2 000 MHz频段，预期在2000年左右进入商用。在一些国家的建议下，1996年FPLMTS正式更名为IMT－2000
Interface	接口，各部分设备或电路之间的接口
Interference	干扰
Interleaving	交织，以比特或者符号形式出现的数据在一帧时间内进行分配的处理过程，以便进行反交织后接收机的突发错误脉冲可以分散
Location updating	位置更新
MCC	移动国家码
MIN	Mobile Identification Number，移动识别码
MNC	移动网络代码
Mobile Assisted Handoff	移动辅助切换，数字模式的移动台在基站的指示下测量特定RF信道的信号质量的过程，这些测试结果根据要求传到基站以辅助切换过程
MS	Mobile Station，移动台，在国内公共蜂窝移动通信服务中的一种电台，一般在运动中或非特殊点停留使用，移动台包括便携式（如个人手持机）和安装在车辆上的电台
MSC	移动交换中心，应用在数字蜂窝系统中，移动用户、PSTN以及其他移动交换中和移动用户通过MSC产生联结
Packet Switch	分组交换，一种核心网传输技术，可以将分裂的信息分成“数据包”，这些分组数据可以独立地通过不同的路径从网络上独立的路由到最终目的地。这对移动接入非常具有吸引力，因为只有实际传输数据时才使用无线频谱
PSTN	Public Switched Telephone Network，公用交换电话网
Power control	功率控制
Roamer	漫游用户，在蜂窝服务区内，但不在注册服务小区内运行的移动台

续表

术语	意　义
Roaming	漫游，是无线寻呼机或移动电话用户在网络间移动的能力，具有完整的通信持续性
RLP	无线链路协议
Traffic Channel	业务信道，基站和移动站之间传送数字信息的信道，用来传送用户信息和信令信息
Um interface	Um 接口，在数字蜂窝网中，移动台与基站之间的接口，又称空中接口，其物理连接通过无线链路实现
UMTS	Universal Mobile Telecommunications System，通用移动电信系统，特指下一代蜂窝技术。该系统可提供正在 ETSI 的支持下进行开发的第三代业务

1.2.4　无线电磁波传播的基本理论和传播模型

1. 无线电传播基本理论

（1）无线电传播的概念。无线电磁波是指在自由空间（包括空气和真空）传播的射频频段的电磁波。波长大于 1 mm，频率小于 300 GHz 的电磁波是无线电磁波。无线电技术是通过无线电磁波传播声音或其他信号的技术。

（2）无线电技术的原理。无线电技术的原理在于导体中电流强弱的改变会产生无线电磁波。利用这一现象，通过调制可将信息加载于无线电磁波之上。当电磁波通过空间传播到达收信端，电磁波引起的电磁场变化又会在导体中产生电流。通过解调将信息从电流变化中提取出来，就达到了信息传递的目的。

（3）无线电磁波的传播方式。无线电波因波长的不同而有不同的传播特性，无线电磁波分为地波、天波和空间波 3 种形式。

1）地波。沿地球表面空间向外传播的无线电磁波称为地波。中、长波均利用地波方式传播。

2）天波。依靠电离层的反射作用传播的无线电磁波称为天波。短波多利用这种方式传播。

3）空间波。沿直线传播的无线电磁波称为空间波。空间波包括由发射点直接到达接收点的直射波和经地面反射到接收点的反射波。超短波的电视和雷达多采用空间波方式传播。

2. 无线电磁波的传播模型

最著名的基于测试数据统计的无线电磁波传播模型是 Okumura 模型，是从 Okumura 在日本的大量测试数据为基础统计出的以曲线图表示的传播模型，但其适用范围窄，应用不是十分方便。

在 Okumura 模型的基础上，Hata 利用数学回归分析方法拟合出便于计算机计算的无线传播经验公式，即 Okumura –Hata 公式，适用频率在 150 ~1 500 MHz 的无线传播，如 GSM900。该公式可应用在宏蜂窝（大区）条件下，半径在 1 ~20 km 范围内的普通城区、郊区、乡村的无线环境。

但是随后出现了 DCS1800，而且 3G 的工作频率都在 2 000 MHz 左右，因此原来的 Okumura –Hata 公式再适用，COST231 –Hata 将 Okumura –Hata 模型的频率范围扩展到 2 000 MHz，但是仍只适用于宏蜂窝条件。

随着人们对无线通信需求的不断增长，原来的宏蜂窝组网不能满足密集城区人们对无线网络质量的高要求，需要通过微蜂窝完善覆盖，于是有了适用于微蜂窝的 Walfisch 公式。

人们对无线通信的需求不断增长，室内无线用户日益增多，仅通过室外宏蜂窝覆盖室内已不能满足人们对无线网络质量的高要求，需要建设室内分布系统，于是产生了应用于室内的 Keenan –Motley 模型。

1.2.5 移动通信抗干扰、抗衰落技术

1. 移动通信干扰

无线电干扰是指在无线电通信过程中发生的、导致有用信号接收质量下降、损害或阻碍通信的干扰。无线电干扰信号是指通过直接耦合或间接耦合方式进入接收设备信道或系统的电磁能量，可以对无线电通信所需接收信号的接收产生影响，导致通信性能下降、质量恶化、信息误差或丢失，甚至阻断通信的进行。无线电干扰通常按干扰源的性质区分，可分为自然干扰和人为干扰两大类。自然干扰来源于自然现象，是不可控制的，主要有太阳干扰、宇宙干扰等；人为干扰来源于机器或其他人工装置，是可控制的，人为干扰又可分为无线电设备干扰和非无线电设备干扰两类。非无线电设备干扰包括工业、科研、医疗等电气设备干扰及电力线干扰等，为防止其对无线电业务产生有害干扰，国家标准中已对非无线电设备使用频率和辐射的允许值作出了规定。

2. 移动通信衰落

无线电磁波在传输过程中的信号衰落分为路径衰落、阴影衰落和多径衰落 3 类。

(1) 路径衰落。路径衰落是指电磁波直线传播的损耗，包括在自由空间中传播时固有的与距离二次方成反比的衰落以及散射和吸收等导致的衰落。路径衰落与距离的 n 次方成比例，n 称为路径衰落指数，不同传输环境取不同的值。

（2）阴影衰落。阴影衰落是不同于路径衰落的另一种情况。无线电磁波在传播路径中遇到起伏的地形、建筑物和高大的树木等障碍物时，会在障碍物的后面形成电磁波的阴影。接收机在移动过程中通过不同的障碍物和阴影区时，接收天线接收到的信号强度会发生变化，造成信号衰落，这种衰落称为阴影衰落。统计测量表明，阴影衰落损耗是服从对数正态分布的随机变量。

（3）多径衰落。路径衰落和阴影衰落可以用无线信道的大尺度模型来描述，相对无线电磁波的频率来说变化比较缓慢，通常称为慢衰落。而在实际通信环境中，无线电信号在短时间（数十毫秒数量级）或短距离（可以和无线电磁波波长相比拟）传播中会发生信号幅度的剧烈起伏变化，变化幅度有时达到 20 ~30 dB，这种衰落称为快衰落，又称为小尺度衰落，这种衰落是由于信号的多径传播引起的，统称为多径衰落。多径衰落是无线通信中要解决的一个难题。

无线电磁波传输中的多径衰落，由于受到周围建筑物以及地面的反射和散射作用，往往使同一波源发出的信号沿多条不同的路径传输，以不同的时间到达接收机。这些经不同路径到达的波，称为多径波。由于不同路径信号的传播距离及传播时延不同，到达接收机时的相位也不同，从而使接收到的信号的幅度有时因同相叠加而增强，有时又因反相叠加而减弱。这样，接收信号的幅度就会产生剧烈的变化，造成畸变和衰落，这就是无线电磁波传输中的多径衰落。衰落的程度取决于多径波的强度、相对传播时间以及传播信号的带宽。

多径衰落还会造成两种特殊的选择性衰落。

1）频率选择性衰落。多径效应会使信号产生时延扩展。来自两条不同路径的同一个数字信号的波形，到达接收机时有一个时延差信号。叠加后，码的持续时间变宽。时延扩展的程度与传播路径迟延造成的信号时延以及信号本身的持续时间有关。如果码的持续时间比传播路径迟延造成的展宽大得多，信道对信号的影响很小，这时问题不大。但是，如果码的持续时间比传播路径迟延的展宽小或者两者相当，则信道会使信号造成频率失真或相位失真，直接的后果就是造成脉冲展宽。此时的无线信道称为频率选择性衰落信道。频率选择性衰落将引起码间干扰（ISI），ISI 将增加数字通信误码的可能性。

2）时间选择性衰落。无线通信的一个重要应用是移动通信。由于通信双方处在相对运动中，因此无线电磁波在传播过程中还将遇到发射机与接收机之间距离的变化问题。这个变化将引起无线电磁波频率的变化，称为多普勒效应。多普勒效应会使多径传播产生信号频率的多普勒扩展，此时，多径合成信号具有时变的包络和相位。也就是说，多普勒扩展将使信道产生时间选择性衰落。这种衰落同样会影响通信的质量。

衰落是影响通信质量的主要因素。多径衰落和多普勒频移对于任何调制技术来说都会产生很强的负面效应。移动通信系统需要利用信号处理技术来改进恶劣的无线电传播环境中的链路性能。

3. 移动通信抗衰落的主要方法

移动通信抗衰落的主要方法如下：对路径传输损耗，主要靠增大发射功率，以提高接收信号的场强来解决；对慢衰落所造成的接收信号功率的波动，通常借助“宏分集”来解决；克服多径衰落主要用“微分集”来解决，这也是人们通常所说的分集技术；抗多径衰落还常用均衡技术和差错控制编码技术；均衡可以补偿时分信道中由于多径效应而产生的码间干扰（ISI）。信道编码是通过在发送信息时加入冗余的数据位来改善通信链路的性能的。分集方式分为宏分集、微分集。

（1）宏分集。宏分集主要用于蜂窝通信系统中，也称为“多基站”分集。这是一种减小慢衰落影响的分集技术，其做法是把多个基站设置在不同的地理位置上和不同方向上，同时和小区内的一个移动台进行通信。

（2）微分集。微分集是一种减小快衰落影响的分集技术，在各种无线通信系统中都经常使用，可以分为以下6种。

1）空间分集。空间分集也被称为天线分集、空间位置分集，是无线通信中使用最多的分集形式。空间分集的依据在于快衰落的空间独立性，即在任意两个不同的位置上接收同一个信号，只要两个位置的距离大到一定程度，则两处所接收信号的衰落是不相关的。对空间分集而言，分集的支路数 M 越大，分集效果越好。但当 M 较大时（如 $M>3$），分集的复杂性将会增加，分集增益的增加会随着 M 的增大而变得缓慢。

2）频率分集。由于频率间隔大于相关带宽的两个信号所遭受的衰落可以认为是不相关的，因此可以用两个以上不同的频率传输同一信息，那么在接收端就可以得到衰落特性不相关的信号，以实现频率分集。这一技术比空间分集节省天线数目，缺点是不仅需要占用更多的频谱资源，而且需要有和频率分集中采用的频道数相等的若干个接收机。

3）极化分集。由于两个不同极化的电磁波具有独立的衰落特性，因而发送端和接收端可以用两个位置很近但为不同极化的天线分别发送和接收信号，以获得分集效果。

4）场分量分集。由电磁场理论可知，电磁波的E场和H场载有相同的消息，而反射机理是不同的。因此，通过接收不同的场分量，也可以获得分集的效果。场分量分集主要用于较低的工作频率，工作频率较高时，一般采用空间分集结构。

5）角度分集。使电磁波通过几个不同路径，并以不同角度到达接收端，而接收端利用多个方向性尖锐的接收天线能分离出不同方向传来的信号分量。由于这些分量具有互相独立的衰落特性，因而可以实现角度分集并获得抗衰落的效果。角度分集在电磁波频率较高时容易实现。

6）时间分集。快衰落除了具有空间和频率独立性之外，还具有时间独立性，即同一信号在不同的时间区间内多次重发，只要各次发送的时间间隔足够大，那么各次发送信号所出现的衰落将是彼此独立的，接收机将重复收到的同一信号进行合并，就能减小衰落的影响。时间分集主要用于在衰落信道中传输数字信号。此外，时间分集也有利于克服移动信道中由多普勒效应引起的信号衰落现象。

相关链接

现今主要分集技术

1. RAKE 接收机

RAKE 接收机是利用多个并行相关器检测多径信号，按照一定的准则合成一路信号供解调用的接收机。

2. 智能天线

空间角度分集，利用各个移动用户间信号传播方向的差异，将同频率、同时隙的用户信号区分开来，由此可在同一信道上接收和发射多个移动用户信号而不发生相互干扰，使无线电频谱的利用和信号的传输更为有效。它的基础是用户信号的空间特征。将空间角度分集和其他多址技术相结合，可以最大限度地利用有限的频谱资源。

3. ARQ 重传

时间分集，可以自动发送重传请求，通过接收方请求发送方重传出错的数据报文来恢复出错的报文。

4. 跳频扩频

采用频率分集和时间分集，依靠载频的随机跳变，躲避干扰，将干扰排斥在接收通道以外来达到抗干扰的目的。

5. 直接序列扩频

频率分集，依靠伪随机码的相关处理，降低进入解调器的干扰功率来达到抗干扰的目的。

6. 交织

时间分集，数字移动信道中，传输过程中会出现成串的突发差错，这些突发差错，主要通过交织编码来解决。通过交织，把一个较长的突发差错离散成随机差错，再用各种纠正随机差错的编码（如卷积码或其他分组码）消除随机差错。

第 2 章

CDMA 技术原理

本章学习目标

- ☑ 了解 CDMA 技术发展史、多址技术和扩频通信原理
- ☑ 了解 CDMA 码序列和关键技术
- ☑ 了解 CDMA 网络的空中接口协议和信道结构
- ☑ 掌握 CDMA 网络的基本信令流程
- ☑ 掌握 CDMA2000 1x EVDO Rev.A 基本理论知识和关键技术

2.1 CDMA 技术发展和标准演进

2.1.1 CDMA 技术的发展

近年来，蜂窝移动通信系统的发展经历了一个从模拟网到数字网，从频分多址（FD-MA）到时分多址（TDMA）和码分多址（CDMA）的过程。模拟移动通信技术发展较早，已是比较成熟的技术。1983 年推出的美国 AMPS 系统，1985 年推出的英国 TACS 系统，都是 FDMA（频分多址）模拟系统，两者大体类似，只是前者为 800 MHz 系统，频道间隔为 30 kHz，控制信号传输速率为 10 Kb/s；后者为 900 MHz 系统，频道间隔为 25 kHz，控制信号传输速率为 8 Kb/s；但是随着移动通信技术的日益发展和用户对通信服务要求的日益增高，模拟移动通信的弊端也日渐突出，如体制混杂、不能国际漫游、不能提供 ISDN 业务、频率利用率低、用户容量有限、设备成本高、手机体积大等。随后发展起来的泛欧 GSM、DECT，加拿大的 CT3 系统均为 TDMA 数字网，其中 GSM 系统解决了模拟系统中存在的一些根本性技术缺陷，在网络性能和容量上较模拟网有了很大的改善，因此备受推崇。然而，从 1992 年开始，在美国又出现了一种全新的数字蜂窝移动通信系统——CDMA 系统，该系统采用直序扩频的码分多址（DS/SS CDMA）技术，与之前系统相比该系统有两大突出优点：一是系统抗干扰能力强；二是系统容量大。上述这些特点使得 CDMA 蜂窝移动通信系统将在个人通信技术中发挥巨大的作用。并且，CDMA 技术以独有的特点和优势被确认，最有代表性的是 GSM 系统和窄带 CDMA 系统。这两大系统在目前世界数字移动通信市场拥有主要份额。GSM 系统的空中接口采用的是时分多址（TDMA）的接入方式，而窄带 CDMA 采用的是码分多址接入方式，从当前人们对无线接入方式的认识角度来讲，码分多址接入技术有其独特的优越性。N－CDMA最先是由美国的高通公司提出的，并于 1980 年 11 月在美国的圣地亚哥利用两个小区基站和一个移动台，对N－CDMA进行了首次现场试验。1990 年 9 月高通公司发布了 CDMA 公共空中接口规范的第一个版本。1992 年 1 月 6 日，TIA 开始准备 CDMA 的标准化。1995 年正式的 N－CDMA 标准出台，即 IS－95A。

为了适应更高比特速率业务的要求，高通于 1996 年开始对 IS－95A 进行了进一步的发展，于 1998 年制定了 IS－95B 的标准。IS－95A 标准在一个业务信道上只能使用一个扩频码，而 IS－95B 标准为了获得更高的比特速率可以连续使用 8 个码字，这样可提供的最大比特速率为 115. 2 Kb/s。为了促进 CDMA 技术的发展，1994 年成立了 CDMA 发展组织（CDMA Development Group，CDG）。1998 年 IS－95 在美国、香港、新加坡、韩国投入商用。

2. 1. 2　CDMA2000 标准演进

CDMA 标准演进如图 2—1 所示。

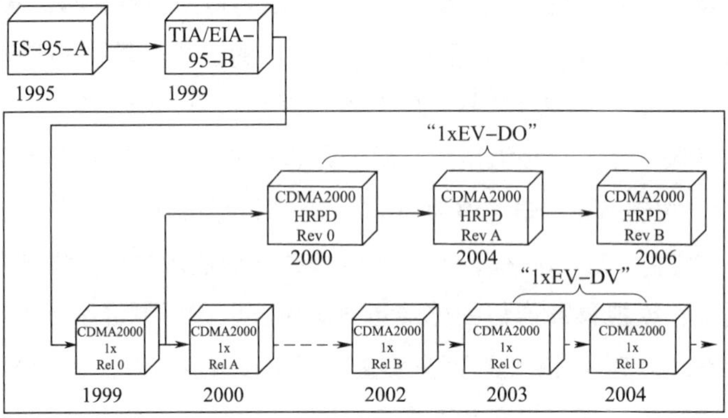

图 2—1　CDMA 标准演进

真正在全球得到广泛应用的第一个 CDMA 标准是 IS－95A，这一标准支持 8 K 语音编码服务、13 K 语音编码服务，其中 13 K 语音编码服务质量已非常接近有线电话的语音质量。随着移动通信对数据业务需求的增长，1998 年 2 月，美国 Qualcomm 公司宣布将 IS－95B 标准用于 CDMA 基础平台。IS－95B 提升了 CDMA 系统性能，并增加了用户移动通信设备的数据流量，提供对 64 Kb/s 数据业务的支持。采用 IS－95 规范的 CDMA 系统统称为 CDMA One。CDMA 的技术演进路线如图 2—1 所示，其中空中接口系列标准包括 CDMA2000 1x、1x EVDO 和 1x EVDV，核心网与无线接入网独立向前发展。

CDMA2000 1x 完全后向兼容 IS -95。核心网部分增加了分组域以支持较高速率的分组数据业务；空中接口使用了前向快速功率控制、反向信道相干解调、快速寻呼、Turbo 码等关键技术，目的是改善无线传送的质量，提高频谱效率及系统容量。CDMA2000 1x 具有 3G 系统的部分功能，可以从 IS -95 进行平滑升级，两者的商用时间间隔不长，业界有时也将 CDMA2000 1x 作为 2.5 G 系统看待。

目前 CDMA2000 1x 已经发展出 CDMA2000 Release 0、Release A、Release B、Release C 和 Release D 5 个版本，上海电信运营网络引入了 Release A 的一些功能特性；Release B 作为中间版本被跨越；1x EVDV 对应于 CDMA2000 Release C 和 Release D。其中，Release C 增加前向高速分组传送功能，Release D 增加反向高速分组传送功能。

1x EVDO 是一种专为高速分组数据传送而优化设计的 CDMA2000 空中接口技术，已经发展出 Release 0 和 Release A 两个版本。其中，Release 0 版本可以支持非实时、非对称的高速分组数据业务；Release A 版本可以同时支持实时、对称的高速分组数据业务传送。

2.2 CDMA 码分多址技术

多址技术使众多的用户共用公共的通信线路。使用信号多路化实现多址的方法基本上有 3 种，分别是采用频率、时间或代码分隔的多址连接方式，即通常所称的频分多址（FDMA）、时分多址（TDMA）和码分多址（CDMA）。3 种多址方式概念模型如图 2—2 所示。

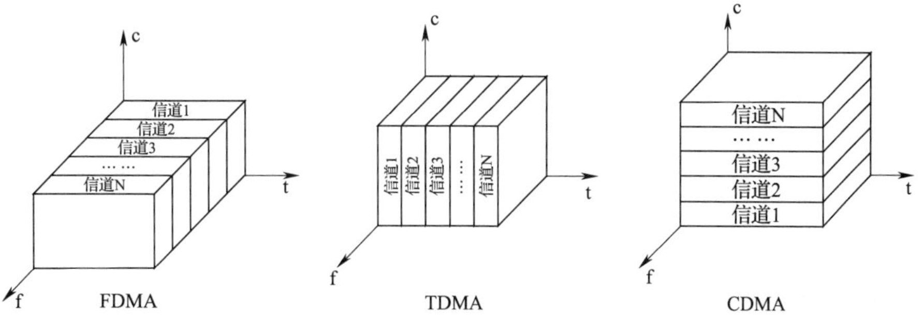

图 2—2　3 种多址方式概念模型图

FDMA 是以不同的频率信道实现通信的，TDMA 是以不同的时隙实现通信的，CDMA是以不同的代码序列实现通信的。

2.3 扩频通信定义与原理

2.3.1 扩频通信的定义

扩频通信技术是一种信息传输方式，其信号所占有的频带宽度远大于所传信息所必需的最小带宽；频带的展宽是通过编码及调制的方法实现的，与所传信息数据无关；在接收端则用相同的扩频码进行相关解调来解扩及恢复所传信息数据。此定义包括 4 方面的内容：

1. 信号的频谱被展宽。

2. 信号频谱的展宽是通过扩频码序列调制的方式实现的。众所周知，在时间上有限的信号，其频谱是无限的。信号的频带宽度与其持续时间近似成反比，因此，如果用很窄的脉冲序列调制所传的信息，则可产生很宽的频带信号。这种很窄的脉冲序列，其码速率是很高的，称为扩频码序列。

3. 采用的扩频码序列与所传信息数据是无关的，也就是说，它与一般的正弦波信号一样，丝毫不影响信息传输的透明性，扩频码序列仅仅起扩展信号频谱的作用。

4. 在接收端用相关解调来解扩。

2.3.2 扩频通信的基本原理

扩频通信的基本原理如图 2—3 所示。

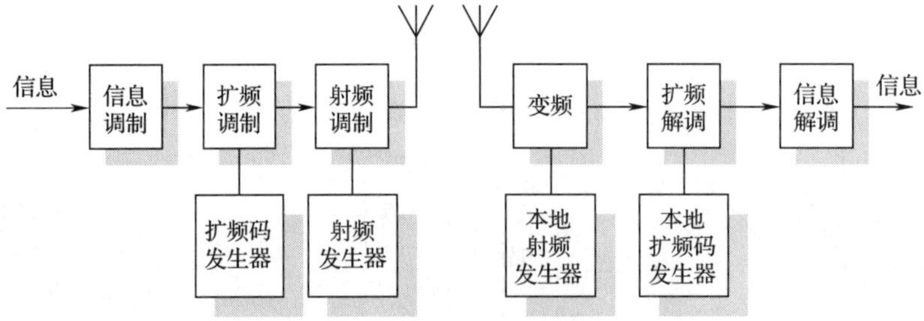

图 2—3　扩频通信的基本原理

在发送端输入的信息（比特率 bit）先经过信息调制形成数字信号（符号率 symbol），然后由扩频码发生器产生的扩频码序列去调制数字信号以展宽信号的频谱（码片率 chip）。展宽后的信号调制到射频发送出去，在接收端接收到的宽带射频信号，首先变频至中频，然后由本地产生的与发送端相同的扩频码序列去解扩，最后经信息解调，恢复成原始信息输出。由此可见，一般的扩频通信系统都要进行 3 次调制和相应的解调。第一次调制为信息调制，第二次调制为扩频调制，第三次调制为射频调制，并进行相应的信息解调、解扩和射频解调。按照扩展频谱的方式不同，现有的扩频通信系统可分为：直接序列（DS）扩频、跳频（FH）扩频、跳时（TH）扩频、线性调频（Chirp）扩频以及上述几种方式的组合。

在扩频通信中采用宽频带的信号来传送信息，主要是为了保障通信的安全可靠，这可用信息论和抗干扰理论的基本观点来解释。信息论中的仙农（Shannon）公式描述如下：

$$C = W\log_2\left(1 + \frac{S}{N}\right)$$

式中　C——信道容量，b/s；

N——噪声功率；

W——信道带宽，Hz；

S——信号功率。

此公式原意是说：在给定信号功率 S 和白噪声功率 N 的情况下，只要采用某种编码系统，就能以任意小的差错概率，以接近于 C 的传输信息的速率来传送信息。但同时此公式也指出，在保持信息传输速率 C 不变的条件下，可以用不同信道带宽 W 和信噪功率比 S/N 来传输信息。换句话说，信道带宽 W 和信噪功率比 S/N 是可以互换的。如果增加信道带宽，就可以在较低的信噪功率比的情况下用相同的信息率以任意小的差错概率来传输信息。甚至在信号被噪声湮没的情况下，只要相应地增加信道带宽，也能保持可靠的通信。此公式指明了采用扩展频谱信号进行通信的优越性，即用扩展频谱的方法以换取信噪功率比的增益。扩频、解扩原理如图 2—4 所示。

由此可以看出，扩频通信具备以下优点：

1. 隐蔽性和保密性好。
2. 多个用户可以同时占用相同频带，实现多址。
3. 抗衰落、抗多径干扰。
4. 抗干扰能力强。

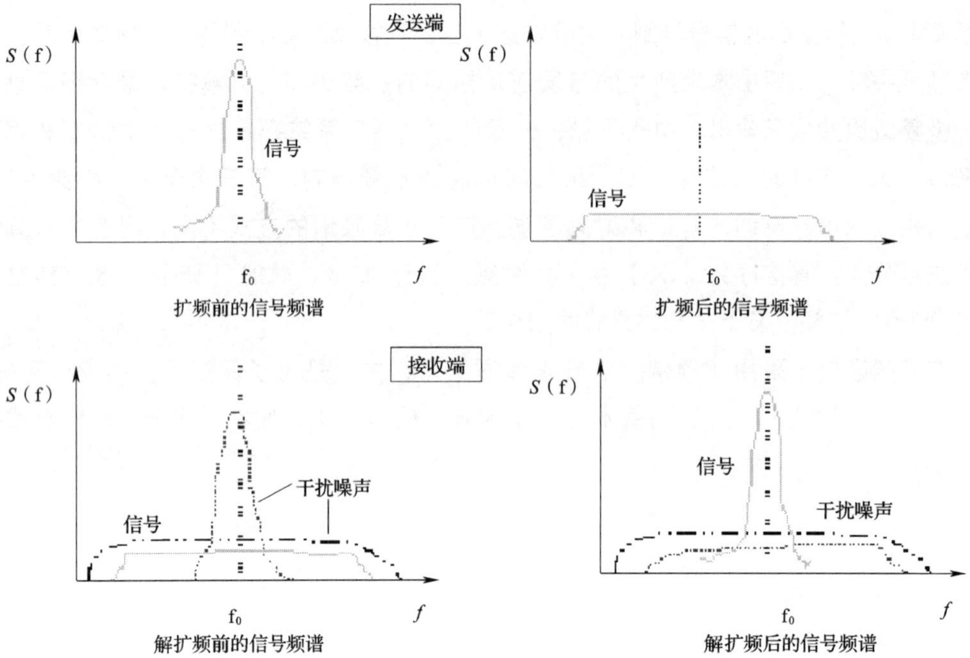

图 2—4　扩频、解扩原理图

2.4　网络结构

2.4.1　CDMA 1x 网络结构

CDMA 1x 网络结构如图 2—5 所示，对图中的说明见表 2—1。

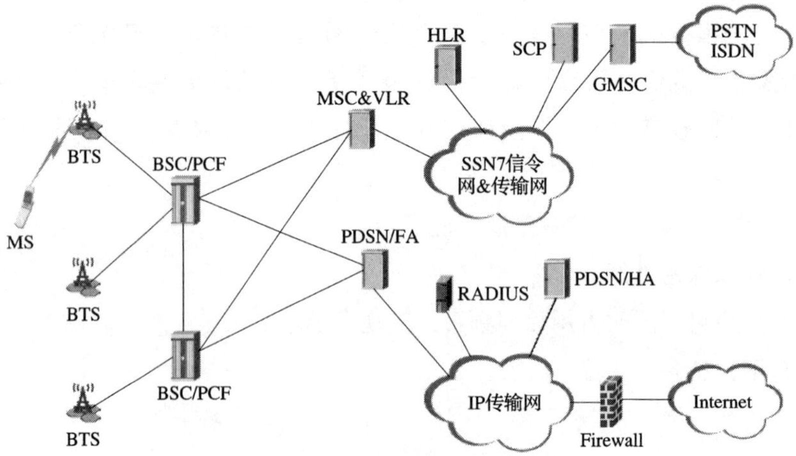

图 2—5　CDMA 1x 网络结构图

表2—1 CDMA 1x 网络结构说明

图示名词	说明
MS (Mobile Station)	移动终端
BTS (Base Transceiver Station)	基站收发台，服务于某小区的无线收发信号设备，实现 BTS 与移动台（MS）的空中接口功能。一个完整的 BTS 包括无线发射/接收设备、天线和所有无线接口特有的信号处理部分。BTS 可看成一个无线调制解调器，负责移动信号的接收和发送处理
BSC (Base Station Controller)	基站控制器，主要负责 BTS 的控制和管理、建立和拆除呼叫连接、功率控制、无线资源管理、通过软/硬切换为上层业务提供稳定可靠的无线连接
MSC (Mobile Switching Center)	移动交换中心，控制所有 BSC 的业务，提供交换功能及和系统内其他功能的连接
VLR (Visitor Location Register)	拜访位置寄存器，是一个数据库，是存储所管辖区域中 MS（统称拜访客户）的来话、去话呼叫所需检索的信息以及用户签约业务和附加业务的信息，如客户的号码、所处位置区域的识别、向客户提供的服务等参数
HLR (Home Location Register)	归属位置寄存器，HLR 负责移动用户管理的数据库。存储所管辖用户的签约数据及移动用户的位置信息，可为至某 MS 的呼叫提供路由信息
SCP (Service Control Point)	业务控制点，业务控制点是决定呼叫如何处理的智能网要素，利用 TCAP 协议提供传输和必要的（低级）应用程序指示
GMSC (Gateway Mobile Switching Center)	GMSC 是网关移动交换中心，具有从 HLR 查询得到被叫 MS 目前的位置信息，并根据此信息选择路由的功能。GMSC 可以是任意的 MSC，也可以单独设置。单独设置时，不处理 MS 的呼叫，因此不需设 VLR，也不与 BSC 相连
PSTN (Public Switched Telephone Network)	公共交换电话网络
PCF (Packet Control Function)	PCF 是无线域中和分组域接口的设备，由于 A8/A9 不要求开放，PCF 可能是集成在 BSC/MSC 中的某些板卡，也可能是单独的设备。用户连接时，MSC 根据 Service Option 来判断用户是申请语音业务还是数据业务，如果是数据业务，将触发 PCF 和 PDSN 建立连接

续表

图示名词	说　　明
PDSN (Packet Data Serving Node)	PDSN 是 CDMA 1x 分组网里的关键设备，完成和无线网络（PCF）及 IP 网络的接口，起着桥梁的作用，位置相当于传统接入中的 RAS/BRAS。PDSN 和 PCF 建立 A10/A11 连接，A10 采用 GRE 封装。PDSN 和移动终端建立 PPP 连接，把从终端传来的 PPP/GRE 数据转换成标准的 IP 数据，路由到 IP 网络，同时，将从网络传来的 IP 数据封装在 PPP/GRE 里传送给终端。PDSN 在 AAA 系统中充当 Radius Client 的功能。将 PCF 的计费参数和自身统计的计费参数结合形成 UDR，传递给 Radius Server。在 Simple IP 应用中，PDSN 负责给用户分配 IP 地址。在 Mobile IP 应用中，PDSN 充当 Foreign Agent 的作用，和 Home Agent 建立 Mobile IP 隧道。在 VPDN 应用中，PDSN 充当 LAC 角色（L2TP Access Concentrator）
RADIUS (Remote Authentication Dial In User Service)	远程用户拨号认证系统

2.4.2　CDMA 1x EVDO 网络结构

CDMA 1x EVDO 网络结构如图 2—6 所示，对图中的说明见表 2—2。

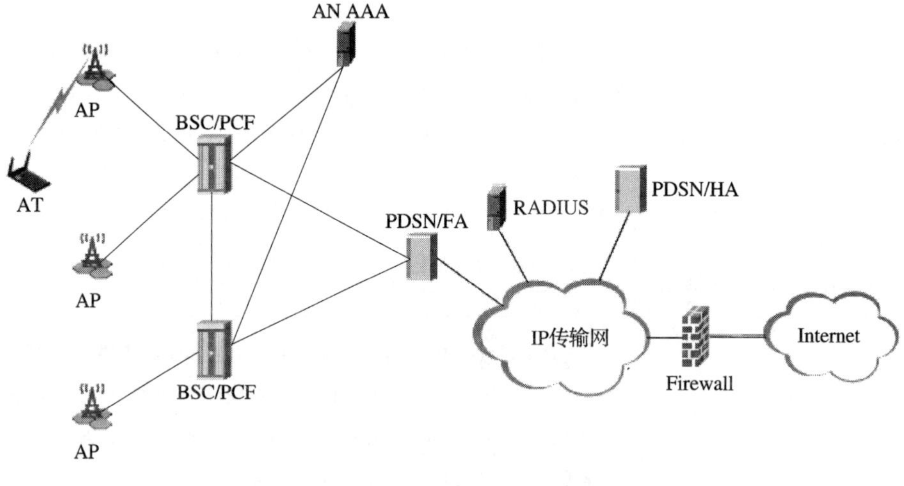

图 2—6　CDMA 1x EVDO 网络结构图

表 2—2　　CDMA 1x EVDO 网络结构说明

图示名词	说　明
AT（Access Terminal）	接入终端，接入终端包括移动设备（Mobile Equipment，ME）和用户识别模块（User Identity Module，UIM）两部分
AN（Access Network）	接入网，AN 是在分组网（主要为因特网）和接入终端之间提供数据连接的网络设备，实现基站收发、呼叫控制及移动性管理功能。AN 类似于CDMA2000 1x 系统中的基站，可以由基站控制器（Base Station Controller，BSC）和基站收发器（Base Transceiver Station，BTS）组成，在图 2—6 中由 AP 和 BSC/PCF 组成
AN - AAA（Access Network - Authentication、Authorization、Accounting）	AN - AAA 是接入网执行接入鉴权和对用户进行授权的逻辑实体，通过 A12 接口与 AN 交换接入鉴权的参数及结果，其他逻辑网元及其功能与CDMA 1x中一致，此处不再赘述

2.5　CDMA 码序列

地址码和扩频码的设计是码分多址体制的关键技术之一。具有良好的相关特性和随机性的地址码和扩频码对码分多址通信是非常重要的，对系统的性能具有决定性作用，其直接关系到系统的多址能力，关系到抗干扰、抗噪声、抗截获的能力及多径保护和抗衰落的能力，关系到信息数据的隐蔽和保密，关系到捕获与同步系统的实现。

在 CDMA 中需要采用地址码来区分不同的地址，主要有以下 4 种不同类型的地址：

第 1，用户地址：用于区分不同移动用户。

第 2，多速率（多媒体）业务地址：用于多媒体业务中区分不同速率类型的业务。

第 3，信道地址：用于区分每个小区或每个扇区内的不同信道。

第 4，基站地址：用于区分不同基站或扇区。

其中：前两类地址多用于反向信道，以移动台为主；后两类地址多用于前向信道，以基站为主。

2.5.1　Walsh 码

Walsh 码（又称为 Walsh 函数）有着良好的互相关和较好的自相关特性。

在 CDMA 中采用了 Walsh 正交码，Walsh 码的生成与性质如下：Walsh 码是正交扩频码，根据 Walsh 函数集而产生。Walsh 函数是一类取值介于 1 与 -1 的二元正交函数系，有多种等价定义方法，最常用的是 Hadamard 编号法。Walsh 函数集是完备的非正弦型正交函数集，常用作用户的地址码。

Walsh 函数的产生过程如图 2—7 所示。

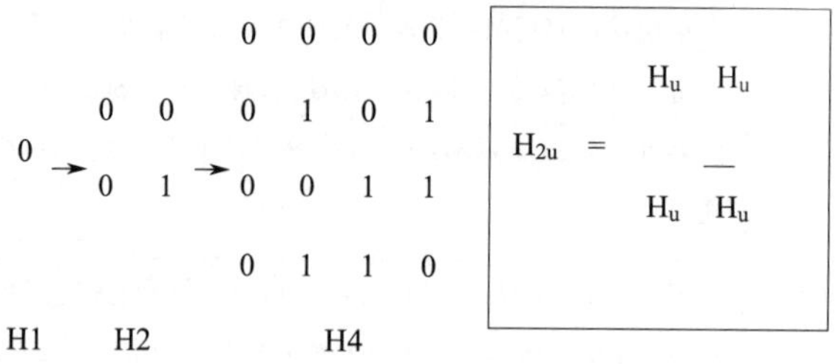

图 2—7　Walsh 函数产生过程

Walsh 码的功能如下：

在 CDMA2000 1x 中，Walsh 码用于进行前向扩频，区分扇区内前向码分信道，反向做正交调制。Walsh 码在前向信道中的应用如图 2—8 所示。图 2—8 中，Walsh 码在 CDMA 中的应用基站在相同频率下同时发送几条信道，一个扇区下的所有手机都将收到包含所有信道的复合信号，并且必须识别需要解调的信道。

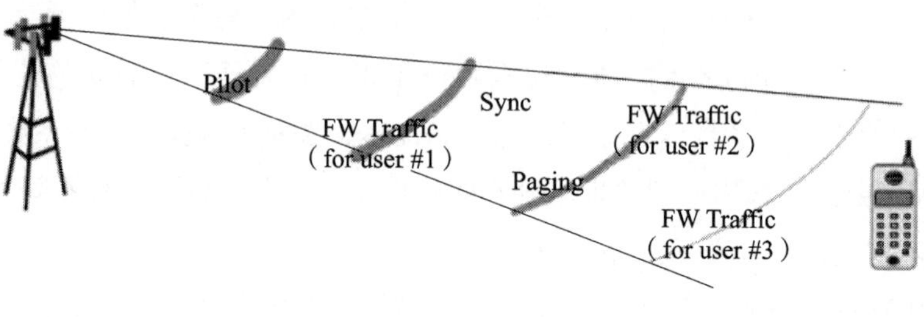

图 2—8　Walsh 码前向信道区分图

用 Walsh 码区分这些前向信道的方法是：每个扇区有 64 个不同的 Walsh 码，每个 Walsh 码是 64 chips，每一个 Walsh 码经过扩频后分配给一条信道，扩频速率是 1.228 8 Mcps。在手机终端，接收到的信号应与所需信道的 Walsh 码相关。

前向信道包括导频、同步、寻呼、前向业务信道等。导频信道占用 Walsh 码 0，同步信道占用 Walsh 码 32，寻呼信道占用 Walsh 码 1 ~7（通常使用一条寻呼信道 Walsh 码 1），前向业务信道可以自由使用其余的 Walsh 码。

2.5.2 PN 短码

1. PN 短码的特性

伪随机序列（PN 码）具有类似噪声序列的性质，是一种貌似随机但实际上有规律的周期性二进制序列。

2. PN 短码序列具有的特性

（1）PN 短码序列可以看成具有 I 和 Q 两种不同成分序列的二维二进制矢量，每一个的长度为 32 768 chips。

（2）每一个 PN 短码序列均与它自身相关，即与时间偏置为零的短码序列相关。

（3）一个零偏置短码序列与它自身的任何非零偏置的短码序列正交。

（4）实际中以 64 chips 偏移作为一个偏移序号（PN_OFFSET_INDEX），即可用的 PN 码是 0 ~511。

3. PN 短码的功能

如果 MS 同时收到两个基站的信号，每个基站都发送一系列前向编码信道，MS 将使用 PN 短码序列来区分这两个基站的信号。PN 短码用于前向信道的正交调制，每个载扇均使用 I、Q 两种 PN 短码序列进行数字调制。可以通过网络规划将 PN 短码分配给不同的载扇。PN 短码序列也用于数字调制，前向链路为 QPSK 调制，反向链路为O –QPSK调制。

2.5.3 PN 长码

1. PN 长码的产生过程

PN 长码序列只有一个，为了对同一载扇下的反向信道（接入信道和反向业务信道）进行区分，PN 长码序列应用了偏移的方式。每个寄存器产生的比特均经过掩码，不同的掩码产生不同的偏移。该序列是根据 42 位长码寄存器的内容、32 位的 ESN 及掩码生成的，结果再经过一个异或门，所输出的序列即为 PN 长码序列。

PN 长码序列的扩频速率为 1. 228 8 Mcps。

2. PN 长码的功能

PN 长码序列的主要功能用于反向信道。

PN 长码序列只有一个，因此 PN 长码序列应用偏移的方式对同一载扇下的反向信道（接入信道和反向业务信道）进行区分。在接入信道，接入信道掩码用于所有向基站发送消息的 MS。

在前向信道，PN 长码序列用于建立用户与前向业务信道和寻呼信道的连接。

2.5.4　3 种扩频码的比较

对 CDMA2000 1x 系统中的 3 种扩频码进行比较，具体说明见表 2—3。

表 2—3　　3 种扩频码比较

<table>
<tr><th>码序列</th><th>长度</th><th>应用位置</th><th>应用目的</th><th>主要特性</th></tr>
<tr><td rowspan="2">PN 长码</td><td rowspan="2">$2^{42}-1$</td><td>反向接入信道
反向业务信道</td><td>标志移动台用户</td><td rowspan="2">具有尖锐的二值自相关特性</td></tr>
<tr><td>前向寻呼信道
前向业务信道</td><td>用于数据扰码</td></tr>
<tr><td rowspan="2">PN 短码</td><td rowspan="2">$2^{15}-1$</td><td>所有前向信道</td><td>正交扩频，利于调制</td><td rowspan="2">平衡性</td></tr>
<tr><td>所有反向信道</td><td>正交扩频，利于调制，并且用于标志基站</td></tr>
<tr><td rowspan="6">Walsh 码</td><td>64</td><td>所有前向信道</td><td rowspan="3">正交扩频，前向信道化区分</td><td rowspan="6">正交性</td></tr>
<tr><td>4/8/16/32</td><td>前向补充信道</td></tr>
<tr><td>128</td><td>前向快速寻呼信道</td></tr>
<tr><td>16</td><td>反向基本信道</td><td rowspan="3">正交扩频，反向信道化区分</td></tr>
<tr><td>32</td><td>反向导频信道</td></tr>
<tr><td>2 或 4</td><td>反向补充信道</td></tr>
</table>

2.6　CDMA 关键技术

2.6.1　功率控制

1. 功率控制目的与原则

（1）功率控制的目的。因为 CDMA 是一个自干扰系统，所有用户共同使用同一频率，所以“远近效应”问题更加突出。CDMA 系统中某个用户信号的功率（包括前反向）较强，对该用户被正确接收是有利的，但却会增加对共享的频带内其他用户的干扰，甚至淹没其他用户的信号，结果使其他用户通信质量劣化，导致系统容量下降。为了克服远近效应，必须根据通信距离的不同，实时地调整发射机所需的功率，这就是“功率控制”。“远近效应”如图 2—9 所示。

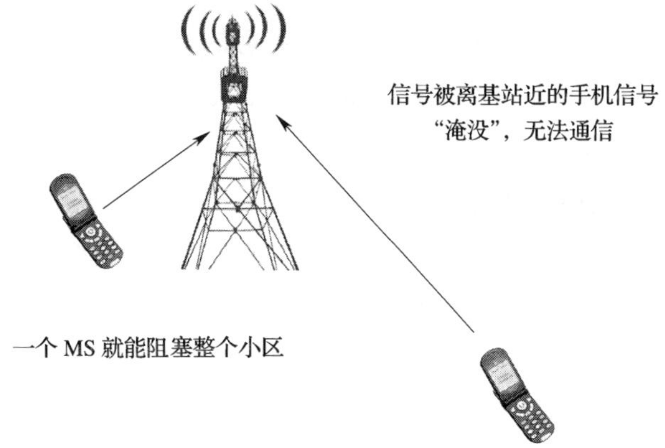

图 2—9　CDMA 远近效应

(2) 功率控制的原则

1) 控制基站、移动台的发射功率。保证信号经过复杂多变的无线空间传输后到达对方接收机时，能满足正确解调所需的解调门限。

2) 在满足上一条的原则下，尽可能降低基站、移动台的发射功率，以降低用户之间的干扰，使网络性能达到最优。

3) 距离基站较近的移动台比距离基站较远的或者处于衰落区的移动台发射功率要小。

2. 前向功控

CDMA 的前向信道功率要分配给前向导频信道、同步信道、寻呼信道和各个业务信道。基站需要调整分配给每一个信道的功率，使处于不同传播环境下的各个移动台都得到足够的信号能量。前向功率控制的目的就是实现合理分配前向业务信道功率，在保证通信质量的前提下，使其对相邻基站/扇区产生的干扰最小，也就是使前向信道的发射功率在满足移动台解调最小需求信噪比的情况下尽可能小。前向功控的原理如图 2—10 所示。

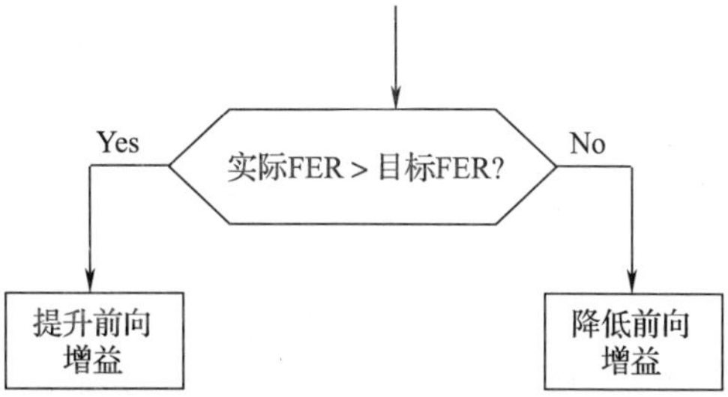

图 2—10　前向功控的原理图

移动台通过 Power Measurement Report Message 上报当前信道的质量状况：上报周期内的坏帧数、总帧数。BSC 据此计算出当前的 FER（坏帧数与总帧数之比，即误帧率），与目标 FER 比较，以此来控制基站进行前向功率调整。

3．1x 中的前向快速功率控制

CDMA 系统的实际应用表明，系统的容量并不仅仅取决于反向容量，往往还受限于前向链路的容量。这就对前向链路的功率控制提出了更高的要求。

前向快速功率控制通过调整，既能维持基站与位于小区边缘的移动台之间的通信，又能在较好的通信传输特性时最大限度地降低前向发射功率，减少对相邻小区的干扰，增加前向链路的相对容量。

前向快速功率控制分为前向外环功率控制和前向闭环功率控制。在外环使能的情况下，两种功率控制机制共同起作用，达到前向快速功率控制的目标。前向快速功率控制虽然起作用的点是在基站侧，但是进行功率控制的外环参数和功率控制比特都是移动台检测前向链路的信号质量得出的输出结果，并把最后的结果通过反向导频信道上的功率控制子信道传给基站。前向快速功率控制原理图如图 2—11 所示。

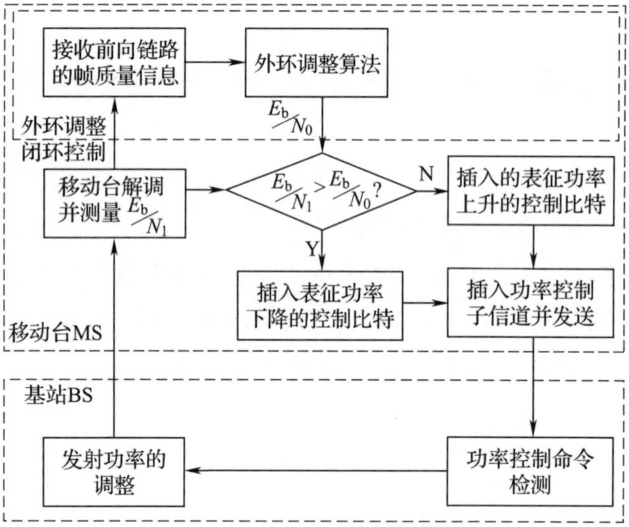

图 2—11　前向快速功率控制原理

4．反向功控

在 CDMA 系统的反向链路中引入了功率控制，通过调整用户发射机功率，使各用户不论在基站覆盖区的什么位置和经过何种传播环境，都能保证各个用户信号到达基站接收机时具有相同的功率。在实际系统中，由于用户的移动性，使用户信号的传播环境随时变化，致使每时每刻到达基站时所经历的传播路径、信号强度、时延、相移都随机变化，接收信号的功率在期望值附近起伏变化。

反向功率控制包括3部分：开环功率控制、闭环功率控制和外环功率控制。

在实际系统中，反向功率控制是由上述3种功率控制共同完成的，即首先对移动台发射功率做开环估计，然后由闭环功率控制和外环功率控制对开环估计做进一步修正，以求做到精确的功率控制。

（1）反向开环功控。CDMA 系统的每一个移动台都一直在计算从基站到移动台的路径损耗，当移动台接收到从基站传来的信号很强时，则表明移动台要么离基站很近，要么有一个特别好的传播路径，这时移动台可降低发送功率，而基站依然可以正常接收；相反，当移动台接收到的信号很弱时，它就增加发送功率，以抵消衰耗，这就是开环功率控制。开环功率控制简单、直接，无须在移动台和基站之间交换控制信息，同时控制速度快并节省开销。反向开环功控的原理如图 2—12 所示。

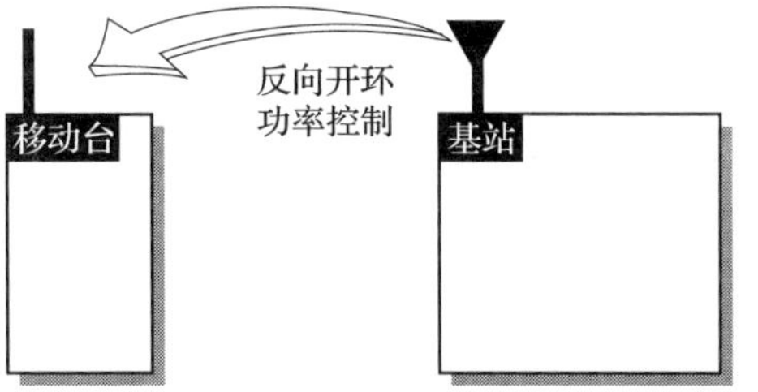

图 2—12　反向开环功控的原理图

（2）反向闭环功控。反向闭环功控又分为内环和外环两部分，内环指基站接收移动台的信号后，将其强度与一门限（下面称为“闭环门限”）相比，如果高于该门限，向移动台发送“降低发射功率”的功率控制指令；否则发送“增加发射功率”的指令。外环的作用是对内环门限进行调整，这种调整是根据基站所接收到的反向业务信道的指令指标（误帧率）的变化来进行的。通常 FER 都有一定的目标值，当实际接收的 FER 高于目标值时，基站就需要提高内环门限，以增加移动台的反向发射功率；反之，当实际接收的 FER 低于目标值时，基站就适当降低内环门限，以降低移动台的反向发射功率。在基站和移动台的共同作用下，使基站能够在保证一定接收质量的前提下，让移动台以尽可能低的功率发射信号，以减小对其他用户的干扰，提高容量。反向闭环功控原理如图 2—13 所示。

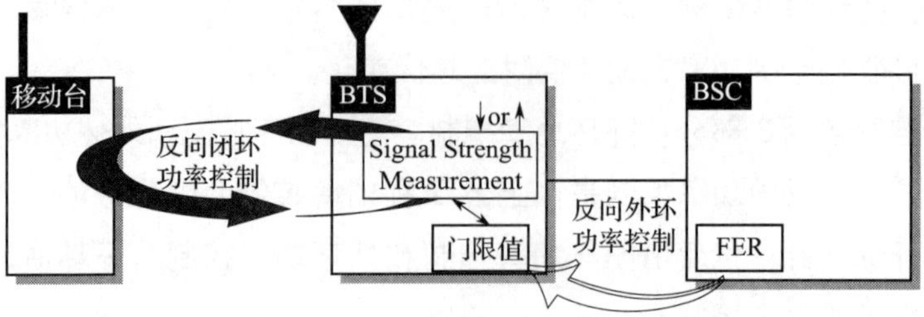

图 2—13　反向闭环功控原理图

2.6.2　软切换

1. 导频集

软切换的导频集如图 2—14 所示。

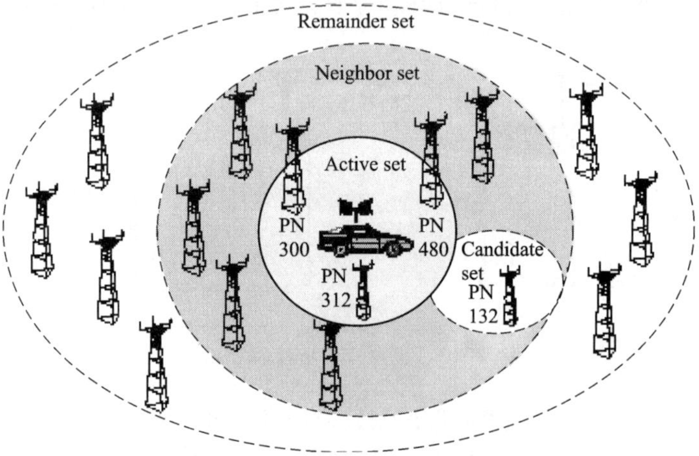

图 2—14　软切换的导频集

（1）有效导频信号集：所有与移动台的前向业务信道相联系的导频信号。

（2）候选导频信号集：当前不在有效导频信号集里，但是已经具有足够的强度，能被成功解调的导频信号。

（3）相邻导频信号集：由于强度不够，当前不在有效导频信号集或候选导频信号集内，但是可能会成为有效集或候选集的导频信号。

（4）剩余导频信号集：在当前 CDMA 载频上，系统里所有可能的导频信号集合（PILOT_INCs 的整数倍），但不包括在相邻导频信号集、候选导频信号集和有效导频信号集里的导频信号。

2. 软切换

(1) 软切换的概念。所谓软切换是指当移动台需要跟一个新的基站通信时，并不先中断与原基站的联系。软切换是 CDMA 移动通信系统所特有的，以往的系统所进行的都是硬切换，即先中断与原基站的联系，再在一指定时间内与新基站取得联系。软切换只能在相同频率的 CDMA 信道间进行，在两个基站覆盖区的交界处起到了业务信道的分集作用。

(2) 软切换的方式

1) 同一 BTS 内相同载频不同扇区之间的切换，也就是通常说的更软切换 (softer handoff)。

2) 同一 BSC 内不同 BTS 之间相同载频的切换。

3) 同一 MSC 内，不同 BSC 之间相同载频的切换。

(3) 软切换的优点。FDMA、TDMA 系统中广泛采用硬切换技术，当硬切换发生时，因为原基站与新基站的载波频率不同，移动台必须在接收新基站信号之前，中断与原基站的通信，由于在与原基站链路切断后，移动台往往不能立即得到与新基站之间的链路，而会出现中断通信。另外，当硬切换区域面积狭窄时，会出现新基站与原基站之间来回切换的“乒乓效应”，影响业务信道的传输。CDMA 系统中提出的软切换技术，与硬切换技术相比，具有以下优点。

1) 软切换发生时，移动台只有在取得了与新基站的链接之后，才会中断与原基站的联系，大大降低了通信中断的概率。

2) 软切换进行过程中，移动台和基站均采用了分集接收的技术，增加了抵抗衰落的能力，且不用过多增加移动台的发射功率；同时，基站宏分集接收保证在参与软切换的基站中，只需要有一个基站能正确接收移动台的信号就可以进行正常的通信。通过反向功率控制，可以使移动台的发射功率降至最小，可进一步降低移动台对其他用户的干扰，增加系统的反向容量。

3) 进入软切换区域的移动台即使不能立即得到与新基站通信的链路，也可以进入切换等待的排队队列，从而减少了系统的阻塞率。

软切换如图 2—15 所示。

(4) 软切换的相关参数

1) T_ADD。导频信号加入门限，如果移动台检查相邻导频信号集或剩余导频信号集中的某一个导频信号的强度达到 T_ADD，移动台将把这一导频信号加到候选导频信号集中，并向基站发送导频强度测量报告消息 (PSMM)。

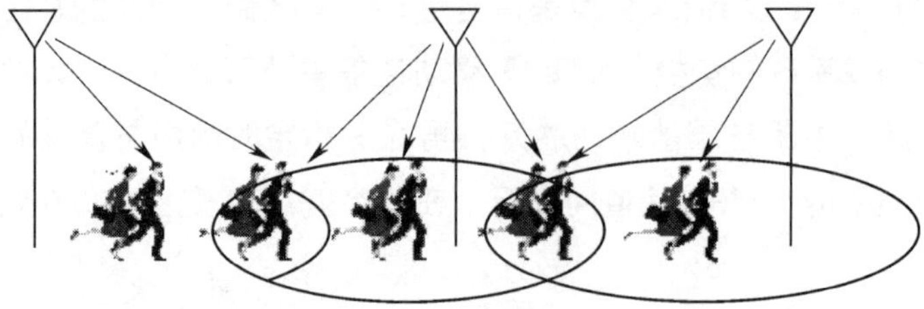

图 2—15 软切换

2）T_DROP。导频信号去掉门限，移动台需要对在有效导频信号集和候选导频信号集里的每一个导频信号保留一个切换去掉定时器。每当与之相对应的导频信号强度小于 T_DROP 时，移动台需要打开定时器。如果与之相对应的导频信号强度超过 T_DROP，移动台复位该定时器。如果达到 T_TDROP，移动台复位该定时器，并向基站发送 PSMM 消息。如果 T_TDROP 改变，移动台必须在 100 ms 内开始使用新值。

3）T_TDROP。切换去掉定时器，且该定时器超时，且该定时器所对应的导频信号是有效导频信号集的一个导频信号，就发送导频信号强度测量消息。如果这一导频信号是候选导频信号集中的导频信号，则它将被移至相邻导频信号集。

4）T_COMP。有效导频信号集与候选导频信号集比较门限，当候选导频信号集里的导频信号强度比有效导频信号集中的导频信号高且超过此门限时，移动台将发送一个导频信号强度测量报告消息。基站置这一字段为候选导频信号集与有效导频信号集比值的门限，单位为 0.5 dB。

5）SRCH_WIN_A。有效导频信号集和候选导频信号集搜索窗口大小，对应于移动台使用的有效导频信号集和候选导频信号集搜索窗口的大小。移动台的搜索窗口以有效导频信号集中最早到来的可用导频信号多径成分为中心。

6）SRCH_WIN_N。相邻导频信号集探索窗口大小，对应于移动台使用的相邻导频信号集搜索窗口大小的值。移动台应以导频的 PN 序列偏置为搜索窗口中心。

7）SRCH_WIN_R。剩余导频信号集搜索窗口大小，对应于移动台使用的剩余导频信号集搜索窗口大小的值。移动台应以导频的 PN 序列偏置为搜索窗口中心，移动台应仅搜索剩余导频信号集中其导频信号 PN 序列偏置等于 PILOT_INCs 整数倍的导频信号。

1x 系统关于切换的参数还有软切换斜率、切换加截距、切换去截距。

（5）软切换的过程

1）IS -95 的软切换过程（见图 2—16）。

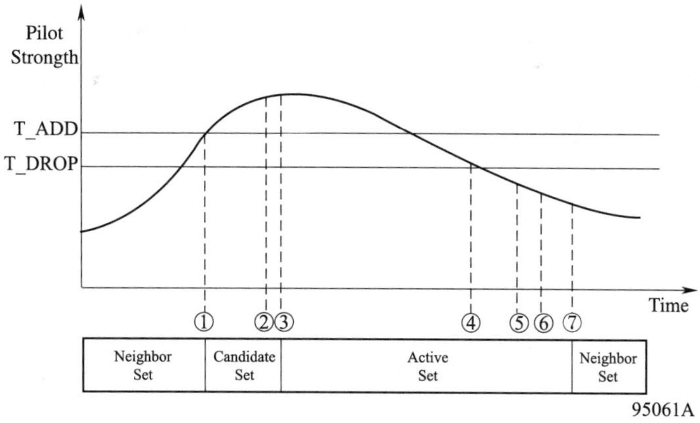

图 2—16　IS—95 的软切换过程（一）

①MS 检测到某个导频强度超过 T_ADD，发送导频强度测量消息 PSMM 给 BS，并且将该导频移到候选集中。

②BS 发送切换指示消息。

③MS 将该导频转移到有效导频集中，并发送切换完成消息。

④有效集中的某个导频强度低于 T_DROP，MS 启动切换去定时器（T_TDROP）。

⑤切换去定时器超时，导频强度仍然低于 T_DROP，MS 发送 PSMM。

⑥BS 发送切换指示消息。

⑦MS 将该导频从有效导频集移到相邻导频集中，并发送切换完成消息。

2）IS -2000 动态软切换过程。IS2000 -1x 的软切换流程，采用动态门限，而非 IS -95（见图 2—17）中采用的绝对门限。

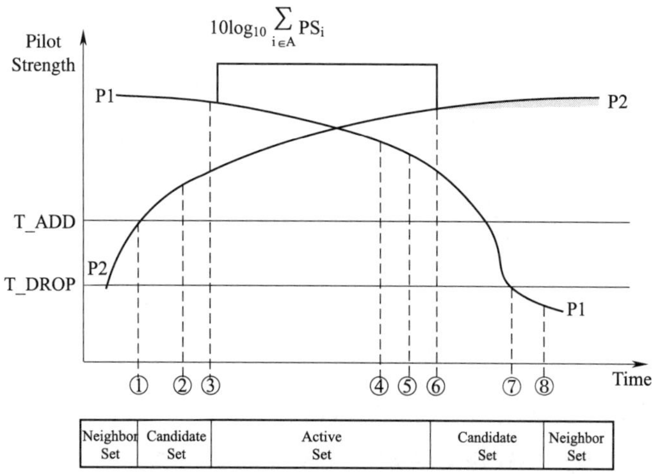

图 2—17　IS—95 软切换过程（二）

①导频 P2 强度超过 T_ADD，移动台把导频移入候选导频集。

②导频 P2 强度超过［（SOFT_SLOPE/8）$\times 10 \times \log_{10}$（PS1）+ADD_INTERCEPT/2］，移动台发送 PSMM。

③移动台收到 EHDM、GHDM 或 UHDM，把导频 P2 加入到有效导频集，并发送 HCM。

④导频 P1 强度降低到低于［（SOFT_SLOPE/8）$\times 10 \times \log_{10}$（PS2）+DROP_INTERCEPT/2］，移动台启动切换去掉定时器。

⑤切换去掉定时器超时，移动台发送 PSMM。

⑥移动台收到 EHDM、GHDM 或 UHDM，把导频 P1 送入候选导频集并发送 HCM。

⑦导频 P1 强度降低到低于 T_DROP，移动台启动切换去掉定时器。

⑧切换去掉定时器超时，移动台把导频 P1 从候选导频集移入相邻导频集。

其中，SOFT_SLOPE 表示软切换斜率、ADD_INTERCEPT 表示切换加截距、DROP_INTERCEPT 表示切换去截距。

3. 更软切换

更软切换是指发生在同一基站下不同扇区之间的切换，如图 2—18 所示。在基站收发机（BTS）侧，不同扇区天线的接收信号对基站来说就相当于不同的多径分量，由 RAKE 接收机进行合并后送至 BSC，作为此基站的语音帧。而软切换是由 BSC 完成的，将来自不同基站的信号都送至选择器，由选择器选择最好的一路，再进行话音编解码。

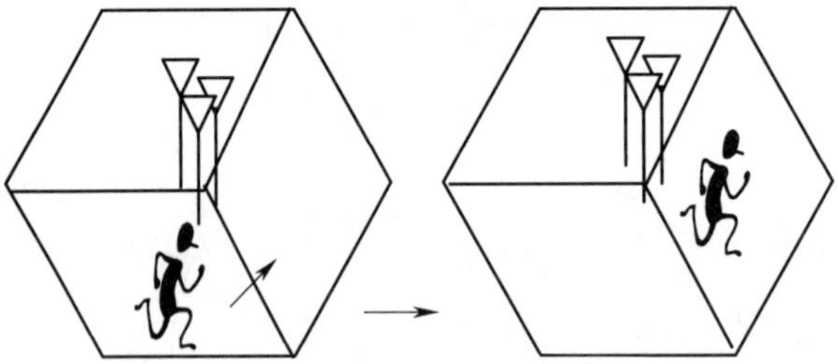

图 2—18　更软切换

软切换和更软切换的区别如图 2—19 所示。

由图 2—19 可以看出，软切换由 BSC 帧处理板进行选择合并，而更软切换则是不同分支信号在 BTS 分集合并。

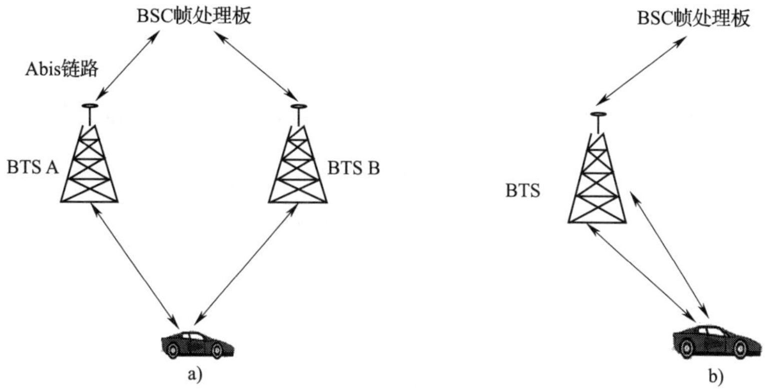

图 2—19　软切换与更软切换的区别

a）软切换　b）更软切换

4．硬切换

当移动台从一个基站的覆盖范围移动到另外一个基站的覆盖范围，通过切换移动台保持与基站的通信。硬切换是在呼叫过程中，移动台先中断与原基站的通信，再与目标基站取得联系，发生在分配不同频率或者不同的帧偏置的 CDMA 信道之间的切换。在呼叫过程中，根据候选导频强度测量报告和门限值的设置，基站可能指示移动台进行硬切换。硬切换可以发生在相邻的基站集之间、不同的频率配置之间或是不同的帧偏置之间。可以在同一个小区的不同载波之间，也可以在不同小区的不同载波之间。在 CDMA 中，有以下几种发生硬切换的情况。

（1）不同频率间的硬切换。

（2）同一设备商、同一频率间的硬切换。

（3）不同设备商间的硬切换。

（4）不同的设备商、同一个频率上同一系统中的硬切换。

5．搜索过程

对各种不同导频集，手机采用不同的搜索策略。对于激活导频集与候选导频集，采用的搜索频度很高，相邻导频集搜索频度次之，对剩余导频集搜索最慢。整个导频搜索的时间安排如图 2—20 所示。

从图 2—20 可以看出，在完成一次对全部激活导频集或候选导频集中的导频搜索后，才搜索一个相邻导频集中的导频信号。然后再一次完成激活导频集与候选导频集中所有导频搜索后，再搜索另一个相邻导频集中的导频信号。在完成对相邻导频集中所有导频信号搜索后，才搜索一个剩余导频集中的导频信号。周而复始，最终完成对所有导频集中的信号的搜索。

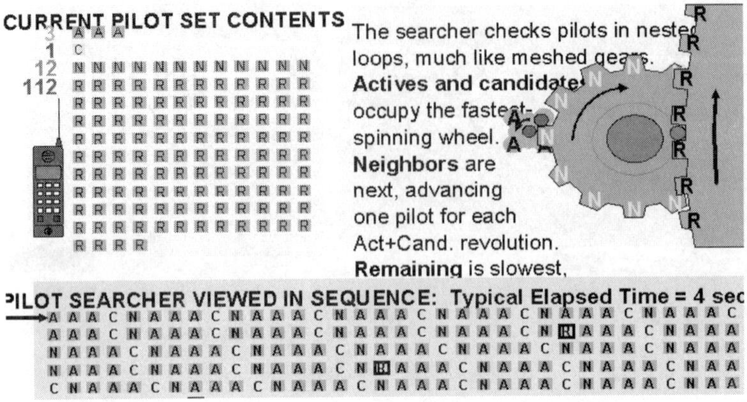

图 2—20　手机对导频信号的搜索时间安排

手机搜索能力有限，搜索窗尺寸越大、导频集中的导频数越多，遍历导频集中所有导频的时间就越长。

2.6.3　RAKE 接收机工作原理

RAKE 接收机利用了空间分集技术其基本原理如图 2—21 所示。发射机发出的扩频信号，在传输过程中受到不同建筑物、山岗等各种障碍物的反射和折射，到达接收机时每个波束具有不同的延迟，形成多径信号。如果不同路径信号的延迟超过一个伪码码片的时延，则在接收端可将不同的波束区别开来。将这些不同波束分别经过不同的延迟线对齐并合并在一起，则可实现变害为利，把原来是干扰的信号变成有用的信号。

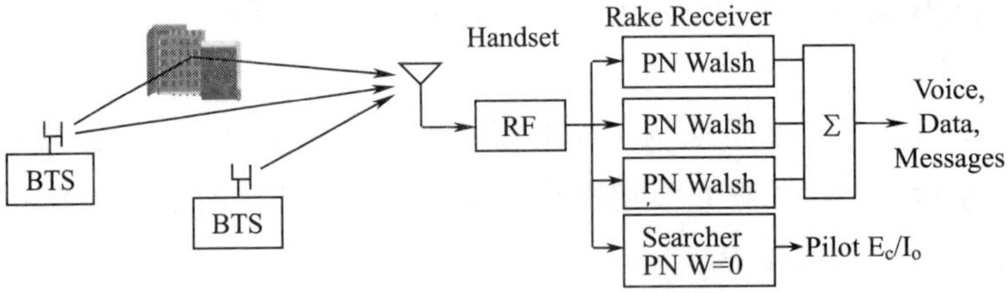

图 2—21　RAKE 接收机基本原理

RAKE 接收机由搜索器（searcher）、解调器（finger）、合并器（combiner）3 个模块组成。

1. 搜索器完成路径搜索，主要原理是利用码的自相关及互相关特性。

2．解调器完成信号的解扩、解调。解调器的个数决定了解调的路径数，通常一个 RAKE 接收机由 4 个 finger 组成，移动台由 3 个 finger 组成。

3．合并器完成多个解调器输出信号的合并处理，通用的合并算法有选择式相加合并、等增益合并、最大比合并 3 种。合并后的信号输出到译码单元，进行信道译码处理。

2.6.4 CDMA 呼吸效应

在 CDMA 系统中，所有的频率和时间是每个用户同时共享的公共资源，而非是某个用户单独所有。无线信道是基于不同的扩频码字来区分的，理论上来说系统容量也就自然取决于码字资源即扩频码的数量，但实际的系统容量（实际可以分配的扩频码数量），却是受限于系统的自干扰，即不同用户间由于扩频码并非理想正交而产生的多址干扰，同时包括本小区用户干扰及其他小区干扰。所以说，CDMA 系统是一个干扰受限的系统，具有“软”容量的特性。

在 CDMA 系统中，小区的容量和覆盖与系统干扰紧密相连。当小区内用户数增多，也就是小区容量增大时，小区基站端接收到的干扰将增大，这就意味着在小区边缘地区的用户即使以最大发射功率发射信号，也无法保证自身与基站间的传输 QoS，于是这些用户将会切换到邻近小区，也就意味着本小区的半径（即覆盖范围）相对减小了。反之，当小区用户数目减少，也就是小区容量减小时，系统业务强度的降低使得基站接收的干扰功率水平降低，各用户将可以发射更小的功率来维持与基站的连接，导致在小区内可以容忍的最大路径损耗增大，等效于小区半径增加，覆盖范围增大。

2.7 CDMA 空中接口协议及信道结构

CDMA2000 移动网络发展至今其空中接口版本历经了：

IS－95、CDMA2000 Release 0、CDMA2000 Release A、CDMA2000 Release B、CDMA2000 Release C、CDMA2000 Release D 等多个版本，目前全球主要以CDMA 2000 Release 0 和 CDMA2000 Release A 版本为主。

2.7.1 CDMA 空中接口协议架构及层次结构

CDMA2000 1x 网络接口协议模型如图 2—22 所示，网元与网元之间采用不同的协议及接口。

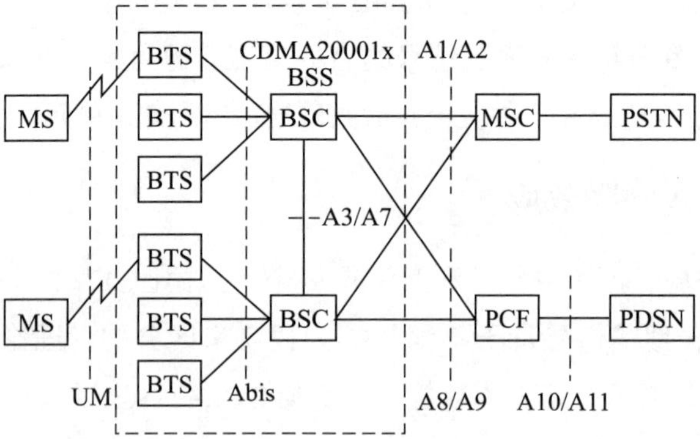

图 2—22　CDMA2000 1x 网络接口协议模型图

各接口介绍如下：

UM 接口：MS 与 BTS 间接口，承载信令和业务。

Abis 接口：BSC 与 BTS 间的接口，承载信令和业务。

A1 接口：承载 MSC－BSC 间信令。

A2 接口：承载 MSC－BSC 间业务。

A3 接口：SDU－BTS 间接口，承载信令和用户业务。

A7 接口：源 BSC 和目标 BSC 之间的信令接口。

A8 接口：承载 BSC－PCF 间的业务。

A9 接口：承载 BSC－PCF 间的信令。

A10 接口：承载 PCF－PDSN 间的业务。

A11 接口：承载 PCF－PDSN 间的信令。

空中接口层次架构如图 2—23 所示。

1. 物理层描述

物理层实现前反向信号的调制和解调功能，保证信号在空中的正确传输，物理层的信道见表 2—4。

2. MAC 层描述

MAC 层在协议架构中属于 L2 部分，是 IS－2000 为了适应并发业务要求及多种物理信道的处理要求而引入的一个层次，主要是对上层话音和数据业务提供对物理层的接入控制功能，包括上层信令、数据的复用和解复用，以及移动台和基站之间的 RLP 协议。

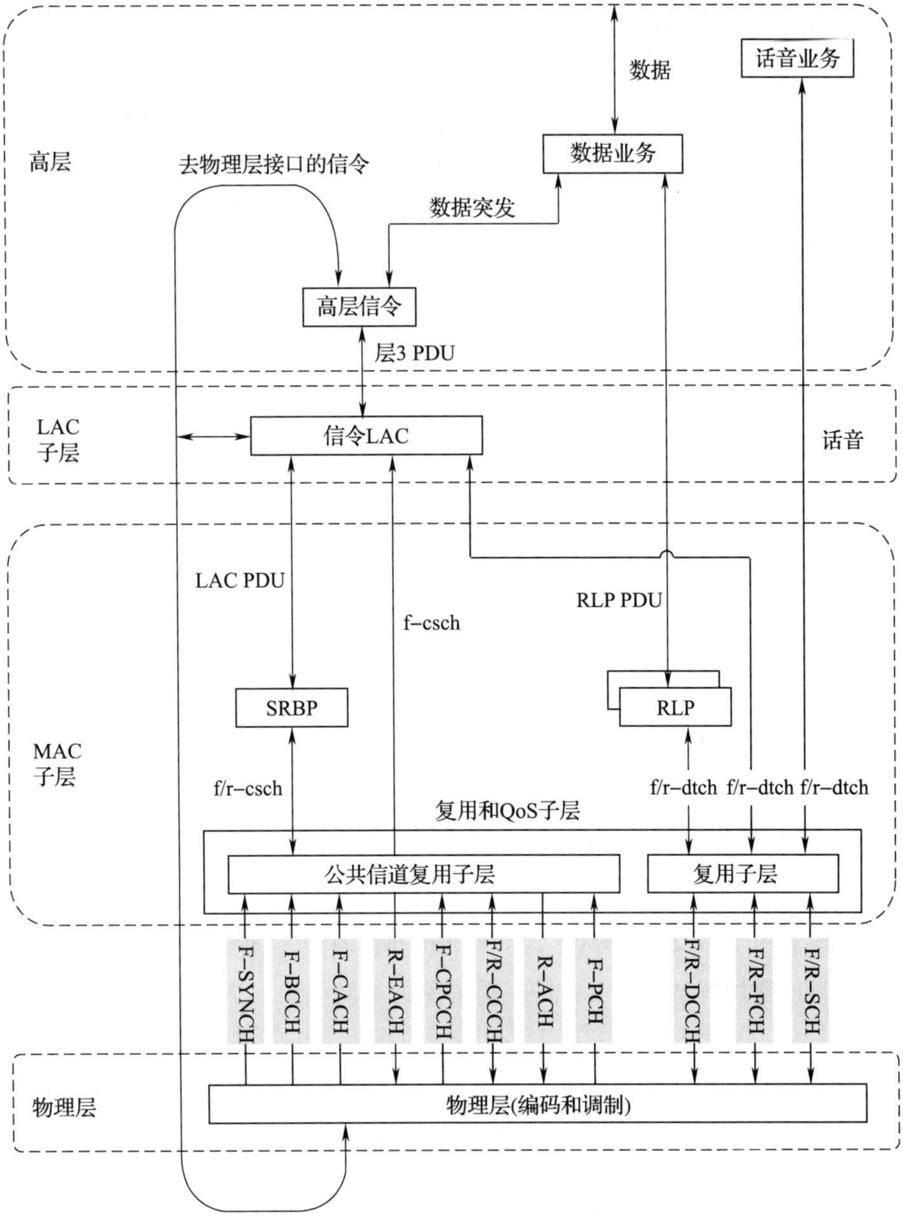

SRBP：Signaling Radio Burst Protocol，信令无线突发协议。

RLP：Radio Link Protocol，无线链路协议。

图 2—23　空中接口层次架构图

表 2—4 物理层信道

信道缩写	全称
F/R－FCH	Forward/Reverse Fundamental Channel
F/R－DCCH	Forward/Reverse Dedicated Control Channel
F/R－SCCH	Forward/Reverse Supplemental Code Channel
F/R－SCH	Forward/Reverse Supplemental Channel
F－PCH	Paging Channel
F－QPCH	Quick Paging Channel
R－ACH	Access Channel
F/R－CCCH	Forward/Reverse Common Control Channel
F/R－PICH	Forward/Reverse Pilot Channel
F－APICH	Dedicated Auxiliary Pilot Channel
F－TDPICH	Transmit Diversity Pilot Channel
F－ATDPICH	Auxiliary Transmit Diversity Pilot Channel
F－SYNCH	Sync Channel
F－CPCCH	Common Power Control Channel
F－CACH	Common Assignment Channel
R－EACH	Enhanced Access Channel
F－BCCH	Broadcast Control Channel

按照 IS－2000 协议构架，MAC 子层主要包括复用解复用子层和 RLP 协议实现，描述如下。

公共信道复用子层（Common Channel Multiplex Sublayer）：完成公共信道（公共信令信道）的复用解复用，主要是根据消息的长度和要发送的时隙，完成分时隙发送和接收。

专用信道复用子层（Multiplex Sublayer）：完成专用信道（业务信道）的复用解复用，前向将分别来自 LAC 层 SAR 子层的信令分片、来自 Vocoder 的话音数据、来自 RLP 的电路数据或分组数据复用到一个物理信道帧中；反向从一个具体的物理信道帧中解复用出信令分片、话音数据、电路数据、分组数据，并分别提交到相应的上层协议栈进行处理。

RLP：根据上层协议栈的不同要求，提供不同的协议栈，完成基站到移动台之间可靠的或实时的数据传输机制。

3. LAC 层描述

LAC 层在协议架构中相对于 MAC 层属于 L2 的较高层次。按照 IS－2000 协议构架，LAC 子层完成的功能主要包括层 3 信令的证实重传机制、分段与重组机制等，对于前反向和不同类别的信道，其完成的功能有所不同。LAC 各子层功能描述如下。

（1）Authentication 子层：移动台在反向公共信令信道的 LAC 协议数据单元中提供鉴权有关的字段信息，以发起移动台的鉴权过程。

（2）ARQ 子层：完成基站和移动台之间的信令传递证实机制，保证信令的可靠接收和发送，并实现信令的重复检测功能。

（3）Addressing 子层：移动台在前反向公共信令信道的 LAC 层协议数据单元中提供与移动台地址有关的字段，为基站识别移动台提供依据。

（4）Utility 子层：在前反向 LAC 协议数据单元中维护消息类型、无线环境报告等字段、为上层区分不同的消息、为发起接入切换的判决提供依据；完成在 PDU 中维护填充 bitr 和消息长度的功能。

（5）SAR（Segmentation and Reassembly）子层：分段与重组功能；前向完成对消息的分段，以使之可以复用到一个物理信道帧中；反向完成多个消息分段的按序重组功能，以拼装出一个完整的消息。

4. 层 3 描述

层 3 分为公共信令信道侧层 3 处理和专用信令信道侧层 3 处理，主要用于支持空中接口协议所规定的业务流程，包括接入切换处理、短消息、业务协商过程和切换处理等。

2.7.2 IS－95 信道

IS－95 系统的前反向物理信道结构如图 2—24 所示，分为前向信道（Forward Channels）和反向信道（Reverse Channels）。

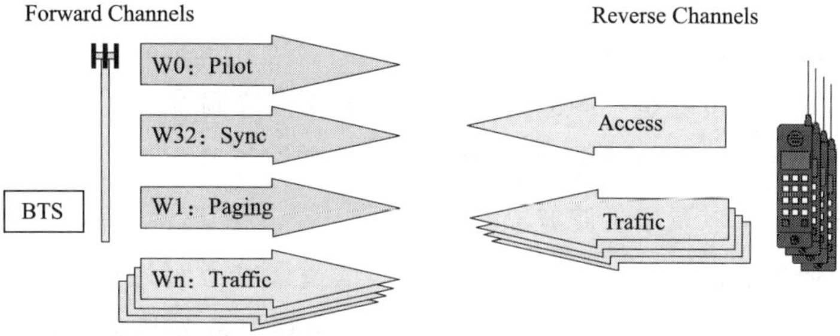

图 2—24 IS－95 前反向信道结构图

1. 前向信道

前向信道（Forward Channels）包括导频信道（Pilot Channel，F－PICH）、同步信道（Sync Channels，F－SYNCH）、寻呼信道（Paging Channels，F－PCH）和业务信道（Traffic Channels，F－TCH）。

每一个码分信道都要经过一个 Walsh 函数进行正交扩频，再由速率为 1.228 8 Mchip/s 的伪噪声序列扩频。在基站可按照频分多路方式使用多个前向 CDMA 信道（如 800 M 频段 CDMA 信道带宽为 1.23 MHz）。

在 IS－95 系统前向码分信道最多为 64 个，但前向码分信道的配置并不是固定的，其中导频信道一定要有，其余的码分信道可根据情况配置。例如，可以用业务信道一对一地取代寻呼信道和同步信道，这样最多可以达到有一个导频信道、0 个寻呼信道、0 个同步信道和 63 个业务信道，这种情况只可能发生在基站拥有两个以上的 CDMA 载频（即带宽大于 2.5 MHz）时，其中一个为基本 CDMA 载频，所有的移动台都先集中在基本载频上工作。此时，若基本 CDMA 业务载频忙，可由基站在基本 CDMA 载频的寻呼信道上发送信道指配消息或其他相应的消息将某个移动台指配到另一个 CDMA 载频（辅助 CDMA 载频）上进行业务通信。

目前上海现网 283、201 载频一般配置导频信道、寻呼信道和同步信道，而 242、160 载频一般只配置导频信道和同步信道，而不配置寻呼信道。

2. 反向信道

反向信道（Reverse Channels）包括接入信道（Access Channels，R－ACH）和业务信道（Traffic Channels，R－TCH）。这些信道采用直接序列扩频的技术共用同一 CDMA 频率。在这一反向 CDMA 载频上，基站和用户使用不同的长码掩码区分每一个接入信道和反向业务信道。

当长码掩码输入长码发生器时，会产生唯一的用户长码序列，其长度为 $2^{42}-1$。对于接入信道，不同基站或同一基站的不同接入信道使用不同的长码掩码，而同一基站的同一接入信道用户使用的长码掩码则是一致的。进入业务信道以后，不同的用户使用不同的长码掩码，也就是不同的用户使用不同的相位偏置。反向 CDMA 信道的数据传输以 20 ms 为一帧，所有的数据在发送之前均要经过卷积编码、块交织、64 阶正交调制、直接序列扩频以及基带滤波。

接入信道和业务信道调制的区别在于：接入信道调制不经过最初的“增加帧指示比特”和“数据突发随机化”这两个步骤，也就是说，反向接入信道调制中没有加 CRC 校验比特，而且接入信道的发送速率是固定的 4 800 b/s，而反向业务信道会选择不同的速率发送。

反向业务信道支持9 600 b/s、4 800 b/s、2 400 b/s、1 200 b/s的可变数据速率。但是反向业务信道只对9 600 b/s和4 800 b/s两种速率使用CRC校验。

2.7.3 CDMA2000 1x信道

1. CDMA2000 1x无线新特性

（1）多种信道带宽。前向链路支持多载波（MC）和直扩（DS）两种方式；反向链路仅支持直扩方式。当采用多载波方式时，能支持多种射频带宽，即射频带宽可为 $N\times1.25$ MHz，其中 $N=1$、3、5、9或12。

（2）前向发送分集。CDMA2000 1x发射分集是将数据一分为二，用不同的Walsh码分别进行扩频，再分别由各自的天线发射。

（3）快速前向功率控制。CDMA2000 1x采用快速前向功率控制，由终端根据测量前向业务信道的强度，向基站发出调整基站发射功率的指令。

（4）使用Turbo码。CDMA2000 1x采用Turbo码对信道进行编码，提高了纠错能力。

（5）引入反向导频信道，实现反向链路相干解调。CDMA2000 1x提供反向导频信道，从而使反向信道也可以做到相干解调，提高反向容量。

（6）灵活的帧长。CDMA2000 1x的信道支持5 ms、10 ms、20 ms、40 ms、80 ms和160 ms多种帧长。

2. CDMA2000 1x信道

为了保持与IS－95的兼容，在进行了一些变化的同时，CDMA2000 1x使用了IS－95中所用的相同的前向链路信道功能，CDMA2000 1x信道结构如图2—25所示。

（1）兼容信道

1）前向

①导频信道（F－PICH）。类似于IS－95中的下行链路导频信道，用于移动台提供连续的时间和相位参考，以允许移动台捕获基站并对接收到的下行链路信号进行相干检测。每个基站使用Walsh码W0（全零）在导频信道上发送短PN码，该导频信道对不同的基站使用唯一的定时偏移。

②同步信道（F－SYNC）。除了提供系统时间和网络标志外，同步信道还识别长PN码的状态，以使移动台上的长PN码的生成同基站上的长PN码的生成同步。

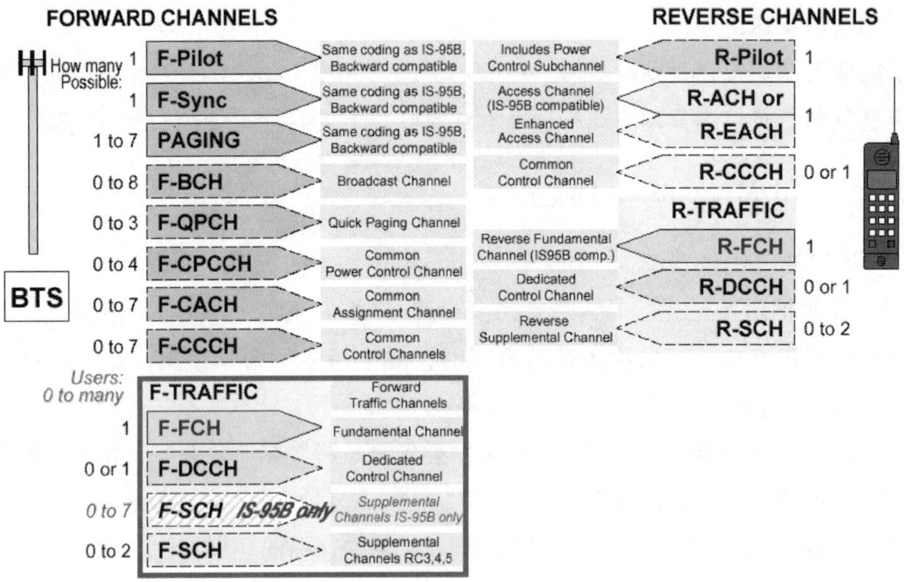

图 2—25　CDMA2000 1x 信道结构图

③寻呼信道（F－PCH）。为空闲的移动台提供呼入通知。此外，也可以使用寻呼信道来广播消息。

④基本信道（F－FCH）。F－FCH 用于低数据速率和语音呼叫，为了向后兼容，这些呼叫同 2G 的业务信道以相同的方式工作。基本信道既传送消息又传送控制数据。同反向链路中的基本信道一样，除了可以用 20 ms/帧来传送语音呼叫和进行低数据速率的传送外，IS－2000 还在前向链路基本信道上提供了用 5 ms/帧（1/8 的速率）传送信令和控制数据的方式。

2）反向

①基本信道（R－FCH）。R－FCH 用于低数据速率和语音呼叫，为了向后兼容，同 2G 中的业务信道采用相同的方式运行，既传送消息又传送控制数据。

②接入信道（R－ACH）。当移动台必须接入系统以便发起通信或响应一个基站发送的直接消息时，使用此信道，类似于 IS－95 的接入信道。

（2）CDMA 2000 1x 中引入的新增信道

1）前向

①补充信道（F－SCH）。F－SCH 用于高数据速率的传送，如多媒体。该信道只传送用户数据，并且必须同基本信道和/或专用控制信道一起传送。

②专用控制信道（F－DCCH）。F－DCCH 用于将控制数据传送到补充信道上的各

个用户。控制数据包括用于软切换、功率控制和 MAC 协议的信令。

③公共控制信道（F－CCCH）。F－CCCH 用于向服务区中的所有移动台广播控制数据和消息。

④快速寻呼信道（F－QPCH）。F－QPCH 用于延长移动台电池的寿命。

2）反向

①补充信道（R－SCH）。用于高数据速率的传输，如多媒体。此信道只传送数据，而消息必须通过基本信道和/或专用控制信道传送。

②专用控制信道（R－DCCH）。用于为补充信道传送信令和短消息。

③导频信道（R－PICH）。同下行链路的导频信道相似，在基站上用来为接收的上行链路信号提供相位参考。导频信道使移动台能以较低的功率电平进行发送，从而降低总干扰电平。

④补充编码信道（R－SCCH）。用于高数据速率的传输，如多媒体，其用法与补充信道类似。

⑤增强型接入信道（R－EACH）。为了更好地接入，使用5 ms 的小帧，以减少冲突。

⑥公共控制信道（R－CCCH）。在没有建立专用业务信道时，用于发送数据或消息。

目前上海电信 CDMA 网络现网根据实际情况，使用了其中部分信道。主要使用的信道有以下几种。

前向：导频信道（F－PICH）、同步信道（F－SYNC）、寻呼信道（F－PCH）、基本信道（F－FCH）、补充信道（F－SCH）。

反向：基本信道（R－FCH）、接入信道（R－ACH）、补充信道（R－SCH）、导频信道（R－PICH）。

2.8 CDMA 空口信令流程

考虑到 CDMA2000 1x 对 IS－95 系统的后向兼容，且目前现网中 IS－95 设备已相对较少。本章节主要介绍 CDMA2000 1x 的空口信令。

2.8.1 与信令流程有关的概念

1. IMSI

国际移动台识别号（IMSI）主要功能是识别 CDMA 数字移动台，IMSI 由 15 个十进制数字（0 ~9）组成，开始 3 个数字为移动台国家码，其余比特是国内移动台识别码（NMSI），NMSI 由移动台网号（MNC）和移动台识别号（MSIN）组成。IMSI 结构如图 2—26 所示。

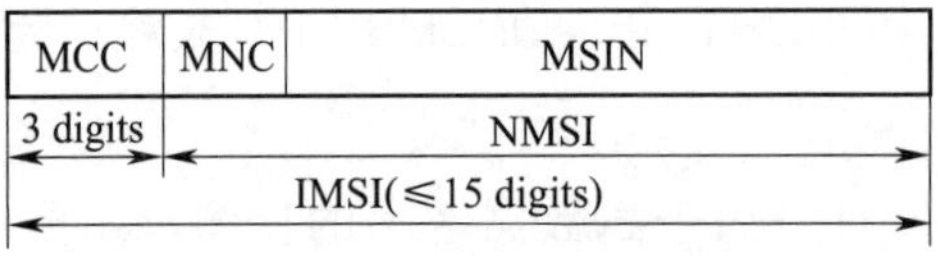

图 2—26　IMSI 的组成结构图

对图 2—26 的解释如下：

MCC：移动台国家码。

MNC：移动台网号。

MSIN：移动台识别号。

NMSI：国内移动台识别码（MNC + MSIN）。

IMSI：国际移动台识别号（MCC + MNC + MSIN）。IMSI 分为 2 类：0 类 IMS——IMSI 长度为 15 位，即 NMSI 为 12 位。1 类 IMSI——IMSI 长度小于 15 位，即 NMSI 长度少于 12 位。

在寻呼移动台时，移动台的地址 IMSI 又经常被分为两个部分：IMSI_S（MIN）和 IMSI_11_12。IMSI_S 为 IMSI 的最末 10 位数，若 IMSI 不足 10 位，则 IMSI_S 的高位由 0 填充。IMSI_S 的结构如图 2—27 所示。

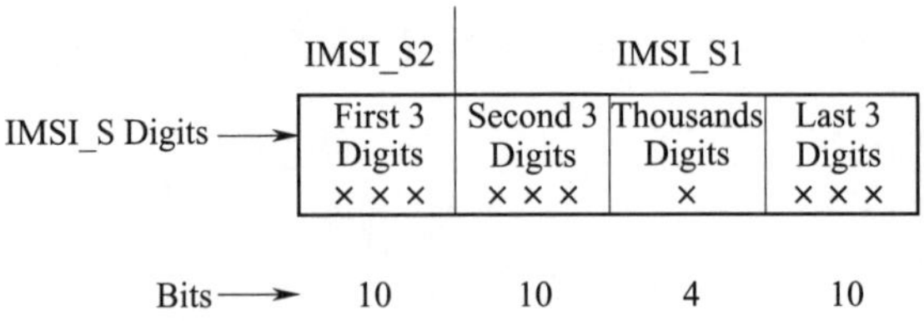

图 2—27　IMSI_S 的结构

2. ESN

ESN 为生产厂商在出厂前给移动台做的一个 32 bit 的编号。在寻呼移动台或移动台起呼时可以使用 IMSI 和 ESN 一起作为移动台的寻址，或单独使用 IMSI 或 ESN 寻址。

3. 登记

登记是指移动台通知基站其所在位置、状态、标志、时隙周期和其他特性的过程。

移动台通知基站其位置和状态，所以当基站想要建立一个移动被叫时，能有效地寻呼移动台。当运行在分时隙模式时，移动台提供 SLOT_CYCLE_INDEX 参数，因此基站能决定移动台的监听时隙。移动台提供站别类别和协议版本号，因此基站知道移动台的能力。

CDMA 支持 9 种不同的登记形式：

（1）开机登记。移动台在开机时登记，或从使用的模拟系统切换过来。

（2）关机登记。如果移动台之前登记在当前服务系统，在关机时移动台发起登记。

（3）基于定时器的登记。当定时器逾时时，移动台登记。

（4）基于距离的登记。当目前基站和上一次登记的基站之间的距离超过一个门限时，移动台登记。

（5）基于区域登记。当进入一个新的区域时，移动台登记。

（6）参数改变登记。当某些存储的参数改变时或进入一个新系统时，移动台登记。

（7）指令登记。当基站要求时，移动台登记。

（8）隐含登记。当移动台成功发送一条初始消息或寻呼响应消息时，基站能识别移动台的位置。这被认为是一个隐含登记。

（9）业务信道登记。每当基站有了一个已经指配业务信道的移动台的登记消息时，基站可以通知移动台其已登记。

2.8.2 CDMA 移动台状态及变迁

加电后移动台将处于以下 4 种状态之一。

状态 1：移动台初始化状态——移动台选择服务系统、运营模式并与选定的系统同步。

状态 2：移动台空闲状态——移动台监测寻呼信道消息。

状态 3：移动台系统接入状态——移动台向接入信道上的基站发送消息。

状态 4：移动台业务信道状态——移动台使用前向和反向业务信道与基站进行通信。

其中每一种状态中又包含若干子状态，这些状态涵盖了移动台各项功能和操作。在一定条件的触发下，这 4 种状态可以相互转换，CDMA 移动台之间的状态迁移如图 2—28 所示。

1. 移动台初始化状态

上电、系统丢失或业务状态结束后，移动台进入初始化状态，移动台初始化状态又分为 4 个子状态：确定系统子状态、导频信道捕获子状态、同步信道捕获子状态以及定时改变子状态。

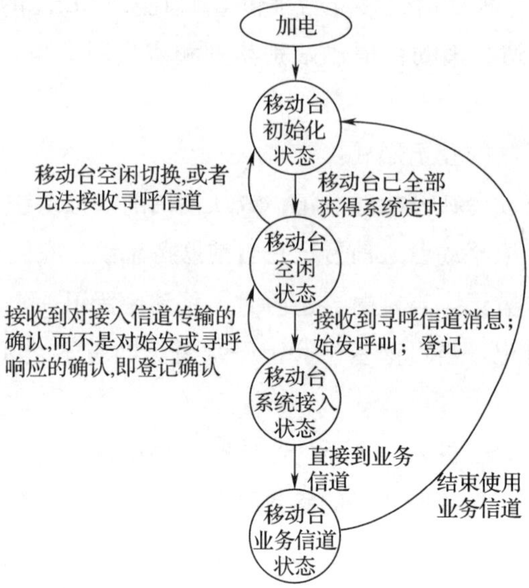

图 2—28　CDMA 移动台状态迁移

2．移动台空闲状态

移动台在空闲状态中，将不断读取寻呼信道信息并测量服务扇区上的导频信道以及系统中使用的其他扇区导频信道。

移动台可以监听所有寻呼信息，或者只监听选定的帧，以便延长移动台的电池寿命，这被称为时隙模式。如果移动台使用时隙模式，系统将只在移动台活动时寻呼移动台。移动台和基站在移动台进入时隙模式前必须协商要使用的帧。协商在基站和处于寻呼信道、接入信道上的移动台之间进行。

发生移动台解码寻呼信道失败等情况时移动台将重新进入初始化状态。

3．移动台系统接入状态

如果移动台要发起呼叫、进行注册登记，或者收到一种需要认可或应答的寻呼信息时，移动台便进入“系统接入状态”，并在接入信道上向基站发送有关的信息。这些信息可分为两类：一类属于应答信息（被动发送）；一类属于请求信息（主动发送）。在处于系统接入状态时接收到对其他任何命令或消息的确认将导致移动台重新进入空闲状态。

4．移动台业务信道状态

在此状态中，移动台和基站利用前反向业务信道进行用户数据信息和信令的交互。

2.8.3 CDMA 主要信令流程

1. 语音业务起呼

语音业务作为 CDMA 系统的基本功能，其起呼流程如图 2—29 所示。

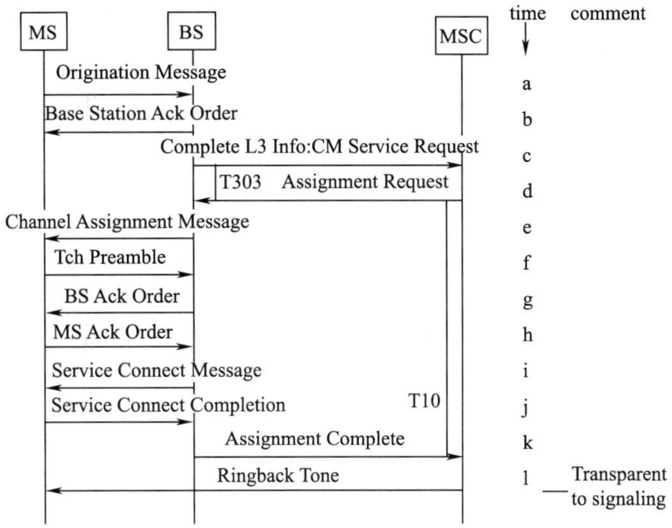

图 2—29 语音业务起呼流程图

语音业务起呼流程主要阶段如下：

a：移动台发送起呼消息。

b：BS 回证实指令。

c：BS 向 MSC 送完全层 3 消息，其中包含 CM Service Request 消息。

d：MSC 回指配请求。

e：BS 向移动台发送信道指配消息。

f：移动台开始在业务信道上发送前缀。

g：BS 回基站证实指令。

h：移动台回移动台证实指令。

i：BS 发送业务连接消息。

j：移动台发送业务连接完成消息。

k：BS 发送指配完成消息。

l：MSC 送回铃音。

2. 语音业务被呼

语言业务被呼流程如图 2—30 所示。

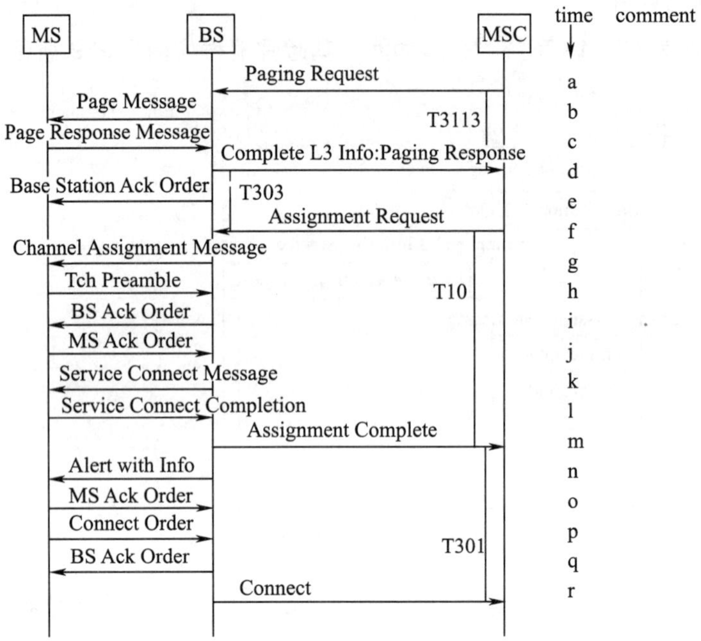

图 2—30　语音业务被呼流程图

语音业务被呼流程主要阶段如下：

a：MSC 发起寻呼请求。

b：BS 向移动台发送寻呼消息。

c：移动台向 BS 回寻呼响应消息。

d：BS 向 MSC 回寻呼响应消息，并设置定时器 T303。

e：BS 向移动台送基站证实指令。

f：BS 收到 MSC 的指配请求。

g：BS 发送信道指配消息。

h：移动台开始在业务信道上发送前缀。

i：BS 回基站证实指令。

j：移动台回移动台证实指令。

k：BS 发送业务连接消息。

l：移动台发送业务连接完成消息。

m：BS 发送指配完成消息。

n：BS 送信息提示消息。

o：移动台回证实指令。

p：移动台发连接指令。

q：BS 向移动台送证实指令。

r：BS 向 MSC 送连接指令。

3. 位置登记的流程

移动台的登记方式和登记时间可以通过解析系统参数消息（System Parameter Message）得到。当满足登记条件时，移动台就会触发一次登记，这一登记消息承载于 r－csch 信道上，下面是一个登记消息的解码内容：

当 BSS 收到移动台的登记消息时，就会回应 ACK 消息，与手机的消息处理流程一样，将相应的参数保存在寄存器中或者上报 MSC。

位置登记流程如图 2—31 所示。

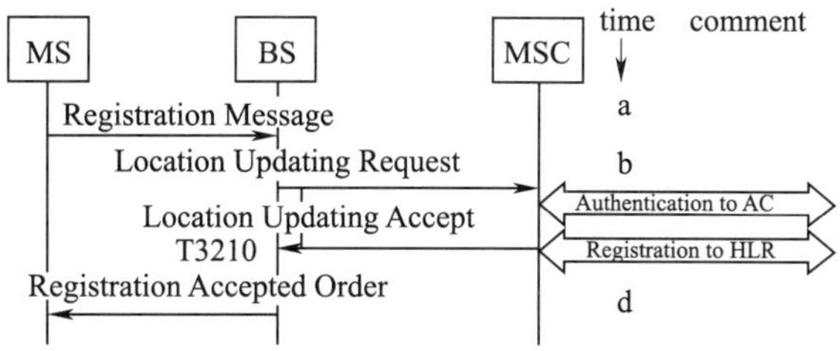

图 2—31　位置登记流程图

位置登记流程主要阶段如下：

a：移动台 MS 在接入信道上发送 Registration Message 到基站系统 BS。

b：BS 在收到 Registration Message 后创建登记表，将一些信息保存在登记表中，然后构造 Location Updating Request 消息，放在 Complete Layer3 Information message 发送到 MSC，然后启动定时器。

c：MSC 处理完后，发送 Location Updating Accept 消息到 BS。BS 收到 Location Updating Accept 后，停止定时器。若定时器超时，则清空登记表。

d：BS 向 MS 发送 Registration Accepted Order 用来指示 Location registration 操作成功。

4. 切换流程

（1）基本信道的软切换流程如图 2—32 所示。

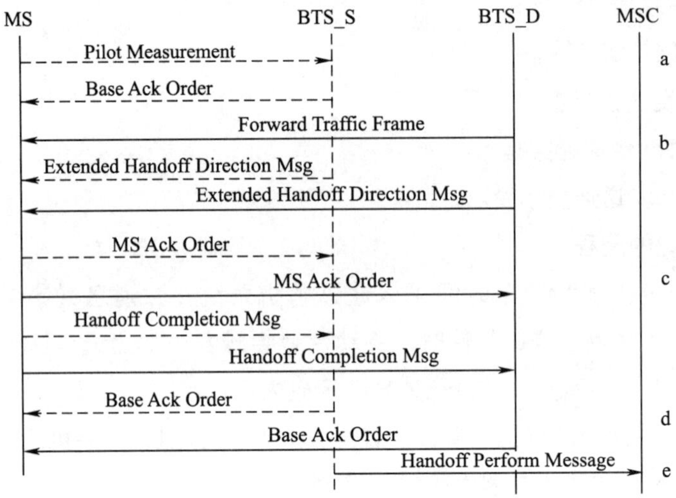

图 2—32 软切换流程图

基本信道软切换流程主要阶段如下：

a：导频信号超过 T_ADD，移动台将导频强度测量报告消息（PSMM）作为软切换的请求事件上报给当前基站，同时将目标导频加入候选集；当前基站将对 PSMM 消息做 Order 应答。

b：BSC 处理该次切换请求，对切换请求的合法性、当前资源的占用情况进行评估，如果允许切换，为目标基站准备好相应的资源，同时开始在切换的目标基站发送前向业务信道帧。

c：在当前基站以及切换的目标基站均发送切换指导消息，MS 对切换指导消息做应答。

d：MS 向当前基站以及切换目标基站发送切换完成消息，BS 侧向 MS 发送切换完成消息的 Order 应答。

e：BSC 向 MSC 发送切换执行消息，通知 MSC 发生了软切换。

（2）BSC 间硬切换流程如图 2—33 所示。

BSC 间硬切换流程主要阶段如下：

a：根据 MS 的报告，信号强度已经超过网络指定的阈值或有其他原因，源 BS 切换判决后发起至目标海淀区的硬切换。源 BS 向 MSC 发送带小区列表的切换申请消息，并启动定时器 T7。

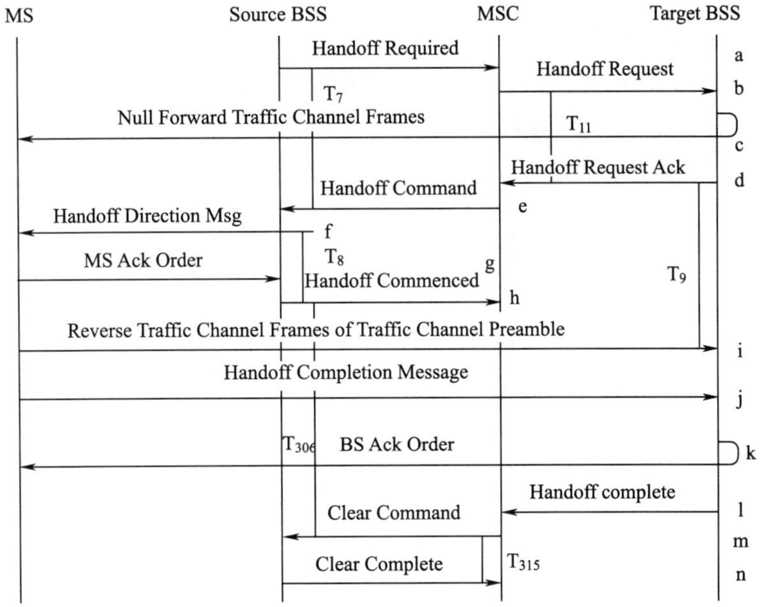

图 2—33 硬切换流程图

b：由于切换申请消息中已指示切换为硬切换，因此 MSC 向目标 BS 发送带信道识别单元的切换请求消息。在异步数据或传真进行硬切换的情况下，切换请求消息中的电路识别码扩展单元将指示连至目标 BS 侧的电路识别码，以支持 A5 连接，MSC 启动定时器 T11。

c：收到 MSC 的切换请求消息后，目标 BS 按照消息中的指示，分配相应的无线资源，向 MS 发送空的前向业务信道帧。

d：目标 BS 向 MSC 发送切换请求证实消息，MSC 关闭定时器 T11。目标 BS 开启定时器 T9，等待捕获到 MS 的反向业务信道前导。

e：MSC 准备从源 BS 至目标 BS 的切换，并向源 BS 发送切换命令，源 BS 关闭定时器 T7。

f：源 BS 向 MS 发送切换指示消息，源 BS 开启定时器 T8 等待切换完成消息。

g：MS 向源 BS 发送移动台证实指令，作为切换指令消息的响应。源 BS 关闭定时器 T8。

h：源 BS 向 MSC 发送切换开始消息，通知 MS 已经被命令切换至目标 BS 信道。

i：MS 向目标 BS 发送反向业务信道帧或业务信道前导码，目标 BS 捕获 MS 后停止定时器 T9。

j：MS 向目标 BS 发送切换完成消息。

k：目标 BS 发送基站证实指令。

l：目标 BS 向 MSC 发送切换完成消息，通知 MS 已经成功完成了硬切换。

m：MSC 向源 BS 发送清除命令消息。

n：源 BS 向 MSC 发送清除完成消息。

5. 语音业务释放

语音业务释放流程如图 2—34 所示。

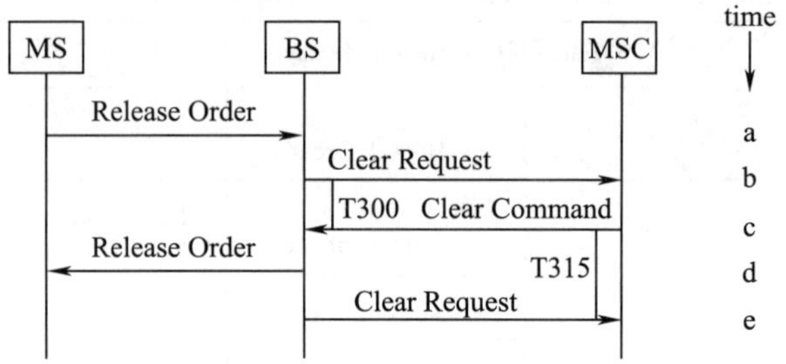

图 2—34　语音业务释放流程图

语音业务释放流程主要阶段如下：

a：MS 在收到用户的释放指示（关机或挂机）后，在反向业务信道上发送呼叫释放命令。

b：BS 向 MSC 发送清除请求消息，启动呼叫释放，同时启动定时器 T300。

c：MSC 发送清除命令消息给 BS，通知 BS 释放相关资源，同时启动定时器 T315。

d：基站收到 MSC 的指令后，释放相关资源。

e：BS 回送清除完毕消息给 MSC。

上面介绍的是 MS 发起的语音业务释放流程，至于基站发起、MSC 发起的语音业务释放流程与 MS 发起的流程类似，这里不再赘述。

6. 数据业务起呼

数据业务起呼流程如图 2—35 所示。

数据业务起呼流程主要阶段如下：

a：为了登记分组数据业务，移动台通过接入信道向基站发送带有要求层 2 确认指示的起呼消息，起呼消息包括有一个分组数据业务选项。

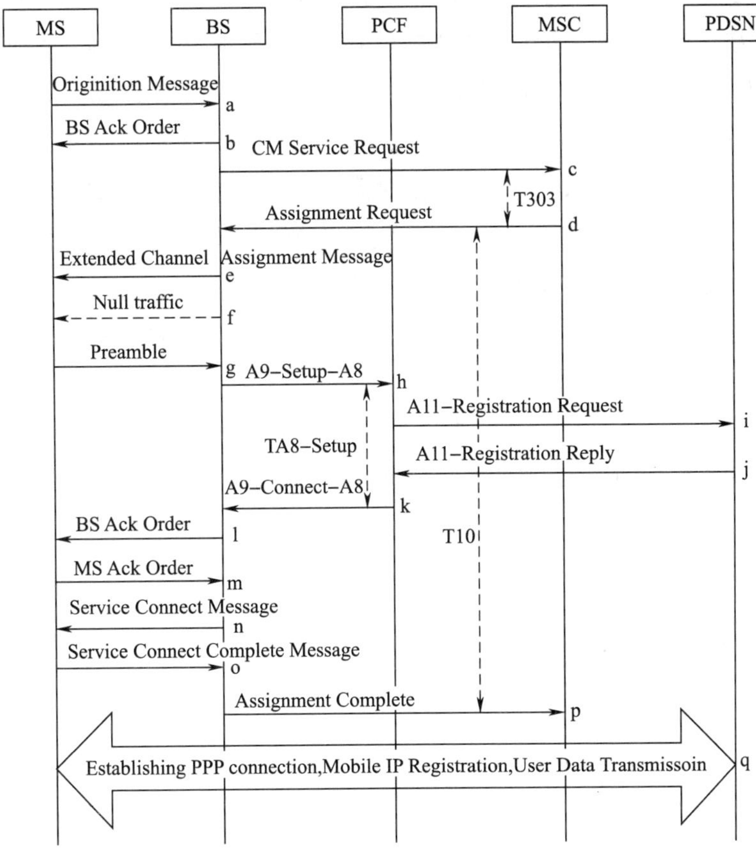

图 2—35　数据业务起呼流程图

b：基站通过向移动台发送基站证实指令表明接收到了起呼消息。

c：基站构造一条 CM Service Request 消息，将它放在 Complete Layer 3 消息中发送给 MSC，开启定时器 T303。

d：MSC 向基站发送 Assignment Request 消息请求指配无线资源，并开启定时器 T10，在 MSC 与 BS 之间没有地面电路指配给分组数据呼叫。

e：基站分配无线资源，向 MS 发送 ECAM 消息。

f：基站向 MS 发送前向业务信道空帧。

g：MS 在反向业务信道上发送业务信道前缀，帮助基站捕获反向业务信道。

h：基站接收到移动台发送的反向业务信道前缀后，向 PCF 发送带有数据准备指示比特为 1 的 A9－Setup－A8 消息建立 A8 连接，并开启定时器 TA8－Setup。

i：PCF 确认目前没有本移动台的 A10 连接后，为本次呼叫选择一个 PDSN。PCF 向选中的 PDSN 发送一条带有存活时间 Lifetime 为非零的 A11 – Registration Request 消息。本消息也包括统计数据（R – P 部分的空中链路记录），PCF 开启定时器 Tregreq。

j：如果 A11 – Registration 是有效的，并且 PDSN 接受了该连接，将回送带有接受指示和存活时间 Lifetime = Trp 的 A11 – Registration Reply 消息。PDSN 和 PCF 都对该 A10 连接产生一个捆绑记录，PCF 停止定时器 Tregreq，PCF 和 PDSN 均开启定时器 Trp。如果 PDSN 支持快速切换，其 P – P 地址作为 NVSE 单元的一部分传送给 PCF，否则该 P – P 地址被丢弃，继续进行下面的处理。

k：PCF 向 BS 回送 A9 – Connect – A8，包含由 PCF 分配的分配标志前向 A8 连接的 Key 和 PCF 的 IP 地址，A8 建立成功。

l：在 BS 建立 A8 的同时，DSCHP 也同时进行业务协商过程。基站向移动台发送基站证实指令 BS Ack Order，表明基站已经捕获了反向 FCH 的 preamble。

m：移动台回送证实指令 MS Ack Order。

n：DSCHP 向移动台发送业务连接消息 Service Connect Message，把当前 FCH 的配置信息发送给移动台。

o：移动台接受当前的配置，向基站发送业务连接完成消息 Service Connect Complete Message，业务协商过程完成。

p：BS 向 MSC 发送指配完成消息 Assignment Complete。

q：移动台和 PDSN 之间建立 PPP 连接和移动 IP 的登记过程，移动台和 PDSN 之间在 FCH 上传送分组数据。

2.9　CDMA2000 1x EVDO Rev. A 原理

2.9.1　1x EVDO 技术入门

1x EVDO 是一种专为高速分组数据传送而优化设计的 CDMA2000 空中接口技术，已经发展出 Release 0 和 Release A 两个版本。其中，Release 0 版本可以支持非实时、非对称的高速分组数据业务；Release A 版本可以同时支持实时、对称的高速分组数据业务传送。

1x EVDO 利用独立的载波提供高速分组数据业务，可以单独组网，也可以与 CDMA2000 1x 混合组网以弥补后者在高速分组数据业务能力上的不足。

1x EVDO 系统与 IS－95/1x 使用不同的载频，但 1x EVDO 系统的载频宽度仍为 1.25 MHz，与 IS－95/1x 系统相同。对现有的网络配置无须做任何改动。1x EVDO系统与 IS－95/1x 系统可共用现有的基站、铁塔和天线并可同时并存。

由于存在技术特点、网络结构、网络规划、业务互补性等多方面的相容性，从 CDMA2000 1x 向 1x EVDO 演进，有利于快速部署网络，降低设备投资和网络运行维护成本。

1x EVDO 网络架构如图 2—36 所示，主要包括 AT、AN、PCF、AN－AAA、PDSN 以及 AAA 等功能实体。下面结合 1x EVDO 网络架构，分别介绍各个逻辑实体的功能。

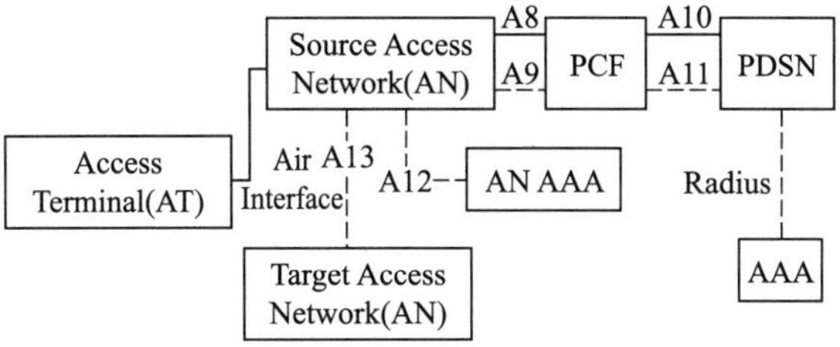

图 2—36　1x EVDO 网络架构图

AT：为用户提供数据连接的设备。

AN：在分组网和接入终端之间提供数据连接的网络设备，完成基站收发、呼叫控制及移动性管理等功能。

AN－AAA：接入网执行接入鉴权和对用户进行授权的逻辑实体。通过 A12 接口与 AN 交换接入鉴权的参数及结果。

PCF：PCF 与 AN 配合完成与分组数据业务有关的无线信道控制功能。1x EVDO 的 PCF 与 CDMA2000 1x 的 PCF 的功能相同。

PDSN：网络接入服务器（Network Access Server，NAS），负责建立、维持和释放与 AT 之间的 PPP 连接，完成移动 IP 接入时的代理注册等功能。

AAA：负责管理分组网用户的权限、开通的业务、认证信息、计费数据等内容。

2.9.2　1x EVDO Rev. A 前、反向信道

1x EVDO Rev. A 前反向物理信道结构如图 2—37 所示。Release A 前向调整 RPC 和 DRCLock 信道，增加 ARQ 子信道；Release A 反向以子帧为单位传送，每个子帧

占 4 个时隙，支持 HARQ 重传机制，相应地在前向增设 ARQ 信道，ARQ 信道与 RPC 或 DRCLock 信道时分复用。其中，ARQ 信道在每个子帧的前三个时隙发送，RPC 或 DRCLock 在每个子帧的第四个时隙发送；RPC 每 4 个时隙发送 1 次，DRCLock 的发送周期与长度由前向业务信道 MAC 协议指定。

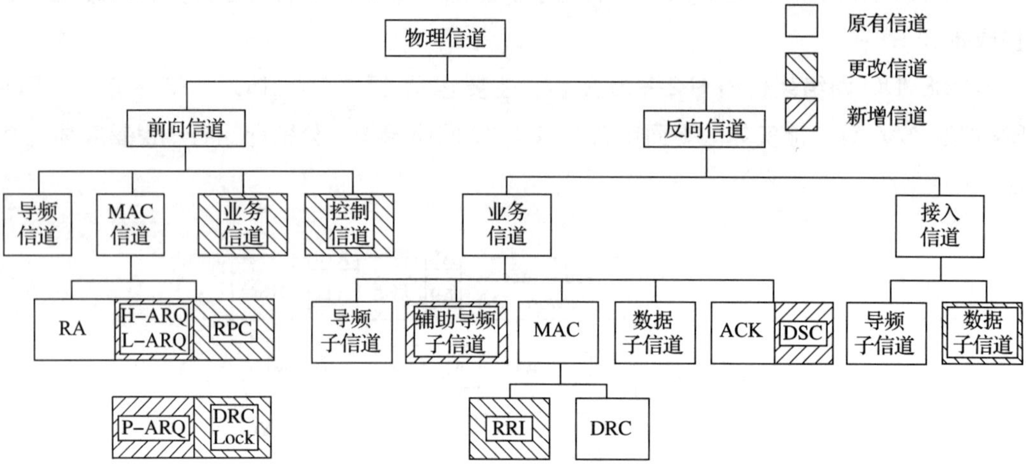

图 2—37 1x EVDO Rev. A 前反向物理信道结构

Release A 对接入信道和控制信道进行了功能增强。接入信道支持 9. 6 Kb/s、19. 2 Kb/s 和 38. 4 Kb/s 三种可变速率。

Release A 前、反向业务信道支持更长的分组和更小的分组（可以是单用户或多用户分组）。前向链路最低速率和最高速率分别为 4. 8 Kb/s 和 3. 1 Mb/s，反向链路最低速率和最高速率分别为 4. 8 Kb/s 和 1. 8 Mb/s。

在 Release A 中，反向共包含 12 个标称速率等级，并按照子帧方式传送，RRI 改用 6 bit 信息来表示。

Release A 反向增加了辅助导频信道，为反向传送长数据分组时提供较强的相干解调基准。

Release A 反向增加了 DSC 信道，实现切换时连续数据传送。

2. 9. 3 1x EVDO Rev. A 空中接口关键技术

针对 1x EVDO Rel. 0 中存在的不足，3GPP2 在 1x EVDO Rev. A 中提出了相应的改进方案：

第一，提高反向链路吞吐量。

第二，改进前向链路性能。

第三，增强了对 QoS 的支持，对物理层、MAC 层以及更高层都进行了改进。

第四，更完善地支持 1x/DO 的双模操作。

下面介绍 EVDO 系统中几个关键技术。

1. 前向时分复用

在 1x EVDO 中，前向信道作为一个“宽通道”，供所有的用户时分共享。最小分配单位是时隙（Slot），一个时隙有可能分配给某个用户传送数据或是分配给开销消息（称为 Active Slot），也有可能处于空闲状态，不发送任何数据（称为 Idle Slot），前向时分复用如图 2—38 所示。

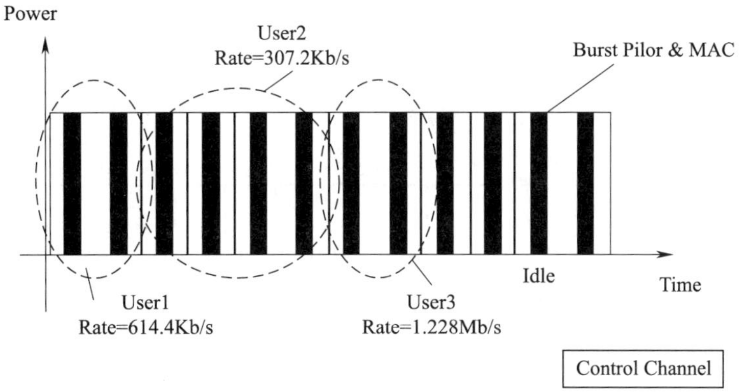

图 2—38　前向时分复用

针对分组业务的突发性特点，前向链路采用时分复用方式，避免了码分复用方式导致的同扇区多用户干扰和低速用户分享系统功率导致的资源利用率下降等问题。1x EVDO 前向链路的时分复用体现在两个方面：不同的前向信道分时共享每个时隙，每种信道满功率发射；不同用户分享系统的时隙资源，在每个时隙内，系统只为特定的用户服务，前向链路调度准则的选择取决于前向链路的优化目标。

2. 前向自适应调制和编码技术

1x EVDO 自适应调制编码技术的实现方法表现为：终端测量当前时隙前向导频的 SINR，预测下一时隙内前向链路所能支持的最大传送速率，并通过 DRC 信道上报给基站；基站根据调度算法选择被服务用户，并按照该用户请求的数据速率选择调制和编码方式。

影响自适应调制编码性能的主要因素包括：

（1）前向链路质量估计不准确。若对前向导频 SINR 的估计过高，则对应的 DRC 请求速率较高，基站以该速率发送数据时，由于实际信道无法支持该速率，从而导致重传比率上升；若对前向导频 SINR 的估计过低，则对应的 DRC 请求速率较低，从而导致无线信道资源的浪费。

（2）多时隙分组传送时前向链路质量发生变化。多时隙传送期间，传送速率与前向链路实际支持的速率失配，将会导致无线资源的浪费。

3. 前向 HARQ

传统的 ARQ 技术（如停止等待 ARQ、后退 N 步 ARQ 和选择重传 ARQ 等）都有一个共同缺点：只对错误帧进行重传，本身没有纠错功能。为了节约系统资源，1x EVDO 系统采用了信道编码的检查纠错功能与传统 ARQ 重传功能相融合的 HARQ 技术。多时隙分组传送的提前终止示例如图 2—39 所示。

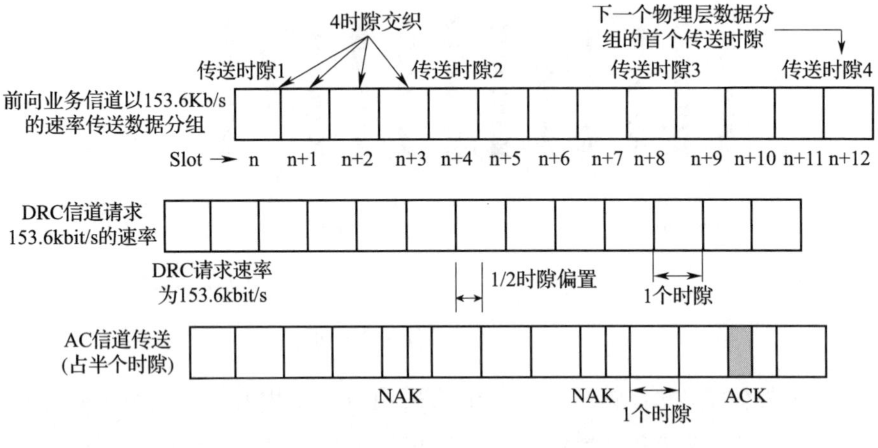

图 2—39 多时隙分组传送的提前终止示例

在 1x EVDO 系统中，为了获得小的 PER，DRC 请求的速率通常比较保守，特别是在快速变化的信道条件下，DRC 请求速率通常低于前向链路实际所能支持的最大传送速率，从而导致前向链路资源的浪费。HARQ 机制部分解决了这个问题。

（1）1x EVDO 前向链路采用 Turbo 编码，编码器输出码流由被编码的原始信息码流及其校验码流组成。

（2）在多时隙传送情况下，基站先发送原始信息码流，若终端正确译码，则提前中止传送后续码流。

（3）若终端译码错误，终端将返回 NAK，系统收到 NAK 后，重传其后续校验码流。

（4）终端继而对之前收到的原始信息码流与已收到的校验码流进行合并译码。

4．前向快速扇区选择和虚拟切换

前向快速扇区选择和虚拟切换，也称为前向虚拟软切换，是 1x EVDO 系统中采用的一种特殊类型的切换，前向快速扇区选择机制如图 2—40 所示。其定义是：在 DO 系统中，任何一个时刻对同一个 AT，最多只有一个扇区在给该 AT 发送数据；AT 根据前向信道的好坏决定当前的服务扇区。AT 选择服务扇区的过程就称为前向快速扇区选择和虚拟切换。

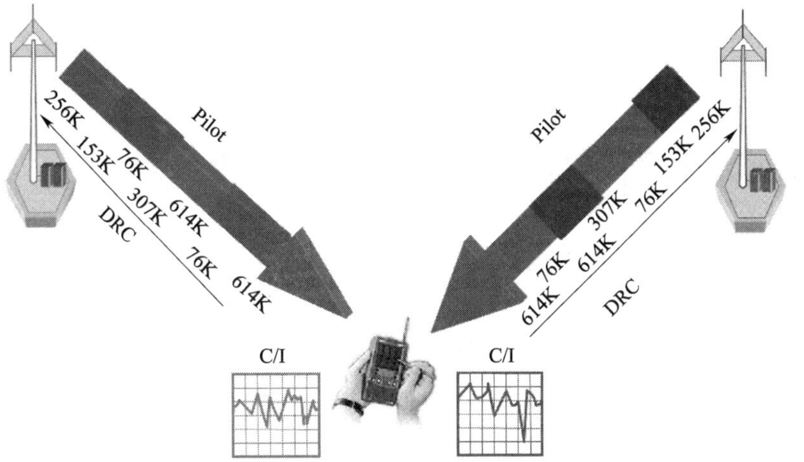

图 2—40　前向快速扇区选择机制

1x EVDO 系统的设计目标之一是为了支持非对称的高速突发分组业务。在设计 1x EVDO 系统时，一方面要保证突发数据传送所需要的较高的瞬时带宽；另一方面要通过多个用户分时共享基站发射的全功率以提高系统容量。因此，在综合平衡系统容量和降低信令开销等性能要求后，1x EVDO 系统采用了前向快速扇区选择和虚拟切换。

前向快速扇区选择和虚拟切换的原理是：

（1）在每个时隙内，终端连续测量导频激活集内所有导频的信噪比，从中选择信噪比最大的基站，作为自己的当前服务基站。

（2）终端发送 DRC 信道，该 DRC 信道由所选定服务基站的标志 DRCCover 调制，导频激活集中的所有基站从中获取终端的当前服务基站信息。

（3）在每个时隙内，终端只能与当前服务基站进行数据通信，但是终端与导频激活集内的所有基站之间都存在控制通路。

（4）与软/更软切换相比，前向快速扇区选择和虚拟切换降低了切换信令开销，但无法提供与软/更软切换类似的宏分集增益。

5．前向链路调度算法

在 1x EVDO 系统中，采用先进的前向链路调度技术，可以获得较高的多用户分集增益，并提高系统的吞吐量，前向链路调度算法如图 2—41 所示。在 1x EVDO 系统中，前向链路采用 TDM 的方式为所有 AT 服务，链路被划分为 1. 66 ms 的时隙，每一个时隙在同一时刻只能服务一个用户。网络侧的调度程序根据收集到的各种信息，如手机反馈来的下一时隙最高可接收速率（DRC），来决定下一时隙的服务对象。调度策略的实现对系统的性能有很大影响。

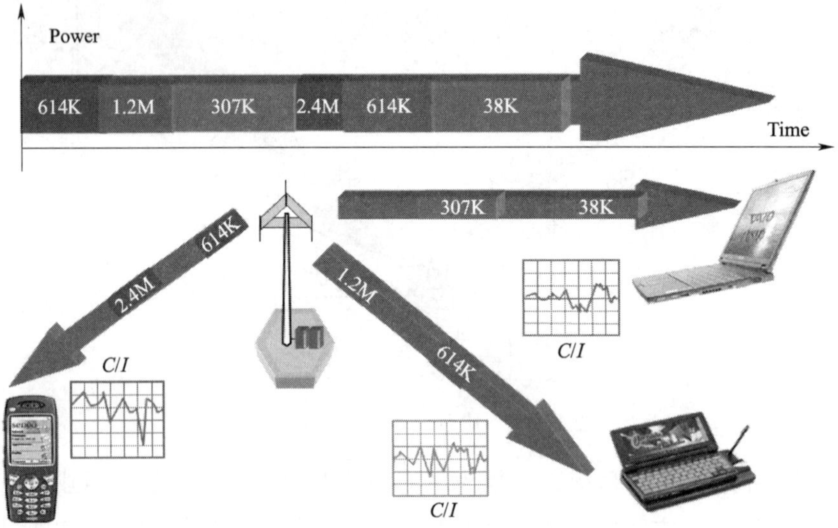

图 2—41　前向链路调度算法

常用的调度策略有两种：

（1）最简单的调度策略可以采用 Round robin 方式，即所有需要服务的 AT 按次序一个接一个接受服务，最公平。

（2）选择 DRC 值最大的手机在下一个时隙被服务，这样做的好处是可以使整个扇区的吞吐量达到最大，但后果是信道环境不好的手机可能永远得不到服务，严重不公平。实际的算法一般是要把几个方面的因素结合起来考虑，兼顾效率、公平。

第3章

移动基站天馈与铁塔

本章学习目标

- ✔ 了解天线的基础知识
- ✔ 了解天线在移动通信中的应用
- ✔ 了解天线日常维护安全事项
- ✔ 熟悉天线的组成部件及天线的方向图等
- ✔ 熟悉馈线的种类、布放原则及常用馈线接头等
- ✔ 熟悉通信铁塔的分类和各个塔型的特点
- ✔ 掌握天线相关参数类型的比较、技术指标等
- ✔ 掌握常见的天线类型及其适用场景
- ✔ 掌握智能天线技术
- ✔ 掌握天馈线常见的故障处理方法
- ✔ 能够按照不同方式划分天线类型
- ✔ 能够因地制宜地选用天线
- ✔ 能够判断和处理通信铁塔故障
- ✔ 能够熟练判断和处理天馈系统故障

3.1 天线基础知识

3.1.1 天线的作用与地位

在移动通信系统中，空间无线信号的发射和接收都是依靠移动天线来实现的。无线电发射机输出的射频信号功率，通过馈线（电缆）输送到天线，由天线以电磁波形式辐射出去。电磁波到达接收地点后，由天线接收下来，并通过馈线送到无线电接收机。可见，天线是发射和接收电磁波的一个重要的无线电设备，没有天线也就没有无线电通信。因此，天线对于移动通信网络来说，有着重要的作用。如果天线的选择（类型、位置）不好，或者天线的参数设置不当，都会直接影响整个移动通信网络的运行质量。尤其在基站数量多、站距小、载频数量多的高话务量地区，天线选择及参数设置是否合适，对移动通信网络的干扰、覆盖率、接通率及全网服务质量都有很大影响。不同的地理环境、不同服务要求需要选用不同类型、不同规格的天线。天线调整在移动通信网络优化工作中有很大的作用。

3.1.2 天线的定义

天线是能够有效地向空间某特定方向辐射电磁波或能够有效地接收空间某特定方向传来的电磁波的装置，如图3—1所示。

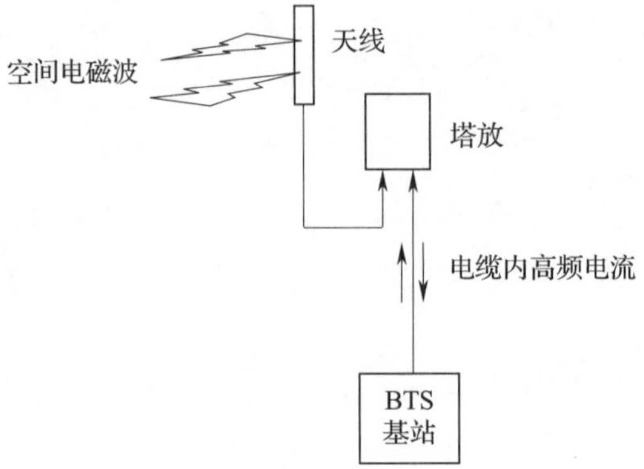

图 3—1　天线

3.1.3　天线的组成部件

同一款基站天线有多种设计方案来实现。设计方案涉及天线的以下 4 部分：辐射单元［对称振子或贴片（阵元）］、反射板（底板）、功率分配网络（馈电网络）、封装防护（天线罩），如图 3—2 所示。

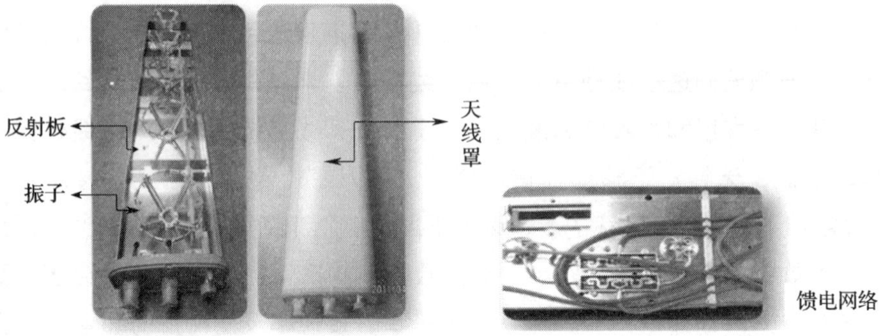

图 3—2　天线的组成部件

3.1.4　天线的基本原理

导线载有交变电流时，就可以形成电磁波的辐射，辐射的能力与导线的长短和形状有关。如果两导线的距离很近，且两导线所产生的感应电动势几乎可以抵消时，辐射很微弱。如果将两导线张开，这时由于两导线的电流方向相同，并且两导线所产生的感应电动势方向相同，因而辐射较强。当导线的长度 L 远小于波长时，导线的电流很小，辐射很微弱。

当导线的长度增大到可与波长相比拟时，导线上的电流就大大增加，因而就能形成较强的辐射。通常将上述能产生显著辐射的直导线称为振子。

如图3—3所示是导线的电流和电流产生电动势的方向。

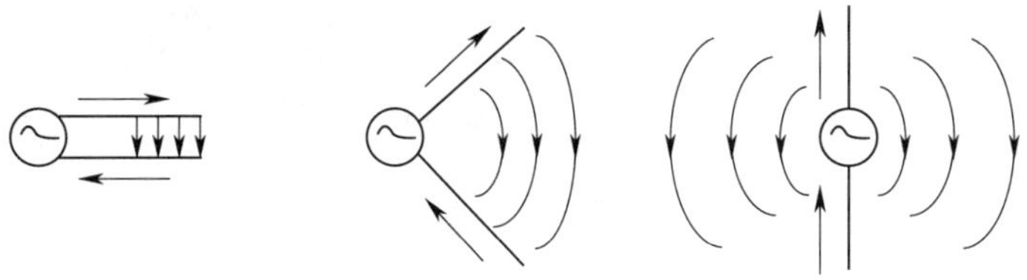

图3—3　导线的电流和电流产生电动势的方向

对称振子是一种经典的、迄今为止使用最广泛的天线，单个半波对称振子可简单独立地使用或用作抛物面天线的馈源，也可采用多个半波对称振子组成天线阵。

两臂长度相等的振子称为对称振子。每臂长度为1/4波长、全长为1/2波长的振子，称为半波对称振子。

另外，还有一种异型半波对称振子，可看成是将全波对称振子折合成一个窄长的矩形框，并把全波对称振子的两个端点相叠，这个窄长的矩形框称为折合振子，注意，折合振子的长度也为1/2波长，故称为半波折合振子。

半波对称振子和半波折合振子如图3—4所示，半波振子实例如图3—5所示。

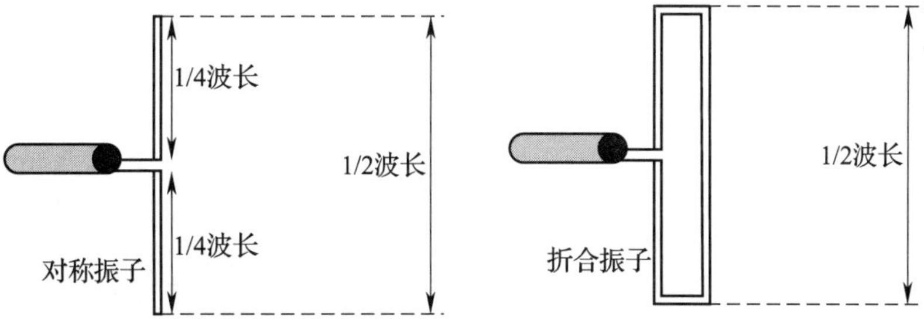

图3—4　半波对称振子和半波折合振子

3.1.5　天线的方向图

天线的辐射电磁场在固定距离上随角坐标分布的图形称为方向图。用辐射场强表示的称为场强方向图，用功率密度表示的称为功率方向图，用相位表示的称为相位方向图。

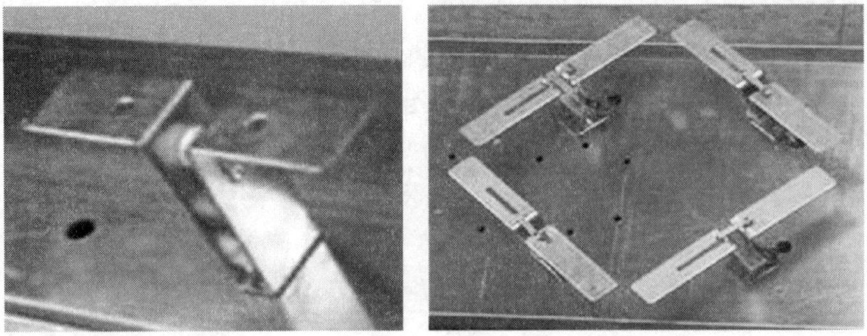

图 3—5　半波振子实例

天线方向图是空间立体图形，但是通常应用的是两个互相垂直的主平面内的方向图，称为平面方向图。在线性天线中，由于地面影响较大，都采用垂直面和水平面作为主平面。在面形天线中，则采用 E 平面和 H 平面作为两个主平面。归一化方向图取最大值为一。在方向图中，包含所需最大辐射方向的辐射波瓣叫天线主波瓣，也称天线波束。主波瓣之外的波瓣叫副瓣或旁瓣、边瓣，与主波瓣相反方向上的旁瓣叫后瓣，全向天线水平波瓣和垂直波瓣如图 3—6 所示，其天线外形为圆柱形；定向天线水平波瓣和垂直波瓣如图 3—7 所示，其天线外形为板状。

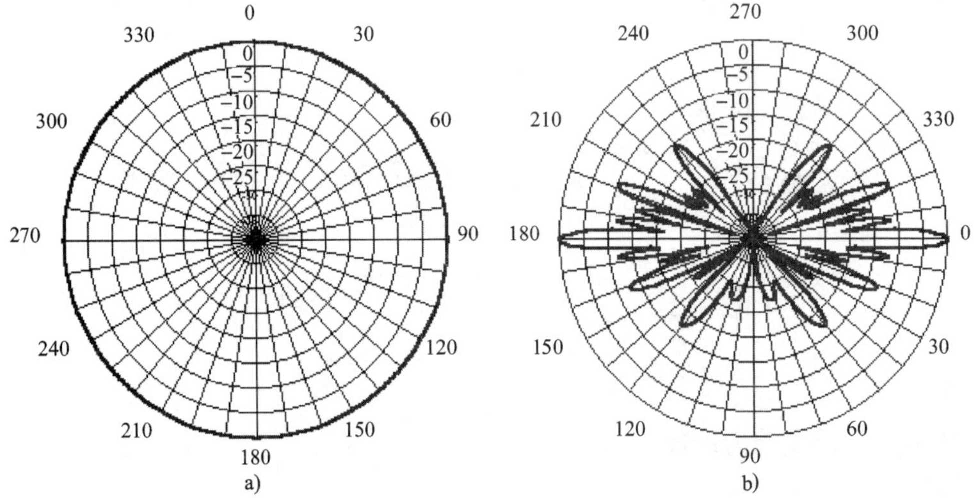

图 3—6　全向天线波瓣

a）全向天线水平波瓣图　b）全向天线垂直波瓣图

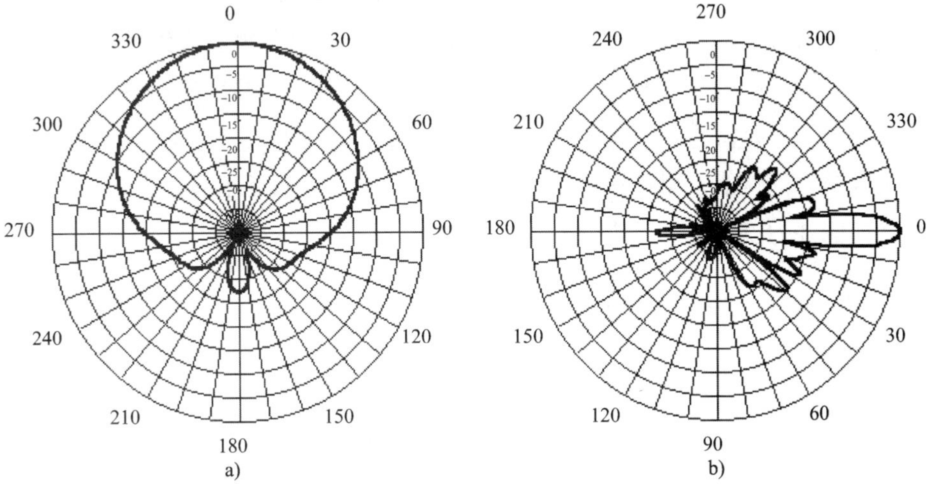

图 3—7　定向天线波瓣

a）定向天线水平波瓣图　b）定向天线垂直波瓣图

特别提示

常用天线方向图参数

1. 零功率波瓣宽度：指主瓣最大值两边两个零辐射方向之间的夹角。

2. 半功率点波瓣宽度：指最大值下降到 0.707（即下降 3 dB）点的夹角。

3. 副瓣电平：指副瓣最大值和主瓣最大值之比。

4. 前后比等。

3.1.6　天线的基本参数

天线性能参数主要有电路参数和辐射参数。天线电路参数反映了天线的射频能量转换效率，天线辐射参数反映了天线辐射电磁波的空间方向性及电磁波的极化取向。

表征天线性能的主要参数有输入阻抗、驻波比、极化方式、波瓣宽度、增益和前后比等，下面对这些参数进行介绍。

1. 天线的输入阻抗

天线的输入阻抗是天线馈电端输入电压与输入电流的比值。天线与馈线的连接，最佳情形是天线输入阻抗是纯电阻且等于馈线的特性阻抗，这时馈线终端没有功率反射，馈线上没有驻波，天线的输入阻抗随频率的变化比较平缓。天线的匹配工作就是消除天线输入阻抗中的电抗分量，使电阻分量尽可能地接近馈线的特性阻抗。一般移动通信天线的输入阻抗为 50 Ω。

为实现良好的性能，阻抗需达到匹配状态。阻抗是电磁能量通过介质的一个特性，输入阻抗如图 3—8 所示。

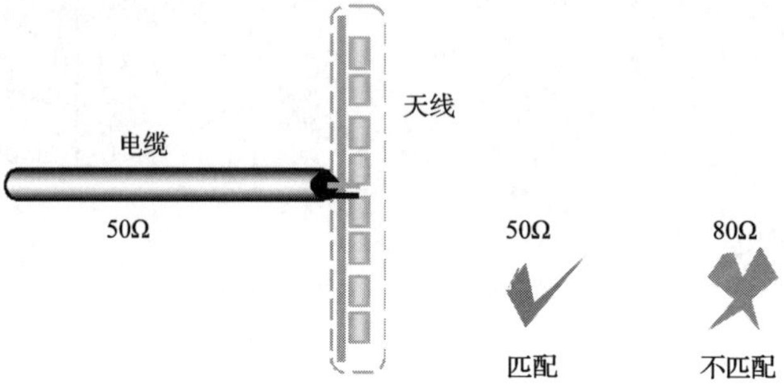

图 3—8　输入阻抗

2．天线的驻波比

驻波比全称为电压驻波比，又名 VSWR 和 SWR，为英文 Voltage Standing Wave Ratio 的简写。

在入射波和反射波相位相同的地方，电压振幅相加为最大电压振幅 V_{max}，形成波腹；在入射波和反射波相位相反的地方电压振幅相减为最小电压振幅 V_{min}，形成波节。其他各点的振幅值则介于波腹与波节之间，这种合成波称为行驻波。驻波比是驻波波腹处的声压幅值 V_{max} 与波节处的声压幅值 V_{min} 之比。

在无线通信中，天线和馈线的阻抗不匹配或者天线和发信机的阻抗不匹配，高频能量就会被反射折回，并与前进的入射波在馈线上叠加形成驻波。为了表征和测量天线系统驻波的特性，也就是正向波和反射波的情况，人们建立了“驻波比”的概念。

$$\text{VSWR}=R/r=(1+|K|)/(1-|K|)$$

$$\text{反射系数}\ K=(R-r)/(R+r)$$

（K 为负值时表明相位相反）

式中 R 和 r 分别是输出阻抗和输入阻抗。当两个阻抗数值一样时，即达到完全匹配，反射系数 K 等于0，驻波比为 1。这是一种理想的状况，实际上总存在反射，所以驻波比总是大于 1。

驻波比就是一个数值，用来表示天线和电磁波发射台是否匹配。如果 VSWR 的值等于1，则表示发射传输给天线的电磁波没有任何反射，全部发射出去，这是最理想的情况。如果 VSWR 值大于1，则表示有一部分电磁波被反射回来，最终变成热量，使得馈线升温。被反射的电磁波在发射台输出口也可产生相当高的电压，有可能损坏发射台。在移动通信系统中，一般要求驻波比小于 1.5，但实际应用中 VSWR 应小于 1.2。过大的驻波比会减小基站的覆盖范围并造成系统内干扰加大，影响基站的服务性能。

此外，回波损耗也是反映匹配优劣的一个参数，它用分贝数表示，回波损耗的值在 0 dB到无穷大，回波损耗越小表示匹配越差，回波损耗越大表示匹配越好。0 表示全反射，无穷大表示完全匹配。在移动通信系统中，一般要求回波损耗大于 14 dB。

3. 天线的极化方式

所谓天线的极化，是指天线辐射时形成的电场强度方向。当电场强度方向垂直于地面时，此电磁波就称为垂直极化波；当电场强度方向平行于地面时，此电磁波就称为水平极化波。

在移动通信系统中，一般均采用垂直极化的传播方式。另外，随着新技术的发展，出现了双极化天线。就其设计思路而言，一般分为垂直与水平极化和 ±45°极化两种方式，性能上一般后者优于前者，因此目前大部分采用的是 ±45°极化方式。双极化天线组合了 +45°和 −45°两副极化方向相互正交的天线，并同时工作在收发双工模式下，大大节省了每个小区的天线数量；同时由于 ±45°为正交极化，有效保证了分集接收的良好效果。4 种极化方式的方向如图 3—9 所示。

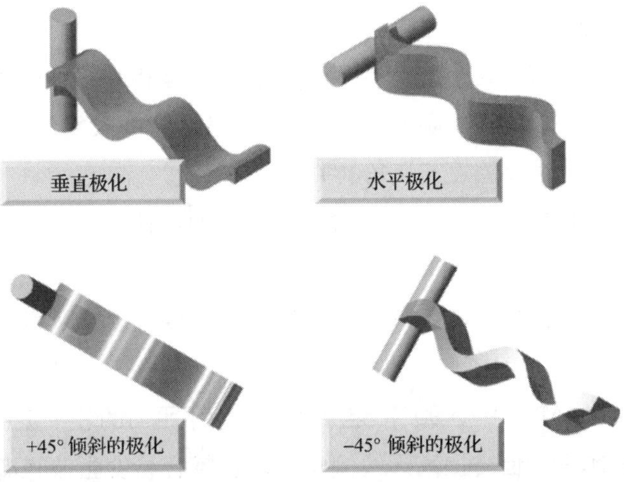

图 3—9　4 种极化方式的方向

4．天线的增益

增益是指在输入功率相等的条件下，实际天线与理想的辐射单元在空间同一点处所产生的信号的功率密度之比。天线增益是用来衡量天线朝一个特定方向收发信号的能力，是选择基站天线重要的参数之一。无线的增益定量地描述一个天线把输入功率集中辐射的程度。换言之，某天线的增益，就其最大辐射方向上的辐射效果来说，就是与理想的辐射单元相比把天线输入功率放大的倍数。另外，表征天线增益的参数有 dBd 和 dBi。相同的条件下，增益越高，方向性越好，能量越集中，波瓣越窄，电磁波传播的距离越远。增益越高，天线长度越长。增益的比较如图 3—10 所示。

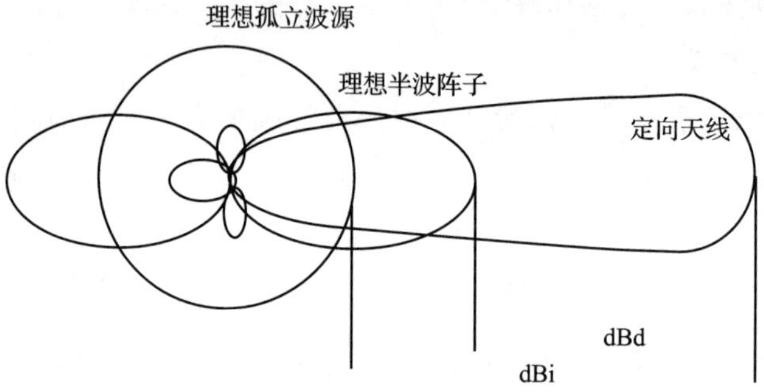

图 3—10 增益比较

dBi 和 dBd 两者都是天线增益的单位，习惯上以理想电源辐射器作为参照来规定全向天线的增益；以理想的半波对称振子作为参照来考量定向天线的增益。两者之间的关系是：dBi = dBd + 2. 15 dB。

5．天线的波瓣宽度

波瓣宽度是定向天线常用的一个很重要的参数，是指天线的辐射图中低于峰值 3 dB 处所成夹角的宽度（天线的辐射图是度量天线各个方向收发信号能力的一个指标，通常以图形方式表示为功率强度与夹角的关系）。

天线垂直的波瓣宽度一般与该天线对应方向上的覆盖半径有关。因此，在一定范围内通过对天线垂直度（俯仰角）的调节，可以达到改善小区覆盖质量的目的，这也是在网络优化中经常采用的一种手段。天线的波瓣宽度主要涉及两个方面，即水平波瓣宽度和垂直平面波瓣宽度。

水平波瓣宽度（45°、60°、90°）定义了天线水平平面的波束宽度。角度越大，在扇区交界处的覆盖越好，但当提高天线倾角时，也越容易发生波束畸变，形成越区覆盖。角度越小，在扇区交界处覆盖越差，提高天线倾角可以在一定程度上改善扇区交界处的覆盖，而且相对而言，不容易产生对其他小区的越区覆盖。在市中心基站，由于站距小，天线倾角大，应当采用水平平面的半功率角小的天线，郊区选用水平平面的半功率角大的天线。

垂直平面的波瓣宽度（48°、33°、15°、8°）定义了天线垂直平面的波束宽度。垂直平面的波瓣宽度越小，偏离主波束方向时信号衰减越快，越容易通过调整天线倾角准确控制覆盖范围。

此外，还有一种波瓣宽度，即 10 dB 波瓣宽度，顾名思义是指方向图中辐射强度降低 10 dB 的两个点间的夹角。

3 dB 波瓣宽度和 10 dB 波瓣宽度的辐射方向图的比较如图 3—11 所示。

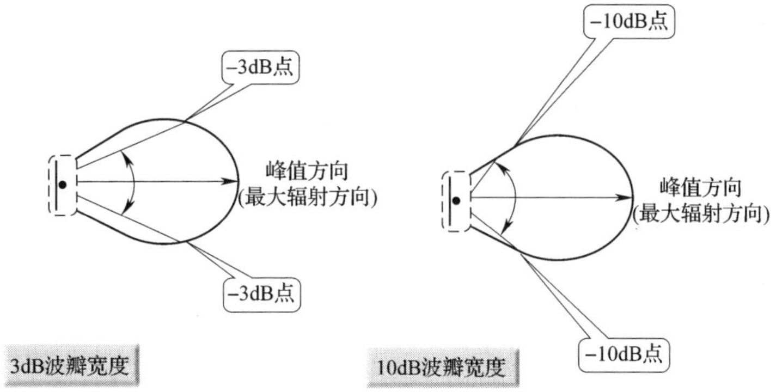

图 3—11　3 dB 波瓣宽度和 10 dB 波瓣宽度的辐射方向图

6. 天线的前后比

方向图中，前后瓣最大电平之比称为前后比，如图 3—12 所示。前后比越大，天线定向接收性能越好。基本半波振子天线的前后比为 1，所以对来自振子前后的相同信号电磁波具有相同的接收能力。

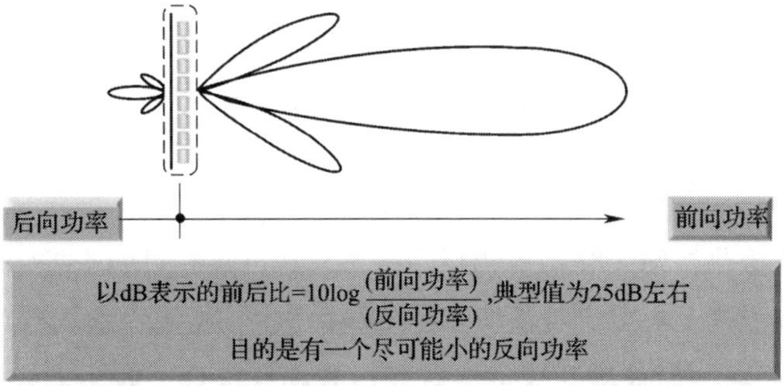

图 3—12　天线的前后比

天线前后比表明了天线对后瓣抑制的好坏。选用前后比低的天线，天线的后瓣有可能产生越区覆盖，导致切换关系混乱，产生掉话。前后比一般在 25 ~30 dB，特殊情况下前后比要求达到 35 ~40 dB。一般天线的前后比选 30 dB。

目前，天线的前后比通常作为一副天线的最重要的指标之一进行考察，不同的天线类型，其天线的前后比要求也不一样，如行业标准规定的天线前后比与天线的水平面波束宽度如下：

28 dB for 32°

25 dB for 65°

23 dB for 90°

21 dB for 105°

18 dB for 120°

从这里可以看出，水平面波束宽度越大，其前后比的要求越小；这个规律其实也是天线设计的一个原则，水平面波束宽度越大，表明天线的能量扩散越大，能量越不集中，从而天线能量往后泄露的可能性越大，前后比越小。

7. 隔离度

隔离度是某一极化接收到的另一极化信号的比例，如图 3—13 所示。

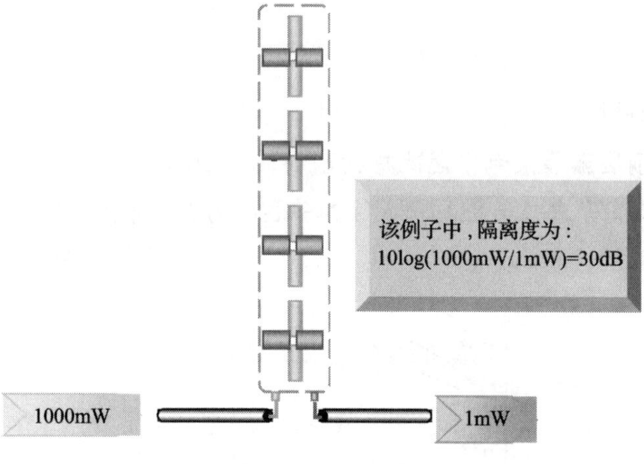

图 3—13 隔离度

对于 ±45°双极化基站天线：+45°和 −45°天线可能同时处于 Tx/Rx 状态，为避免一副天线在 Tx 状态对另一副天线的 Rx 状态产生干扰，相互之间具有隔离度的要求。

对于多端口天线，如双极化天线、双频段双极化天线，收发共用时端口之间的隔离度应大于 30 dB。

我国移动通信系统基站天线技术条件要求：定向 ±45°双极化天线隔离度大于或等于 28 dB。

8．功率容量

功率容量是指平均功率容量，天线包括匹配、平衡、移相等其他耦合装置，其所承受的功率是有限的，考虑到基站天线的实际最大输入功率（单载波功率为 20 W），若天线的一个端口最多输入 6 个载波，则天线的输入功率为 120 W，因此天线的单端口功率容量应大于 200 W（环境温度为 65℃时）。

9．零点填充

基站天线垂直面内采用赋形波束设计时，为了使业务区内的辐射电平更均匀，下副瓣第一零点需要填充，不能有明显的零深。通常零深相对于主波束大于 −20 dB，即表示天线有零点填充，但对于大区制基站天线无这一要求。高增益天线尤其需要采取零点填充技术来有效改善近处覆盖。

10．上副瓣抑制

对于小区制蜂窝系统，为了提高频率复用能力，减少对邻区的同频干扰，基站天线波束赋形时应尽可能降低那些瞄准干扰区的副瓣，提高 *D/U* 值，上第一副瓣电平应小于 −18 dB，但对于大区制基站天线无这一要求。

天线的副瓣分散了辐射功率，同时会带来一些非预期的覆盖，可能会带来对周围小区的干扰。在天线下倾覆盖时，天线副瓣太大往往会带来临区的干扰，特别是在高楼、立交桥密集的城市，这样的副瓣干扰更加明显突出。

对天线进行赋形设计，应抑制上副瓣电平，把同频干扰降到最低，以减少对周围区域的影响，同时减少不必要的能量浪费。

11．无源互调（PIM）

无源互调是指接头、馈线、天线、滤波器等无源部件，工作在多个载频的大功率信号条件下，由于部件本身存在非线性而引起的互调效应。通常都认为无源部件是线性的，但是在大功率条件下无源部件都不同程度地存在一定的非线性，这种非线性主要是由以下因素引起的：不同材料金属的接触；相同材料的接触表面不光滑；连接处不紧密；存在磁性物质等。

互调产物的存在会对通信系统产生干扰，特别是落在接收带内的互调产物将对系统的接收性能产生严重影响，因此在 GSM 系统中对接头、电缆、天线等无源部件的互调特性都有严格的要求。所选接头的无源互调指标可达到 −150 dBc，电缆的无源互调指标可达到 −170 dBc，天线的无源互调指标可达到 −150 dBc。

12. **天线尺寸和质量**

为了便于天线储存、运输、安装及保证安全，在满足各项电气指标的情况下，天线的外形尺寸应尽可能小，质量尽可能轻。

13. **风载荷**

基站天线通常安装在高楼及铁塔上，尤其在沿海地区，常年风速较大，因此要求天线在风速为 36 m/s 时正常工作，风速为 55 m/s 时不被破坏。

14. **工作温度和湿度**

基站天线应在环境温度 -40 ~ +65℃范围内正常工作。基站天线应在环境相对湿度 0 ~100% 范围内正常工作。

15. **雷电防护**

基站天线所有射频输入端口均要求直流直接接地。

16. **三防能力**

基站天线必须具备三防能力，即防潮、防盐雾、防霉菌。基站全向天线必须将天线倒置安装，同时满足三防要求。

3.1.7　天线参数在移动组网中的应用

1. **方向图**

（1）水平方向图的波束宽度与覆盖区域面积有关，如图 3—14 所示。

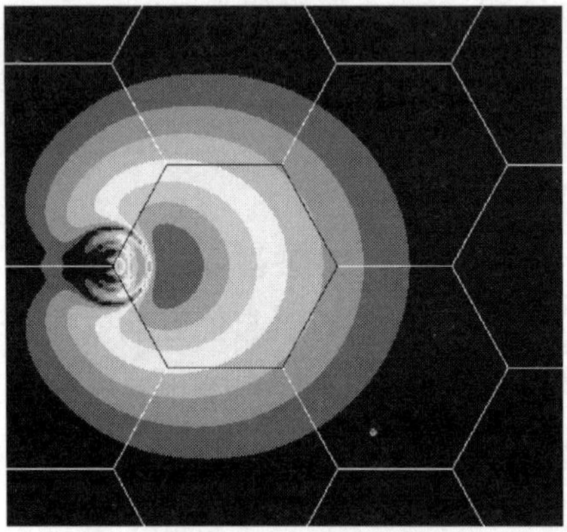

图 3—14　波束宽度与覆盖区域

（2）垂直方向图的波束宽度决定区域内功率的分布。

2. **通信方程式**

P_T (dB) $=P_R$ (dB) $+20\log 4\pi R$ (m) $/\lambda_{min}$ (m) $-G_T$ (dB_i) $-$

$$G_R\ (dB_i)\ -L_c\ (dB)\ -L_0\ (dB)$$

式中　L_c——基站发射天线的馈线损耗；

L_0——传播途中的电磁波损耗。

在系统设计时，对最后一项电磁波传播损耗 L_0 要留有足够的余量，一般电磁波传播损耗与传播途中自然条件有关，如经过树林和土木建筑时有 10 ~15 dB 损耗、经过钢筋水泥墙时有 25 ~30 dB 损耗。对于 800 MHz、900 MHz 的 CDMA 和 GSM，通常认为手机的接收门限为 $-104\ dB_m$，而实际接收的信号应高出 10 dB 左右才能保证手机收到的信号达到要求的信噪比。实际上，为了保持良好的通信往往按接收功率约 $-70\ dB_m$ 来计算。

设基站有如下常数：

发射功率为 $P_T=20\ W=43\ dB_m$

接收功率为 $P_R=-70\ dB_m$

馈线损耗为 $L_c=2.4$ dB（约 60 m 长馈线）

手机接收天线增益 $G_r=1.5\ dB_i$

工作波长 $\lambda=33.333$ cm（$f_0=900$ MHz）

上述通信方程变为：

$$43\ dB_m-(-70\ dB_m)+G_T+1.5\ dB_m=32\ dB+20\log R\ (m)+2.4\ dB+L_0$$

可得出：$80.1\ dB+G_T\ (dB_i)=20\log R\ (m)+L_0$，当 $G_T\ (dB_i)>20\log R\ (m)-80.1\ dB+L_0$ 时，可认为能保持系统良好通信。如果基站采用全向天线 $G_T=11$ dBi，收发天线距离 $R=1\ 000$ m，带入上式可得当 $L_0<31.1$ dB 时，在 1 km 距离内能保持良好的通信。

在上述同样损耗条件下，如果发射天线增益 $G_T=17$ dBi 即提高 6 dBi，则通信距离可增加一倍 $R=2$ km，另外如果在上述计算中，保持 $G_T=11$ dBi 不变，而 L_0 减少 20 dB，则 R 可增加 10 倍，即 $R=10$ km，而传播损耗与周围的自然条件密切相关，在城区高层建筑高而密集，传播损耗大，在郊区农村，房屋低而稀疏传播损耗小，因此即使通信系统的设置完全相同，由于使用环境的不同也会使覆盖的功率有不同的结果，从而影响通信效果。所以在选择基站天线时，必须根据应用环境来选择不同类型、不同规格的基站天线。

天线的垂直波束如图 3—15 所示，在前面的计算中，所给 G_T 值实际上是在波束的主轴线上的值。由于基站天线均架设于高塔上，为保证处于地面上的接收者有足够的功率覆盖，天线就必须倾斜，具体倾斜角度由塔高和用户与基站的距离 d 来决定。

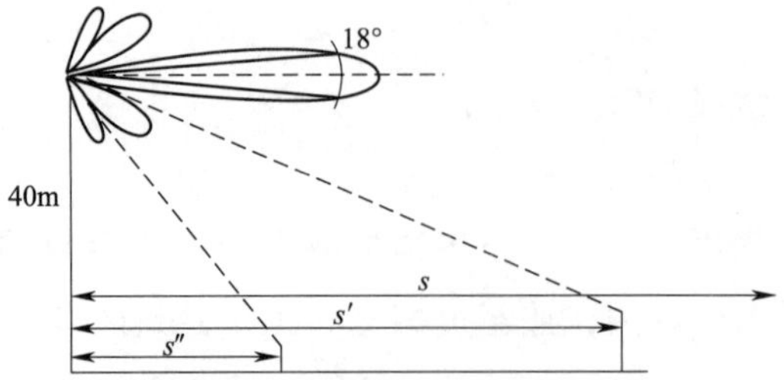

图 3—15　天线垂直波束

另外由天线垂直方向图也可看出，当地面上的位置正好处于波束的零值点照射后将出现塔下黑的现象，解决塔下黑的最好方法是采用零值填充天线，其次通过使波束下倾也可缓解塔下黑的现象。

3.2　天线的分类

天线的种类很多，按工作频带分有 800 MHz、900 MHz、1 800 MHz、1 900 MHz；按极化方式分有垂直极化天线、水平极化天线、±45°线极化天线、圆极化天线；按方向图分有全向天线、定向天线；按下倾方式分有机械下倾、电调下倾；按功能分有发射天线、接收天线、收发共用天线。根据所要求的辐射方向图（覆盖范围），可以选择不同类型的天线。

移动通信天线的技术发展很快，最初全国主要使用的是普通的定向和全向型移动天线，后来普遍使用机械天线，再到后来使用电调天线和双极化移动天线。由于目前移动通信系统中使用的各种天线的使用频率、增益和前后比等指标差别不大，都符合网络指标要求，因此本书将重点从移动天线下倾角度改变对天线方向图及无线网络的影响方面，对几种天线进行分析比较。

3.2.1　按辐射特性划分

1. 全向天线

全向天线，即在水平方向图上表现为 360°都均匀辐射，如图 3—16 所示，也就是平常所说的无方向性，在垂直方向图上表现为有一定宽度的波束，一般情况下，波瓣宽度越小，增益越大。把偶极子排列在同一垂直线上并馈给各偶极单元正确的功率和相位，可以提高辐射功率，偶极单元数每增加一倍（也就相当于长度增加一倍），增益增加 3 dB，典型的增益是 6 ~9 dBd，受限制因素主要是物理尺寸。全向天线在移动通信系统中一般应用与郊县大区制的站型，覆盖范围大。

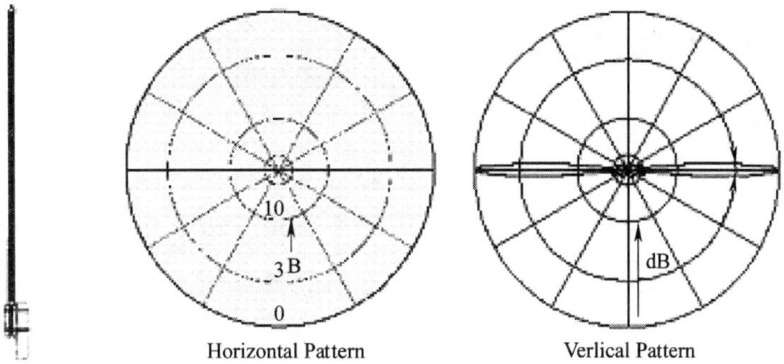

图 3—16　全向天线方向图

2. 定向天线

定向天线，在水平方向图上表现为一定角度范围辐射，也就是平常所说的有方向性，在垂直方向图上表现为有一定宽度的波束，同全向天线一样，波瓣宽度越小，增益越大。定向天线在移动通信系统中一般应用于城区小区制的站型，覆盖范围小，用户密度大，频率利用率高。

根据组网的要求建立不同类型的基站，而不同类型的基站可根据需要选择不同类型的天线。选择的依据就是上述技术参数。比如全向站就是采用了各个水平方向增益基本相同的全向型天线，而定向站就是采用了水平方向增益有明显变化的定向型天线。一般在市区选择水平波瓣宽度为 65°的天线，在郊区可选择水平波瓣宽度为 65°、90°或 120°的天线（按照站型配置和当地地理环境而定），而在乡村选择能够实现大范围覆盖的全向天线则是最为经济的。

定向天线的典型增益值是 9 ~16 dBd，定向天线方向图如图 3—17 所示。

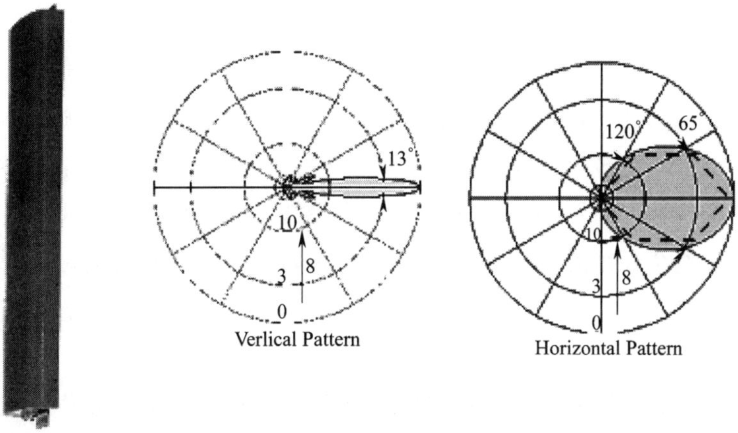

图 3—17　定向天线方向图

3.2.2　按倾角调整方式划分

1．机械天线

所谓机械天线，就是指使用机械调整下倾角度的移动天线。机械天线与地面垂直安装好以后，如果要满足网络优化的要求，需要调整天线背面支架的位置改变天线的倾角来实现。在调整过程中，虽然天线主瓣方向的覆盖距离明显变化，但天线垂直分量和水平分量的幅值不变，所以天线方向图容易变形。

实践证明：机械天线的最佳下倾角度为1°~5°；当下倾角度在5°~10°变化时，其天线方向图稍有变形但变化不大；当下倾角度在10°~15°变化时，其天线方向图变化较大；当机械天线下倾15°后，天线方向图形状改变很大，从没有下倾时的鸭梨形变为纺锤形，这时虽然主瓣方向覆盖距离明显缩短，但是整个天线方向图不是都在本基站扇区内，在相邻基站扇区内也会收到该基站的信号，从而造成严重的系统内干扰。

另外，在日常维护中，如果要调整机械天线下倾角度，整个系统要关机，不能在调整天线倾角的同时进行监测；机械天线调整天线下倾角度非常麻烦，一般需要维护人员爬到天线安放处进行调整。机械天线调整倾角的步进度数为1°，三阶互调指标为−120 dBc。

2．电调天线

所谓电调天线，就是指使用电子调整下倾角度的移动天线。电子下倾的原理是通过改变共线阵天线振子的相位，改变垂直分量和水平分量的幅值大小，改变合成分量场强强度，从而使天线的垂直方向图下倾。由于天线各方向的场强强度同时增大或减小，保证在改变倾角后天线方向图变化不大，使主瓣方向覆盖距离缩短，同时又使整个方向图在服务小区扇区内减小覆盖面积但又不产生干扰。实践证明，电调天线下倾角度在1°~5°变化时，其天线方向图与机械天线的方向图大致相同；当下倾角度在5°~10°变化时，其天线方向图较机械天线的方向图稍有改善；当下倾角度在10°~15°变化时，其天线方向图较机械天线的方向图变化较大；当机械天线下倾15°后，其天线方向图与机械天线的方向图明显不同，这时天线方向图形状改变不大，主瓣方向覆盖距离明显缩短，整个天线方向图都在本基站扇区内，增加下倾角度，可以使扇区覆盖面积缩小，但不产生干扰，这样的方向图是人们需要的，因此采用电调天线能够降低呼损，减小干扰。

另外，电调天线允许系统在不停机的情况下对垂直方向图下倾角进行调整，实时监测调整的效果，调整倾角的步进精度也较高（为0.1°），因此可以对网络实现精细调整；电调天线的三阶互调指标为 -150 dBc，较机械天线相差 30 dBc，有利于消除邻频干扰和杂散干扰。

天线分别在无下倾、电子下倾 15°、机械下倾 15°的状态下的水平方向图，如图 3—18所示。

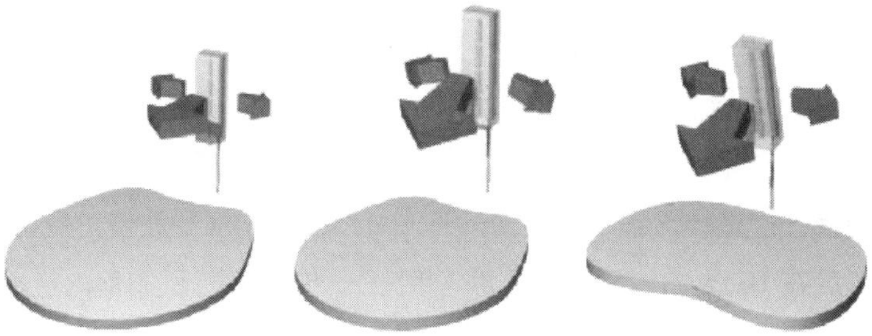

a)　　b)　　c)

图 3—18　天线在三种状态下的水平方向图
a）无下倾　b）电子下倾 15°　c）机械下倾 15°

3.2.3　按极化方式划分

天线按极化方式分为单极化天线和双极化天线，如图 3—19 所示。单极化天线一般是指采用垂直极化方向的天线。而双极化天线是一种新型天线技术，组合了 +45°和 -45°两副极化方向相互正交的天线并同时工作在收发双工模式下，因此其最突出的优点是节省单个定向基站的天线数量。同时由于在双极化天线中，±45°的极化正交性可以保证 +45°和 -45°两副天线之间的隔离度满足互调对天线间隔离度的要求（≥30 dB)，因此双极化天线之间的空间间隔仅需 20 ~30 cm；另外，双极化天线具有电调天线的优点，在移动通信网中使用双极化天线同电调天线一样，可以降低呼损，减小干扰，提高全网的服务质量。

3.2.4　分布系统天线

室内分布系统中，分布式天线受安装环境与使用条件限制，一般采用“小功率、多天线”方式，天线通常安装在天花板、井道内。为满足电磁辐射安全环境的要求，室内天线的发射功率须小于15 dBm。

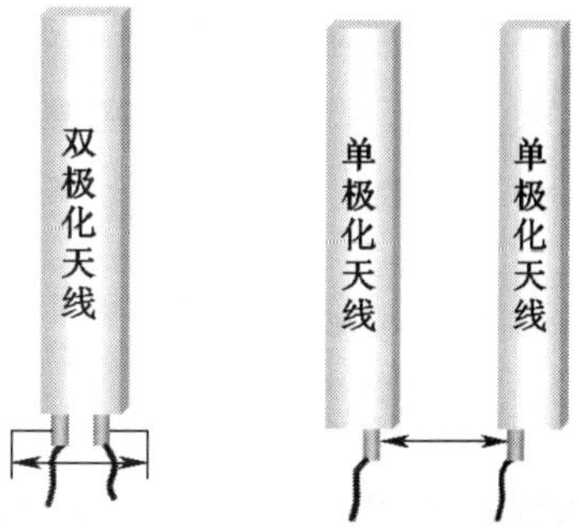

图 3—19　单极化与双极化天线

1．室内吸顶天线

室内吸顶天线是一种全向天线，如图3—20所示，主要安装在房间、大厅、走廊等场所的天花板上，其增益一般都在2~5 dBi，水平波瓣宽度为360°，垂直波瓣宽度为65°左右。吸顶天线增益小，外形美观，安装在天花板上，室内场强分布比较均匀，在室内天线选择时应优先采用。吸顶天线应尽量安装在室内正中间的天花板上，避免安装在窗户、大门等信号比较容易泄漏到室外的开口旁边。

2．壁挂式天线

壁挂式天线是一种定向天线，如图3—21所示。壁挂式天线主要安装在房间、大厅、走廊等场所的墙壁上。壁挂天线的增益一般在6~10 dBi，水平波瓣宽度有65°、45°等多种，垂直波瓣宽度在70°左右。壁挂式无线多用在一些比较狭长的室内空间，天线安装时前方较近区域不能有物体遮挡，且不要正对窗户、大门等信号比较容易泄漏到室外的开口。

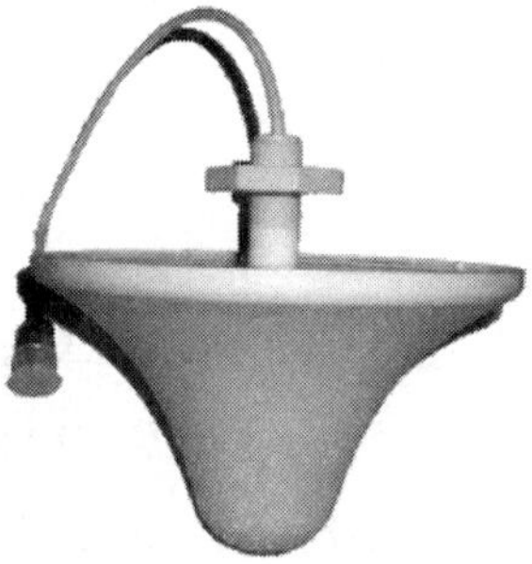

图3—20　室内吸顶天线

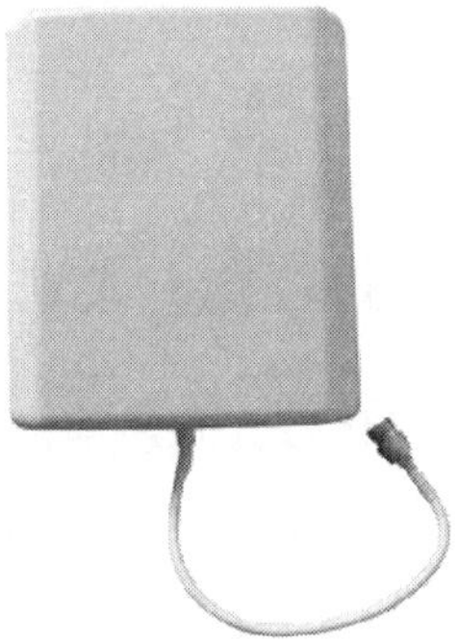

图3—21　壁挂式天线

3．八木天线

八木天线是一种增益较高的定向天线，如图3—22所示。八木天线具有结构轻巧、架设方便、价格便宜等优点，因此特别适用于点对点的通信。八木定向天线的单元数越多，其增益越高，通常采用6~12单元的八木定向天线，其增益可达10~15 dBi。八木天线主要用于解决电梯内信号的覆盖。

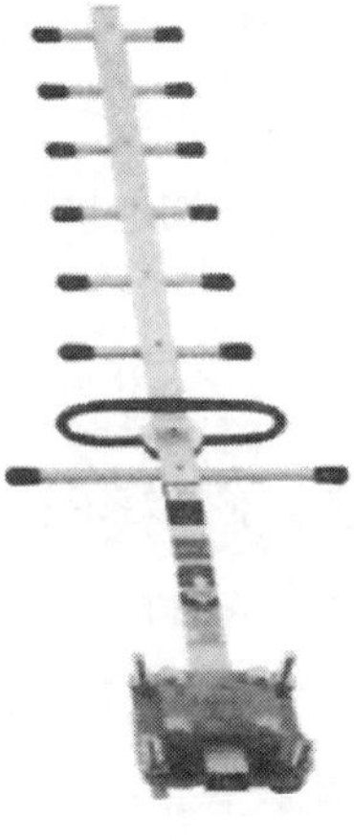

图3—22　八木天线

3.2.5　美化天线

所谓美化天线，是指外形美观、隐蔽而又符合技术要求的天线（见图3—23），旨在使天线外观与环境一致、协调，减少人们对天线的注意，以便于移动通信工程顺利进行。美化天线就是将常用的定向或全向天线外加一个特殊形状的外罩，从而与大楼或周围环境融为一体。

图 3—23　美化天线

随着移动通信的高速发展，中国进入 3G、4G 时代，而众多的天线数量已经严重影响了城市居民的生活。小区是话务量比较集中的区域。但是由于生活小区复杂的地理环境，经常会影响网络覆盖的质量。天线是最直观暴露在小区居民视野内的通信设备，也是长期困扰运营商与小区业主之间的矛盾原因，选择美化天线，能与小区的环境保持协调和统一，可以有效地解决这些困扰。

随着城市建设的完善，社会环保意识的加强，居民也越来越关注基站辐射，担心其影响身体；运营商面临基站“选址难”“建站难”以及如何减少基站天线安装投诉方面的难题，天线应该考虑使用合理的美化方法，并且美化方法的选用应该尽量降低天线损耗及其对天线性能的影响。而美化天线的适时出现，恰恰解决了这些难题，因此，美化天线也将成为通信界不可避免的研究话题。

3.2.6　智能天线

随着社会信息交流需求的急剧增加、个人移动通信的迅速普及，频谱已成为越来越宝贵的资源。智能天线（见图 3—24）采用空分复用（SDMA），利用在信号传播方向上的差别，将同频率、同时隙的信号区分开来。智能无线可以成倍地扩展通信容量，并和其他复用技术相结合，最大限度地利用有限的频谱资源。另外，在移动通信中，由于复杂的地形、建筑物结构对电磁波传播的影响，大量用户间的相互影响，会产生时延扩散、瑞利衰落、多径、共信道干扰等，使通信质量受到严重影响。采用智能天线可以有效地解决这个问题。

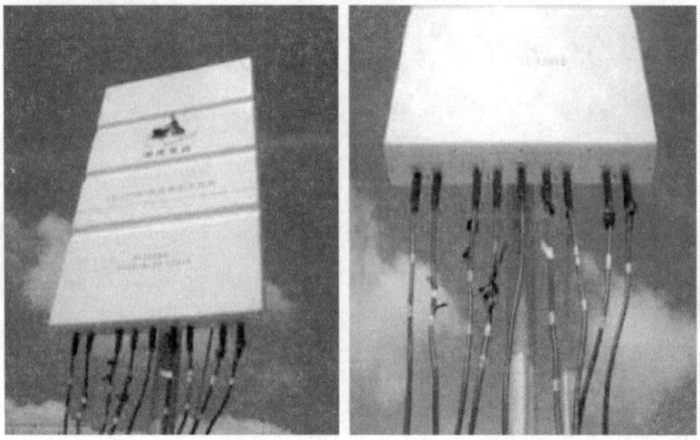

图 3—24　智能天线

智能天线在移动通信中的用途主要包括抗衰落、抗干扰、增加系统容量以及移动台的定位。

3.2.7　特殊天线

特殊天线的一个例子是泄漏同轴电缆，由内导体、绝缘介质和开有周期性槽孔的外导体 3 部分组成，特别适用于覆盖长距离公路隧道、铁路隧道、城市地铁等无线信号传播受限的区域。特殊天线的工作原理是通过在同轴电缆外导体上开槽孔，使电磁波在泄漏电缆中纵向传输的同时通过槽孔向外界辐射电磁波；同样，外界的电磁场也能通过槽孔感应到泄漏电缆内部并传送到接收端。外导体上的槽孔使电缆内部电磁场和外界电磁波之间产生耦合，具体的耦合机制取决于槽孔的排列形式。如图 3—25 所示为辐射型电缆示例图。

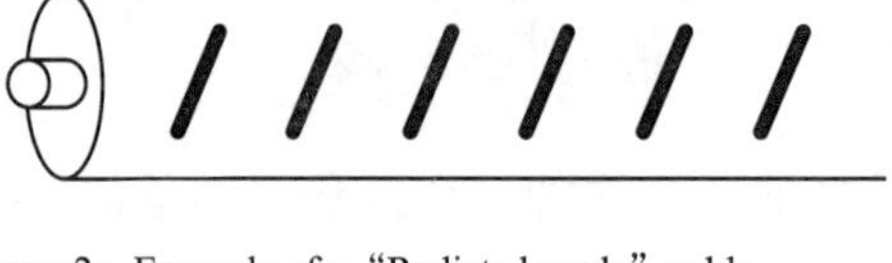

Flgure 2：Example of a “Radiated mode” cable

图 3—25　辐射型电缆示例

与传统的天馈系统相比，泄漏电缆具有以下特点：

1. 信号覆盖均匀，尤其适合隧道等狭小空间。

2. 泄漏电缆本质上是宽频带系统，某些型号的泄漏电缆可同时用于 CDMA、GSM、WCDMA 等系统。

3. 泄漏电缆价格较贵，但当多系统同时引入隧道时可大大降低总体造价。

3.3 天线的选型

为达到无缝隙覆盖，正确选择基站天线的参数十分重要，下面简要介绍一下天线选用原则：

对于 800 MHz 和 900 MHz 频段的 GSM、CDMA 数字移动通信网基站，选用国内现有基站天线有如下几个一般原则建议。

根据天线高度、基站距离，可由下式计算出天线倾角公式：

$$\alpha = \arctan h/(r/2)$$

（式中 α 为波束倾角，h 为天线高度，r 为站间距离）

对话务量高密集区，基站间距离 300～500 m，计算得出 α 在 10°～19°。采用内置电下倾 9°的 +45°双极化水平半功率瓣宽 65°定向天线。再加上机械可变 15°的倾角，可以保证方向图水平半功率宽度在主瓣下倾 10°～19°内无变化。经使用证明完全可满足对高密集市区覆盖的要求。

对话务量中密集区，基站间距离大于 500 m，α 在 6°～16°可选择 +45°双极化、内置电下倾 6°的水平半功率瓣宽 65°定向天线，可以保证主瓣在下倾的6°～16°内水平半功率宽度无变化。可满足对中密度话区覆盖的要求。

对话务量低密集区，基站间距离可能更大一些，α 在 3°～13°，可选择 +45°双极化、内置电下倾 3°的水平半功率瓣宽 65°定向天线，可保证主瓣在下倾的 3°～13°内水平半功率宽度无变化，可满足对低密话区覆盖的要求。

县城及城镇地区话务量不大，主要考虑覆盖大的要求，基站间距很大，可以选用单极化、空间分集、增益较高的（17 dB）65°定向天线（三扇区）或 17 dB90°定向天线（双扇区，见图 3—26）。

乡镇地区话务量很小，主要考虑覆盖，基站大都为全向站，天线可选高增益全向天线 HTQ－09－11。根据基站架设高度，可选择主波束下倾 3°、5°、7°的全向天线。

在铁路或公路沿线及乡镇，可选择 3 种天线。

- 双扇区型：两个区 180°划分，可选择单极化、3 dB 波瓣宽度为 90°、最大增益为 17 ~18 dBi 的定向天线，两天线背向，最大辐射方向各向高速路的一个方向。

- 公路双向天线：沿公路、铁路，若话务量很小，采用全向站的配置，天线可采用全向天线变形的双向天线（如 HTSX -09 -14），其双向 3 dB 波瓣宽度为 70°，最大增益为 14 dBi。公路双向天线方向图如图 3—27 所示。

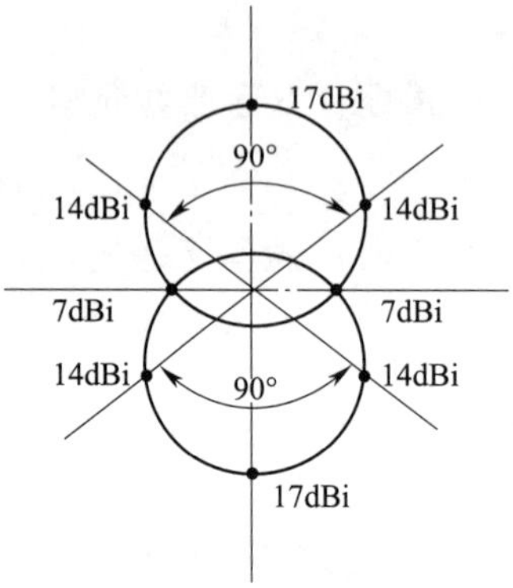

图 3—26　双扇区

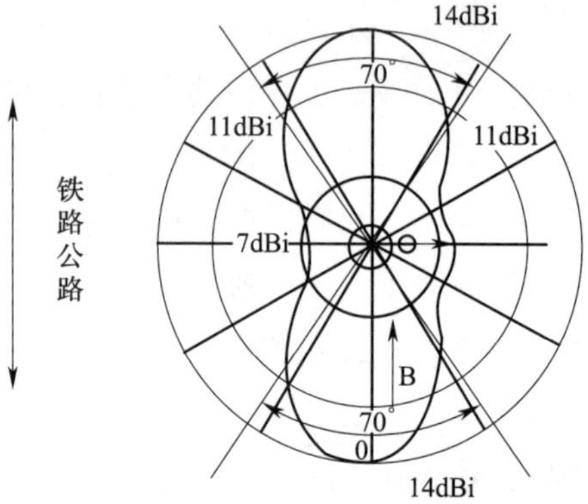

图 3—27　公路双向天线方向图

- 公路兼镇天线：对于既要覆盖铁路、公路，又要覆盖乡镇的小话务量地区，采用全向站的配置，天线采用 210°、13 dBi 的弱定向天线 HTD0921013 兼顾铁路、公路和路边乡镇的需要。公路兼镇天线方向图如图 3—28 所示。

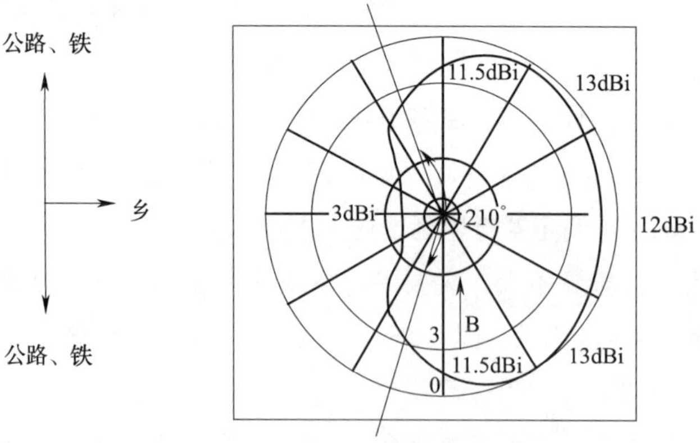

图 3—28　公路兼镇天线方向图

对于天线的选择，应根据移动通信网的覆盖要求、干扰和网络服务质量等实际情况，选择满足本地区移动网络需要的移动天线。合理的天线选择不仅可以提高网络的覆盖质量和容量，还可以大大缩短网络规划和优化的时间，节省后期人力物力。

根据地形和话务量的分布可以把天线使用的环境分为8种类型：市区（高楼多，话务量大）、郊区（楼房较矮，开阔）、农村（话务量少）、公路（带状覆盖）、山区（或丘陵，用户稀疏）、近海（覆盖极远，用户少）、隧道、大楼室内。

3.3.1 市区

1. 应用环境特点

市区基站分布较密，要求单基站覆盖范围小，希望尽量减少越区覆盖的现象，减少基站之间的干扰，提高频率复用率。

2. 天线选择原则

（1）极化方式选择。由于市区基站站址选择困难，天线安装空间受限，建议选用双极化天线。

（2）方向图的选择。在市区主要考虑提高频率复用率，因此一般选用定向天线。

（3）半功率波束宽度的选择。为了能更好地控制小区的覆盖范围来抑制干扰，市区天线水平半功率波束宽度选60°~65°。

（4）天线增益的选择。由于市区基站一般不要求大范围的覆盖距离，因此建议选用中等增益的天线。

（5）下倾方式选择。由于市区的天线倾角调整相对频繁，且有的天线需要设置较大的倾角，而机械下倾不利于干扰控制，所以在可能的情况下建议选用预置下倾天线。条件成熟时可以选择电调天线。

3. 市区不同环境下的天线选型

由于上海市区内各无线环境仍然差异较大，有必要将市区按照CBD商务区、密集住宅区或城中村、沿江或沿湖区域等场景进行分类，对各场景的天线选型再进行细分和讨论。

（1）CBD商务区。如图3—29所示，CBD商务区是一个以多功能的景观商业街为主轴，集办公、休闲娱乐、旅游购物于一体的大型现代商业生活街区，此类区域一般是高楼林立、街道宽畅、占地面积较大，建筑物高层信号杂乱，街道信号阴影较大，覆盖不能连续，不能保证用户正常通信。

图 3—29 CBD 商务区

室外宏蜂窝天线选型建议见表 3—1。

表 3—1 室外宏蜂窝的天线选型

挂高（m）	安装方式	极化方式	增益（dBi）	水平半功率角	垂直半功率角	电倾角	上旁瓣抑制	零点填充
25 ~ 35	双极化	±45°	15 ~ 17	65°	10° ~ 16°	6°	是	否
35 ~ 50	双极化	±45°	15	65°	16°	6°	是	否
>50	双极化	±45°	15	65°	16°	可变	否	是

另外还有两种常见的天线选型：

1）宏蜂窝分裂覆盖附近高楼。使用天线分裂从室外覆盖高层建筑时，采用倾角上仰的方式，将主瓣对准所需覆盖的建筑，建筑物的宽度将决定天线水平半功率角的大小，单栋大楼可使用水平半功率角在 30°之间的窄波束天线，此类天线应用的缺点是信号难以控制，容易产生越区覆盖。

宏蜂窝分裂覆盖附近高楼的天线选型建议见表 3—2。

表 3—2 宏蜂窝分裂覆盖附近高楼的天线选型

挂高（m）	安装方式	极化方式	增益（dBi）	水平半功率角	垂直半功率角	电倾角	上旁瓣抑制	零点填充
25 ~ 35	双极化	±45°	15	<30°	>30°	否	否	否

2）裙楼天线朝上覆盖主楼。裙楼天线如图 3—30 所示，此楼建筑楼层较高且有裙楼，一般为商住楼，定向天线可以安装在裙楼平台上，正对主楼。

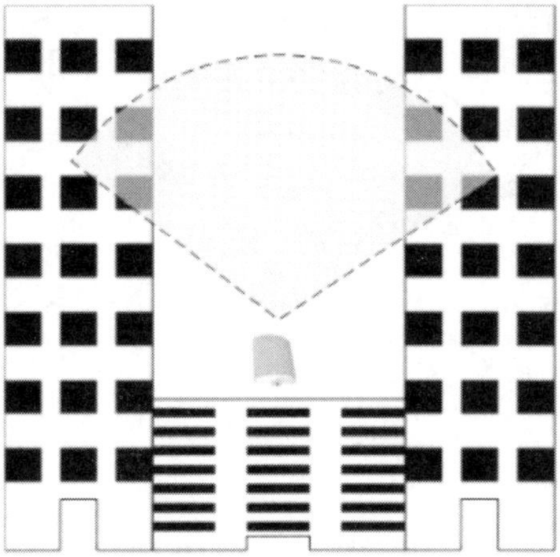

图 3—30　裙楼天线

裙楼天线朝上覆盖主楼的天线选型建议见表 3—3。

表 3—3　裙楼天线朝上覆盖主楼的天线选型

挂高（m）	安装方式	极化方式	增益（dBi）	水平半功率角	垂直半功率角	电倾角	上旁瓣抑制	零点填充
15 ~ 25	双极化	±45°	11	≤90°	30°	0	否	否

（2）密集住宅区或城中村。在天线挂高 25 ~ 35 m 的情况下，在不发生明显越区覆盖的前提下，应尽量使用高增益的天线，有利于加强深度覆盖。高增益天线使用时需注意其挂高以及周边建筑环境，避免引起越区覆盖。

密集住宅区或城中村的天线选型建议见表 3—4。

表 3—4　密集住宅区或城中村的天线选型

挂高（m）	安装方式	极化方式	增益（dBi）	水平半功率角	垂直半功率角	电倾角	上旁瓣抑制	零点填充
25 ~ 50	双极化	±45°	17 ~ 21	40° ~ 65°	7° ~ 10°	6°	是	否
>50	双极化	±45°	15 ~ 16	65°	13° ~ 16°	可变	否	是

下面通过几种典型场景来说明天线选型的方向。

1）规则分布的小区。如图 3—31 所示，当住宅小区规模较大且楼群排列规则时，定向天线可安装在墙角或伪装成路灯等，使天线主瓣直接辐射到楼房之间的空隙，避免天线主瓣直接正对附近楼房的墙壁。

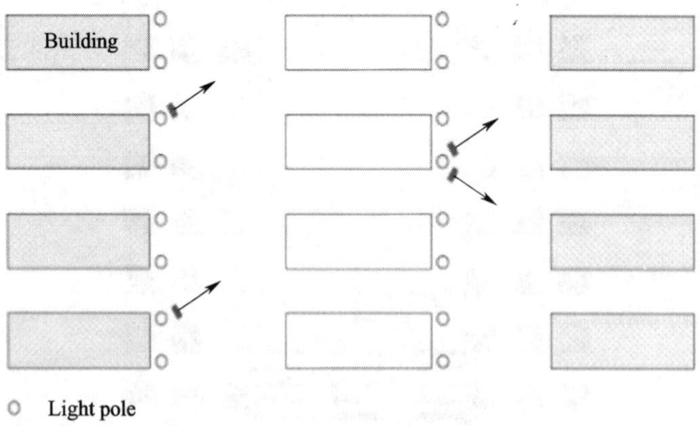

图 3—31　规则分布的小区

规则分布的小区天线选型建议见表 3—5。

表 3—5　规则分布的小区的天线选型

挂高（m）	安装方式	极化方式	增益（dBi）	水平半功率角	垂直半功率角	电倾角	上旁瓣抑制	零点填充
10～35	双极化	±45°	8	90°～120°	>30°	0	否	否

2）错落分布的小区。如图 3—32 所示，当楼群排列不规则且楼层较高，楼层相连成带状或筒状分布时，定向天线可以安装在大楼的顶楼或墙壁上，天线正对建筑物墙壁，利用墙壁反射、折射、衍射信号，覆盖周围的非天线主打方向建筑物。

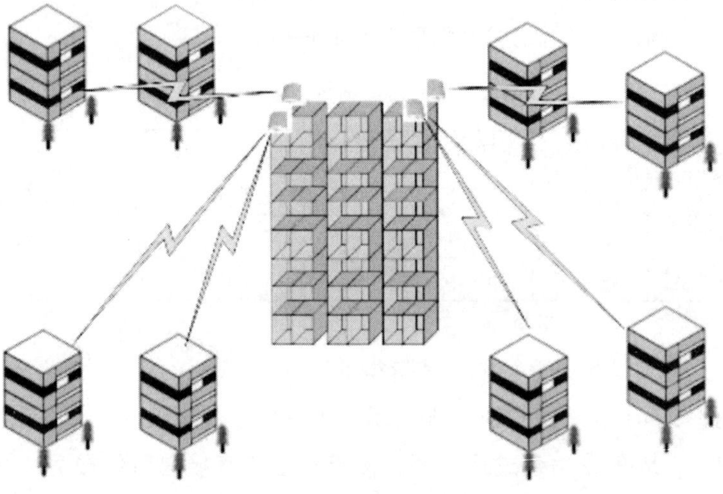

图 3—32　错落分布的小区

错落分布的小区的天线选型建议见表3—6。

表3—6　　错落分布的小区的天线选型

挂高（m）	安装方式	极化方式	增益（dBi）	水平半功率角	垂直半功率角	电倾角	上旁瓣抑制	零点填充
20～50	双极化	±45°	8～11	90°	30°～40°	0	否	否

（3）沿江、沿湖覆盖。上海黄浦江如图3—33所示，黄浦江流经上海市区，由于江面反射效应，易造成越区覆盖，信号杂乱，无主覆盖小区，频率干扰严重，现阶段有效解决此类问题的方法为：使用窄波束天线减少越区覆盖，同时应注意使天线主瓣方向与江岸垂直，减少越区覆盖产生的频率干扰。

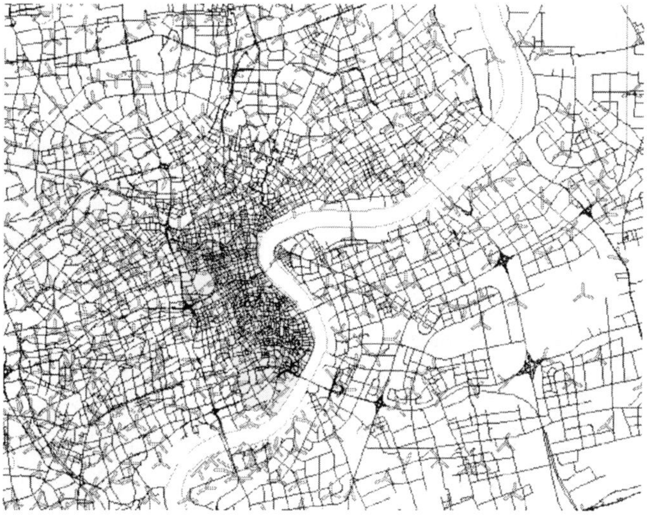

图3—33　上海黄浦江

沿江、沿湖覆盖的天线选型建议表3—7。

表3—7　　沿江、沿湖覆盖的天线选型

挂高（m）	安装方式	极化方式	增益（dBi）	水平半功率角	垂直半功率角	电倾角	上旁瓣抑制	零点填充
25～35	双极化	±45°	15	<30°	15°	可变	是	否

窄波束天线优点为：能量集中，水平半功率角小，有效防止旁瓣产生的干扰。缺点为：垂直半功率角较大，不易控制其覆盖范围，可能会在天线主瓣方向出现越区覆盖。

3.3.2　郊区

1．应用环境特点

郊区的应用环境介于城区环境与农村环境之间，这时覆盖与干扰控制在天线选型时都要考虑，因此在天线选型方面可以视实际情况参考城区及农村的天线选型原则。

2．天线选择原则

（1）根据情况选择水平面半功率波束宽度为65°的天线或选择半功率波束宽度为90°的天线。当周围的基站比较少时，应该优先采用水平面半功率波束宽度为90°的天线。若周围基站分布很密，则其天线选择原则参考市区基站的天线选择。

（2）考虑到将来的平滑升级，所以一般不建议采用全向站型。

（3）是否采用预置下倾角应根据具体情况来定，即使采用下倾角，一般下倾角也比较小。

3.3.3　农村

1．应用环境特点

农村基站分布稀疏，话务量较小，覆盖要求广。覆盖成为最为关注的对象，这时应结合基站周围需覆盖的区域来考虑天线的选型。一般情况下是希望在需要覆盖的地方能通过天线选型来得到更好的覆盖。

2．天线选择原则

（1）极化方式选择：建议在农村建议选用垂直单极化天线，分集增益大。

（2）方向图选择：如果要求基站广覆盖周围的区域，且没有明显的方向性，建议采用全向基站覆盖。需要注意的是：这里的广覆盖并不是指覆盖距离远，而是指覆盖的面积大而且没有明显的方向性。如果对覆盖距离有更远的要求，可以选用水平波束宽度为90°、105°的定向天线。

（3）天线增益的选择：视覆盖要求选择天线增益，建议在农村地区选择较高增益（16～18 dBi）的定向天线或11 dBi的全向天线。

（4）预置下倾角及零点填充的选择：在农村这种以覆盖为主的地方建议选用不带预置下倾角的天线，但天线挂高在50 m以上且近端有覆盖要求时，可以优先选用零点填充（大于15%）的天线来避免“塔下黑”的问题。

（5）下倾方式的选择：在农村地区对天线的下倾调整不多，其下倾角的调整范围及特性要求不高，建议只采用价格便宜的机械下倾天线。

3.3.4 公路

1. 应用环境特点

公路包括高速公路、国道、省道和铁路，该应用环境下基站间距很大、地广人稀、话务量低、用户高速移动，主要考虑覆盖问题。一般来说要实现的是带状覆盖，故公路的覆盖多采用双向小区；还有就是强调广覆盖，要结合站址及站型的选择来决定采用的天线类型。

2. 天线选型原则

(1) 方向图的选择：在以覆盖铁路、公路沿线为目标的基站，可以采用窄波束、高增益的定向天线。如果覆盖目标为公路及周围零星分布的村庄，可以考虑采用全向天线。

(2) 前后比：由于公路覆盖的大多数用户都是快速移动用户，所以为保证切换的正常进行，定向天线的前后比不宜太高，否则可能会由于两定向小区交叠深度太小而导致切换不及时造成掉话。

公路覆盖极化方式选择、天线增益选择、下倾方式选择可以参考农村覆盖的选择。对于高速公路和铁路覆盖，建议优先选择“8”字形天线或S0.5/0.5配置，以减少高速移动用户接近/离开基站附近时的切换。

3.3.5 山区

1. 应用环境特点

在偏远的丘陵山区，山体阻挡严重，电磁波的传播衰落较大，覆盖难度大。通常为小话务量、广覆盖。基站或建在山顶上、山腰间、山脚下或山区里的合适位置。需要根据不同的用户分布、地形特点来进行基站选址、选型、选择天线。

2. 天线选择原则

(1) 方向图的选择：视基站的位置、站型及周边覆盖需求来决定方向图的选择。对于建在山上的基站，若需要覆盖的地方位置相对较低，则应选择垂直半功率角较大的方向图，更好地满足垂直方向的覆盖要求。

(2) 天线增益选择：视需覆盖的区域的远近选择中等天线增益，全向天线 (9～11 dBi) 或定向天线 (15～18 dBi)。

(3) 预置下倾与零点填充选择：在山上建站，需覆盖的地方在山下时，要选用具有零点填充或预置下倾角的天线。预置下倾角的大小视基站与需覆盖地方的相对高度进行选择，相对高度越大也就应选择预置下倾角更大一些的天线。

3.3.6 近海

1. 应用环境特点

话务量较少，覆盖面广，无线传播环境好。对近海的海面进行覆盖时，覆盖距离将主要受三个方面的限制，即地球球面曲率、无线传播衰减、TA 值的限制。考虑到地球球面曲率的影响，因此对海面进行覆盖的基站天线一般架设得很高，超过 100 m。

2. 天线选择原则

（1）方向图的选择：由于在近海覆盖中，面向海平面与背向海平面的应用环境完全不同，因此在进行近海覆盖时不选择全向天线，而是根据周边的覆盖需求选择定向天线。一般可选择垂直半功率角小一些的。

（2）天线增益的选择：由于覆盖距离很大，在选择天线增益时一般选择高增益（16 dBi 以上）的天线。

（3）极化方式的选择：选用垂直单极化天线。

（4）预置下倾与零点填充选择：在进行海面覆盖时，所以一般天线架设得很高，会超过 100 m，因此在近端容易形成盲区。考虑到覆盖距离，要优先选用具有零点填充的天线。

3.3.7 隧道

1. 应用环境特点

由于隧道的特殊地理环境，必须针对具体的隧道规划站址及选择天线。这种应用环境下主要是天线的选择及安装问题，在很多种情况下大天线可能会由于安装受限而不能采用。对不同长度的隧道，基站及天线的选择有很大的差别。另外还要注意到隧道内的天线安装调整维护十分困难。

2. 天线选择原则

（1）极化方式的选择：考虑到天线的安装及隧道内壁对信号的反射作用，建议选择双极化天线。

（2）方向图的选择：隧道覆盖方向性明显，所以一般选择定向天线，并且可以采用窄波束天线进行覆盖。

（3）天线增益的选择：对于公路隧道长度不超过 2 km 的，可以选择低增益的天线。对于更长一些的隧道，可采用很高增益（22 dBi）的窄波束天线进行覆盖，不过此时要充分考虑大天线的可安装性。

（4）天线尺寸大小的选择：天线尺寸在隧道覆盖中很关键，针对每个隧道设计专门的覆盖方案，充分考虑天线的可安装性，尽量选用尺寸较小便于安装的天线。

（5）前后比：由于隧道覆盖大多数用户都是快速移动用户，所以为保证切换的正常进行，定向天线的前后比不宜太高，否则可能会由于两定向小区交叠深度太小而导致切换不及时造成掉话。

（6）除了采用常用的平板天线、八木天线进行隧道覆盖外，也常用分布式天线系统对隧道进行覆盖，如采用泄漏电缆、同轴电缆、光纤分布式系统等。特别是针对铁路隧道，安装天线分布式系统将会受到很大的限制，这时可考虑采用泄漏电缆等其他方式进行隧道覆盖。

3.3.8 室内

1. 应用环境特点

现代建筑多以钢筋混凝土为骨架，再加上全封闭式的外装修，对无线电信号的屏蔽和衰减特别厉害。在一些高层建筑物的低层覆盖很差甚至存在部分盲区；在建筑物的高层，信号杂乱，严重影响通话质量。

2. 天线选择原则

根据分布式系统的设计，考察天线的可安装性来决定采用哪种类型的天线，泄漏电缆不需要天线。室内分布式系统常用到的天线单元有：

（1）室内吸顶天线单元。

（2）室内壁挂天线单元。

（3）杯状吸顶单元：超小尺寸，适用于小电梯内部、小包间内嵌入式的吸顶小灯泡内部等多种安装受限的应用场合。

（4）板状天线单元：有不同的大小尺寸，可用于电梯行道内、隧道、地铁、走廊等不同场合的应用。

这些天线的尺寸很小，便于安装与美观。增益一般也很低，可依据覆盖要求选择全向或定向天线。由于室内布线施工费用高，因此包括天线在内的室内分布天线系统要尽量采用宽频段或多频段设备。

3.4 天线在移动通信中的应用

3.4.1 多径衰落与分集接收

在移动通信中，电磁波传播特性除了和工作频率有关，还和变化的无线电环境（包括地形起伏与周围建筑物等）、天线架设的高度以及传播情况［如视距（LOS）无线链路还是非视距（NLOS）无线链路、反射、绕射、散射、延迟、多普勒效应等］有极大的关系。对在这样复杂环境中传播的信号的变化进行精确特征的描述是非常困难的。典型的移动通信传播环境如图3—34所示。

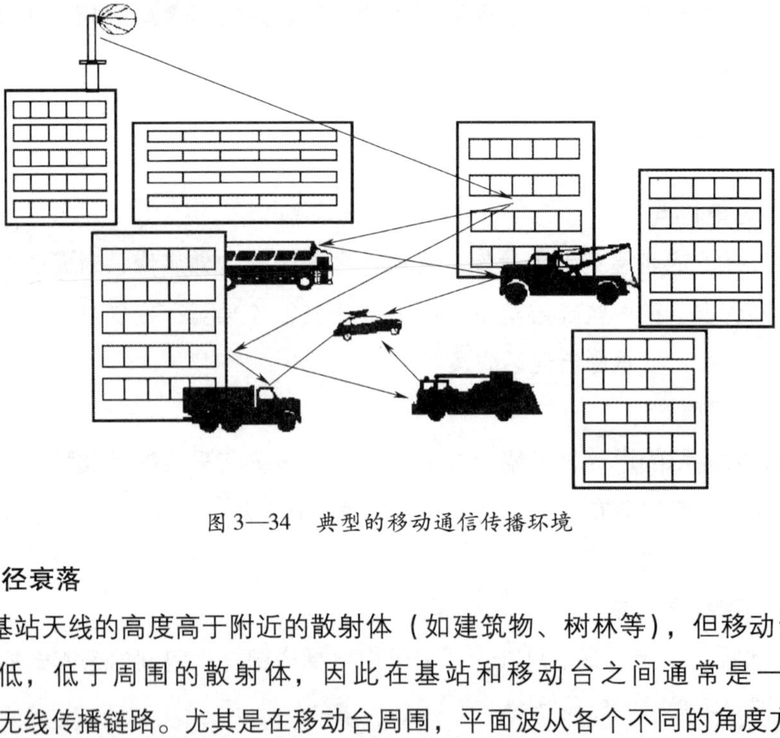

图3—34 典型的移动通信传播环境

1. 多径衰落

通常基站天线的高度高于附近的散射体（如建筑物、树林等），但移动台（手机）的位置较低，低于周围的散射体，因此在基站和移动台之间通常是一条非视距（NLOS）无线传播链路。尤其是在移动台周围，平面波从各个不同的角度方向并以不同的时间延迟到达，这种特性称为多径传播。传播环境中的多径射线如图3—35所示。

观察图3—35中传播环境中的多径射线，包括了反射、散射、绕射、透射等情况，每一条射线到达接收点的路径长度都不同。对于采用UHF波段的移动通信来说，工作波长为15 ~30 cm，因此，不同传播路径长度发生小的移动也会在接收点位置产生大的相位变化。

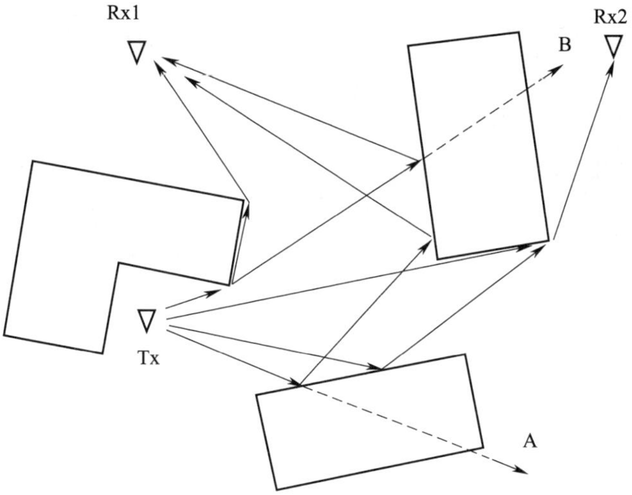

图 3—35　传播环境中的多径射线

这种变化可以通过如图 3—36 所示的多径信号的合成矢量信号加以描述：图 3—36 中假设有一直达信号和一反射信号，发射信号路径长度的不同导致其相位与直达信号存在差异，二者进行矢量叠加，得到合成信号。合成信号的相位与直达信号不同，幅度上也有变化，幅度可以叠加增强，但多数时候是抵消减弱的，导致一个幅度上的损失。实际情况要更为复杂，因为多径信号有多个，并且任何一个的幅度与相位都不同，因此信号矢量也需要合成多次才能完成，最终的合成信号与直达信号通常是面目全非的，包括其幅度和相位的变化。

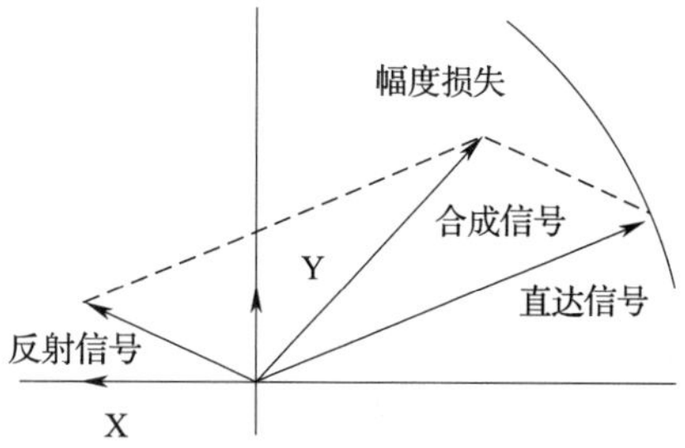

图 3—36　多径信号的合成矢量信号

多径引起的信号快速衰落特征如图 3—37 所示。由图 3—37 可以看出，接收信号电平在半个波长的距离变化时即出现快速的剧烈起伏，起伏的范围在 20 dB 甚至以上。起伏的频繁程度还与移动台的运动速度有关，因为高速移动还将带来多普勒效应。

在图 3—37 中多径快速衰落主要是移动台在小范围内移动时由多径产生，通过对曲线做一局部平均，可以得到一慢速变化的曲线，因此，从长距离来看，接收的信号电平还是与距离及空间传播衰减有关，这种情况称为移动通信的慢速衰落，通常由缓变的地形起伏等原因所致。如图 3—38 所示为快速衰落和慢速衰落的仿真曲线。由

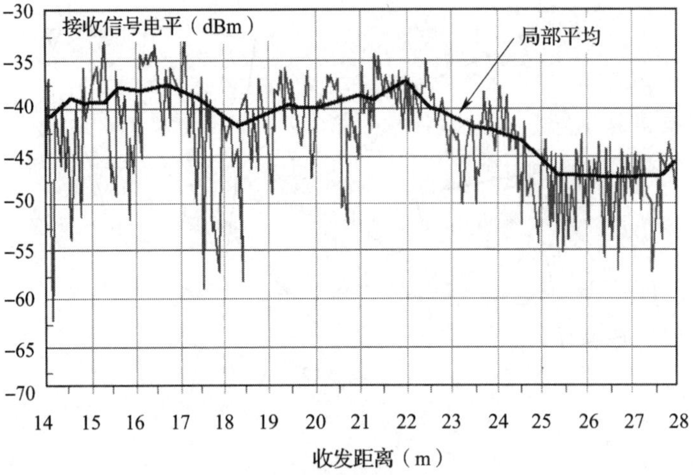

图 3—37 多径快速衰落特征

图 3—38 可以看出，在近距离上，多径起伏剧烈，随着距离增加，慢速衰落占主要分量，但距离增加后，空间的传播损耗不是以距离的平方而是以距离的 3 次方甚至 4 次方为特征出现衰落，导致出现截止传输距离的现象。

按照惯性思维，在衰落存在时，欲保持通信质量，可以加大发射功率。但是，加大发射功率不但有许多困难和限制，实际上也不是解决问题的好办法。通过天线采用分集技术则可以较好地克服信号衰落，改善通信质量。

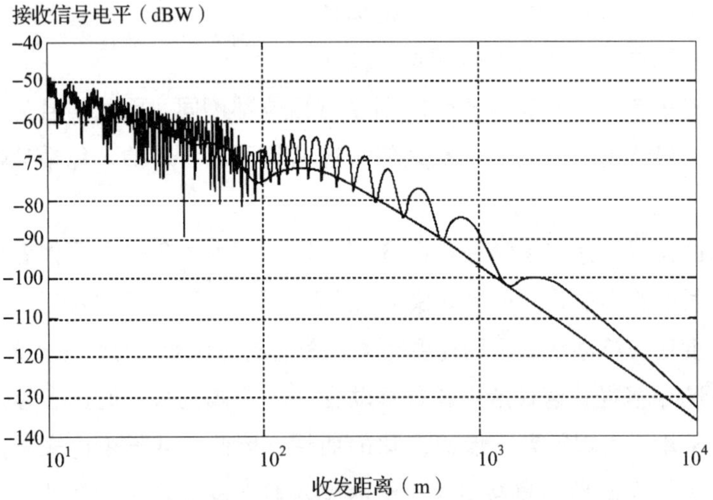

图 3—38 快速衰落和慢速衰落仿真

2．分集接收

（1）分集原理。分集是指用多种可能的途径采样接收信号，对接收到的信号进行组合或分类，以选择最好的信号。如果多个接收信号不相关，通常可以获得较好的接收信号，从而对抗多径带来的快速衰落。

分集技术可以通过如图 3—39 所示的分集技术原理加以描述：有两种途径采集到接收信号 1#和信号 2#，假设两信号的来源不相关，则可以认为信号 1#和信号 2#通常不会同时出现快速衰落。因此任何时候总能在信号 1#和信号 2#之中选择一个较大信号作为接收信号，从而对抗多径衰落。

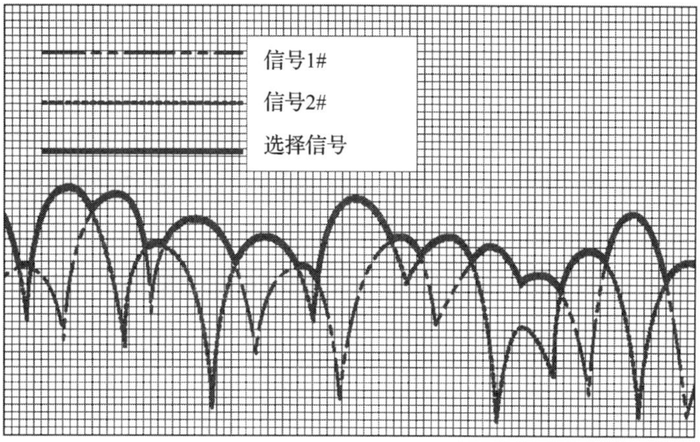

图 3—39　分集技术原理

（2）分集技术的分类。分集技术有时间分集、频率分集、空间分集和极化分集等，在移动通信天线中使用的是空间分集和极化分集，通常在基站天线的上行接收时采用。由于移动台的发射功率有限，而基站天线的发射功率较大，导致移动通信系统上、下行链路的信号电平失衡。基站天线采用上行接收分集，可以获得额外的分集增益，从而平衡了系统的上、下行链路信号。

1）空间分集。如果两个接收天线的间隔远远大于波长，它们的接收信号可以认为是不相关的。把两个天线连接到一个多输入的接收机中，通过合适的矢量运算，选择出最好的接收信号或合成信号，通常能使接收增益提高 3 ~5 dB，从而不改变发射功率，使上、下行到达平衡，并对抗多径衰落。

空间分集结构如图 3—40 所示。在每个天线扇区布置两幅垂直极化天线，其中 1 幅天线处于收/发双工，另 1 幅仅接收。为了得到较好的上行分集增益，理论分析和实际使用表明，天线之间的距离 *d* 应该大于 10 个工作波长。对于 GSM900 MHz 频段来说，距离 d 在 3 m 以上为好。实际距离 d 的选取还与天线的架高有关，分集增益的效果也与来波的角度有关。

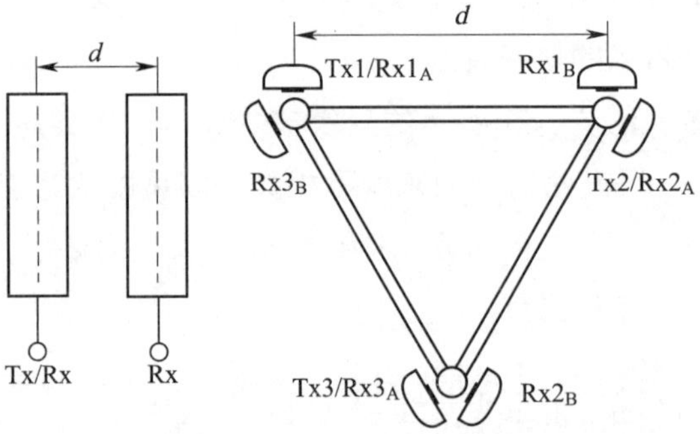

图 3—40　空间分集结构

2）极化分集。两个极化相互正交的信号是互不相关的，因此，可以设计出极化相互正交的两副天线，布置于同一天线罩内，来自它们的接收信号可以认为是互不相关的。把两个天线连接到一个多输入的接收机中，通过合适的矢量运算，同样可以选择出最好的接收信号或合成信号，多数场合也能使接收增益提高 3 ~5 dB，从而达到分集并对抗多径衰落的目的。

极化分集结构如图 3—41 所示。在每个天线扇区布置一幅 ±45°极化方向的双极化天线，其中一个极化处于收/发双工，另一个极化仅接收。为了获得良好的上行分集增益，理论分析和实际使用表明，有三方面的因素需要注意：

首先，双极化天线应该具有良好的正交极化特性，即在 ±60°的扇形服务区内，交叉极化方向图电平应该比相应角度上的主极化电平有明显的降低，其差别（交叉极化比）在最大辐射方向应大于 15 dB，在 ±60°内应大于 10 dB，如图 3—42 所示。如此，两个极化接收到的信号可以认为互不相关，从而获得分集效果。

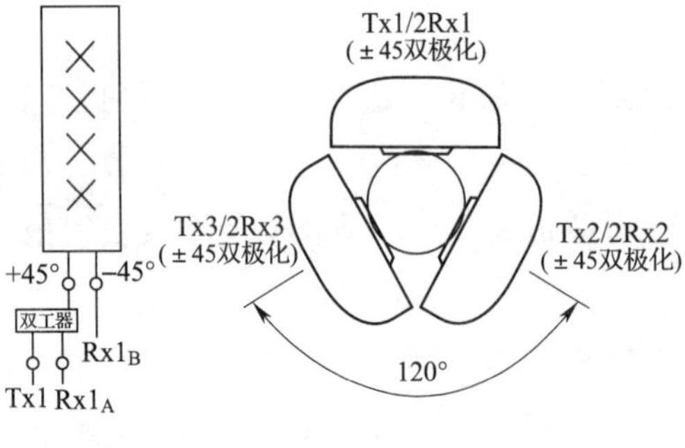

图 3—41　极化分集结构

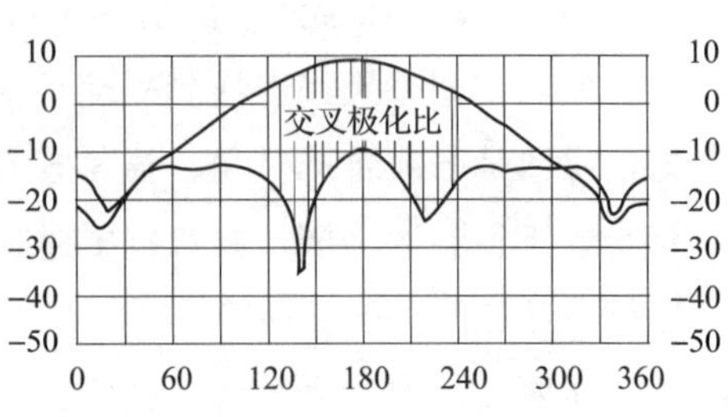

图 3—42　主极化电平与交叉极化电平之比

其次，从大量数据的概率统计意义上来说，双极化天线的两个极化接收到的信号电平应该相当。比如通常移动台为垂直极化，则 +45°极化和 −45°极化由于结构关于垂直方向对称，都有可能收到相同电平的信号。而如果设计成0°水平极化和90°垂直极化，虽然彼此也满足极化正交，但两个极化关于垂直方向不对称，收到的信号电平就不尽相同，从概率上看，90°垂直极化方向收到的信号电平可能更强。如此，相当于0°水平极化未起到应有的分集作用，从而降低了分集效果。模拟仿真也证明了以上观点。极化分集增益如图 3—43 所示。图 3—43 中，两路接收信号的相关系数由正交极化特性决定，而信号之差由 ±45°极化的对称性来决定，当相关系数为零且信号差别为零时，极化分集理论上可获得 8 dB 的分集效果。

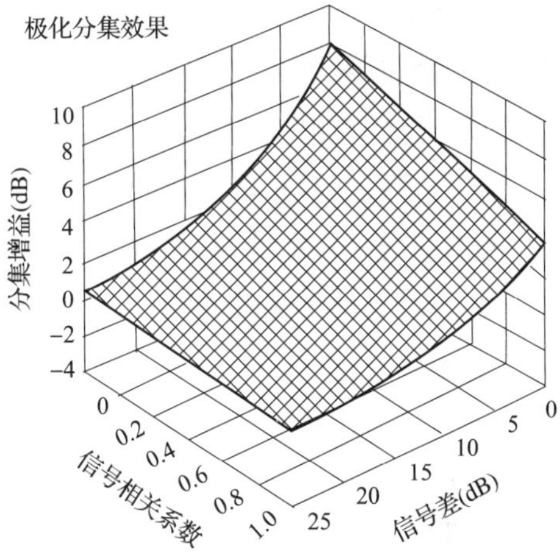

图 3—43　极化分集增益

最后，极化分集应该应用于多径反射显著的场合，如城区建筑物密集的地方。由于建筑物的多径反射复杂，多径反射信号的极化分量往往也出现扭转和改变，以致合成的线极化方向并非简单的垂直或水平，而主要是介乎于垂直和水平之间的方向，于是 ±45°极化接收可获得良好效果。相反，在多径反射不显著的农村或公路开阔地，极化主要集中为垂直方向，此时 ±45°极化接收将出现 3 dB 的极化失配损耗，导致效果变差。

极化分集与空间分集的增益比较见表 3—8。由表 3—8 可见，在任何场合，空间分集总能获得较好效果，极化分集在多径反射不显著的农村或公路开阔地效果较差，在其余场合与空间分集效果相当。尽管如此，能够采用极化分集的场合总是建议采用极化分集而不是空间分集，原因很简单：极化分集具有更高的性能价格比，同时安装受限更少，方便使用，且极化分集的三个扇区还可合并为一进行安装。

表 3—8　　　　　　　　极化分集与空间分集增益比较

应用环境	极化分集增益（dB）	空间分集增益（dB）
密集建筑区（室内）	3.7	5.0
密集建筑区（室外）	4.7	3.3
一般城镇（室内）	4.0	3.7
一般城镇（室外）	5.7	4.7
农村	2.7	5.3

3.4.2　同频复用与干扰抑制

蜂窝移动通信系统具有巨大的通信容量，原因在于其将整个通信区域划分为若干个宏蜂窝和微蜂窝小区，每个小区内都布置有相应的基站天线和基站系统，并具有自己的通信频率信道。蜂窝频率复用的概念如图 3—44 所示。但是，频率的资源是有限的，需要合理规划和重复使用。在图 3—44 中，字母 A 表示工作频率相同的小区，即同频小区。同频小区之间存在信号的相互干扰。显然，同频小区距离越远，干扰越小，这样一来，所需频率资源增加；同频小区距离越近，频率资源需求减少，但干扰增加，因此需要折中考虑。

合理设计天线性能以及选择正确的安装方式，可以抑制同频干扰。

蜂窝移动通信应用初期，通信容量小，系统采用全向天线方案，会产生同频干扰如图 3—45 所示。在第 *i* 个小区周围包含 6 个同频干扰小区。同频干扰电平的比例与发射功率无关，仅取决于小区的半径 *R* 和相距最近的同频小区的中心之间距离 *D* 的函数。增加 *D/R* 的值，相对于小区的覆盖距离，同频小区间的空间隔离就会增加，从而来自同频小区的射频能量减小而使干扰降低。

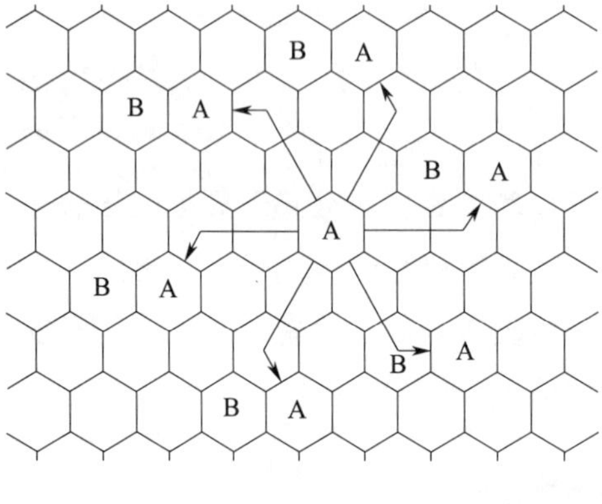

图 3—44　蜂窝频率复用的概念

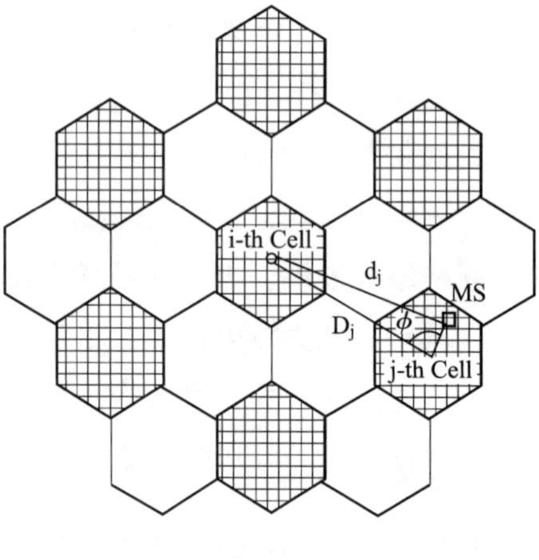

图 3—45　全向天线的同频干扰

为了减小同频小区的射频能量干扰，首先是将全向天线改为定向天线。定向天线的同频干扰如图 3—46 所示。图 3—46 中，每个小区采用 3 幅定向天线，分别覆盖 3 个 120°的扇区。对于第 *i* 个小区朝北的扇区来说，虽然周围仍然存在 6 个同频小区，但是，只有北面上方的 2 个同频小区对其存在同频干扰，因为这 2 个同频小区处于其定向天线主波束之内，而其余 4 个同频小区则处于其定向天线的主波束之外或者主波束的后方。选择具有良好前后比性能的定向天线则可以抑制其余 4 个同频小区带来的同频干扰，于是，干扰源由 6 个减少为 2 个，从这一观点来看，接收到的干扰能量只有全向天线的 1/3，即干扰电平下降了 4. 77 dB，从而改善了载干比。

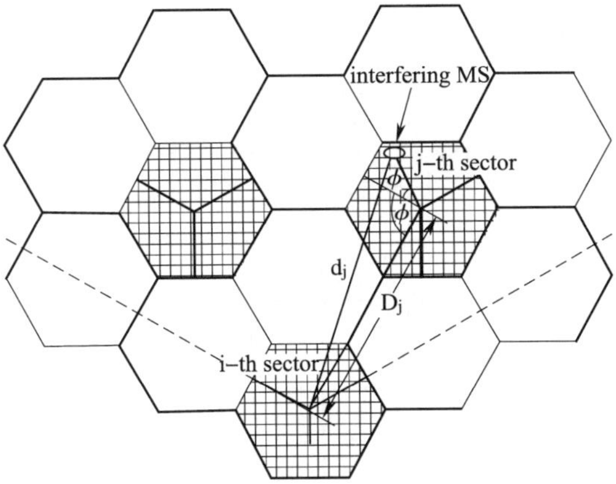

图 3—46　定向天线的同频干扰

定向天线在垂直方向需要合理调整主波束的下倾角度，这样可以更好地抑制同频干扰。下倾角对同频干扰的影响如图 3—47 所示。图 3—47 中，当目标小区的定向天线波束下倾角较小时，对同信道小区将产生大的干扰；反过来，当目标小区的定向天线波束下倾角较大时，主波束不会指向同信道小区，因此干扰减弱。

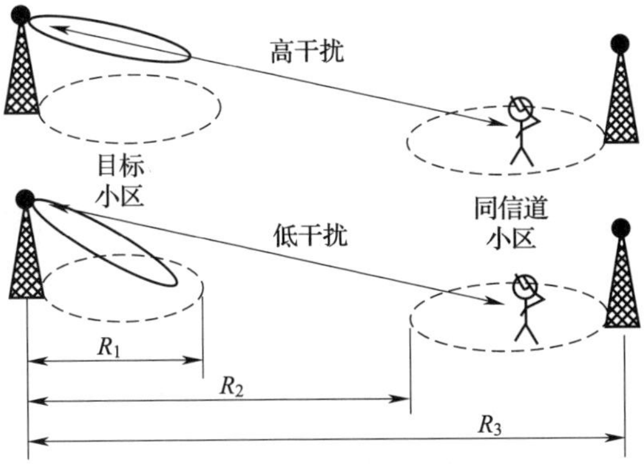

图 3—47　下倾角对同频干扰的影响

波束下倾角的设置还与优化覆盖有关，关于这一点将在下一章节讨论。从图 3—47 可以看出，下倾角越大，干扰越小，但目标小区的覆盖范围也在同步缩小，同时，如果采用的是机械调下倾角的天线，下倾角过大，将导致天线主波束畸变，影响目标小区的覆盖效果。因此需要根据覆盖区的半径 R_1 以及离开同信道小区的距离 R_3 来选择合适增益的天线（垂直面波束宽度不同）以及设置合适天线架设高度，然后才设置正确的下倾角。

在设置下倾角时，应该对基站天线垂直面方向图的波束特性有所了解，天线波束宽度的关系如图 3—48 所示。

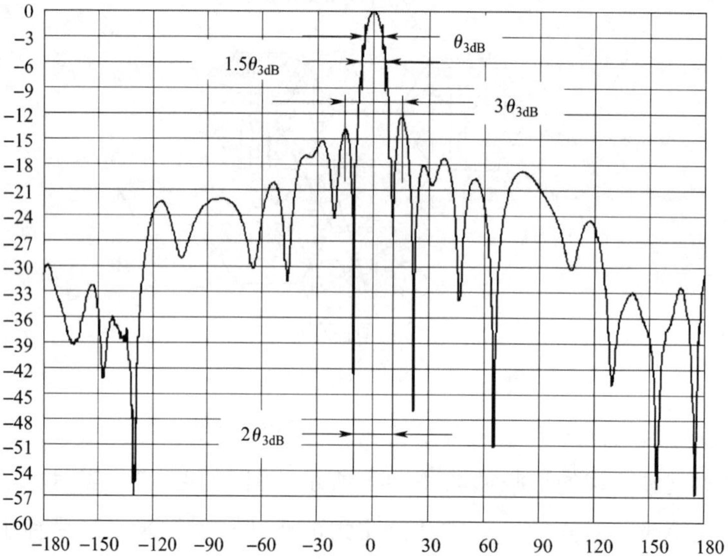

图 3—48 天线波束宽度的关系

为了直观，将垂直面方向图用直角坐标系予以显示。如果已知半功率波束宽度为 θ_{3dB}，则 6 dB 点的波束宽度约为 1.5 θ_{3dB}，主波束两个零点之间的宽度（主瓣宽度）约为 2 θ_{3dB}，而两个第一副瓣之间的宽度至少约为 3 θ_{3dB}。根据这些规律，在调整下倾角时，可以进行简单的估算。比如，希望主波束的上侧零点方向对准同信道小区，则可以求出下倾角为：

$$\theta = \theta_{3dB} + \arctan(H/R_3)$$

其中第一项为波束最大方向与上侧零点之间的夹角，第二项为零点方向与水平线方向的夹角，它通过天线架高 H 除以距离 R_3 求反正切得到。类似地，波束 0 dB 点（最大方向）、3 dB 点、6 dB 点、上侧第一副瓣点方向对准同信道小区或者目标小区边缘 R1 处的下倾角都可以求出，它们各有不同的参考意义。

另外，从实际应用来看，0°~3°下倾天线常用于话务量小、空旷的地区，如公路沿线、郊区等覆盖，架设高度较低，采用高增益天线以增加覆盖距离；4°~7°下倾天线常用于话务量偏小、但易受干扰的地区，如郊区、学校等覆盖，架设高度较低；8°～15°下倾天线常用于话务量中等的地区，如居民区、街道等覆盖，通常采用中等增益天线，架设高度较高；15°以上的下倾天线谨慎使用，主要解决话务量大、干扰严重、建筑物高的地区，如繁华商业区、高层住宅区等覆盖，通常采用中等增益天线，架设高度高。过大的下倾角容易使方位覆盖波束畸变，且在繁华商业区基站密集，上侧第一副瓣容易干扰同频小区，因此需要做副瓣抑制。垂直波束下倾角的设置如图3—49所示。

3.4.3 优化覆盖与波束赋形

服务区内的覆盖涉及天线的水平面方向图（方位覆盖）和垂直面方向图（距离覆盖）特性。

对于方位覆盖，观察采用3扇区的天线，每个扇区的天线在方位上完成120°的覆盖，如图3—50所示。每个扇区的天线在最大辐射方向偏离±60°时到达覆盖边缘，需要切换到相邻扇区工作。在±60°的切换角域，方向图电平应该有一个合理的下降。电平下降太多时，在切换角域附近容易引起覆盖盲区掉话；电平下降太少时，在切换角域附近覆盖产生重叠，导致相邻扇区干扰增加而使接收误码率上升。理论仿真和实际应用结果表明：在密集建筑的城区，由于多径反射严重，为了减小相邻扇区之间的相互干扰，在±60°的电平下降至－10 dB左右为好；而在空旷的郊区，由于多径反射少，为了确保覆盖良好，在±60°的电平下降至–6 dB左右为好。

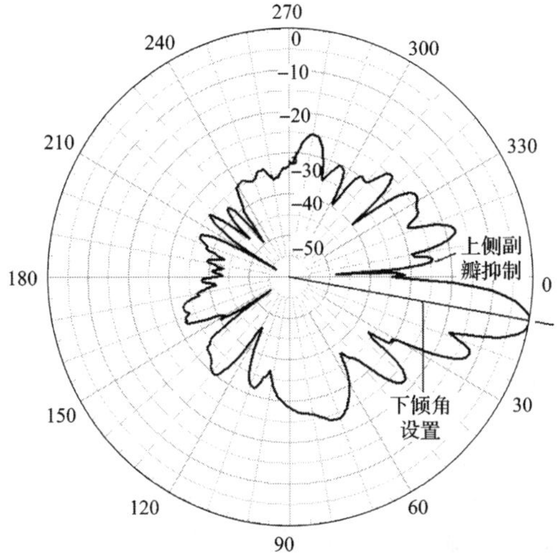

图3—49　垂直波束下倾角的设置

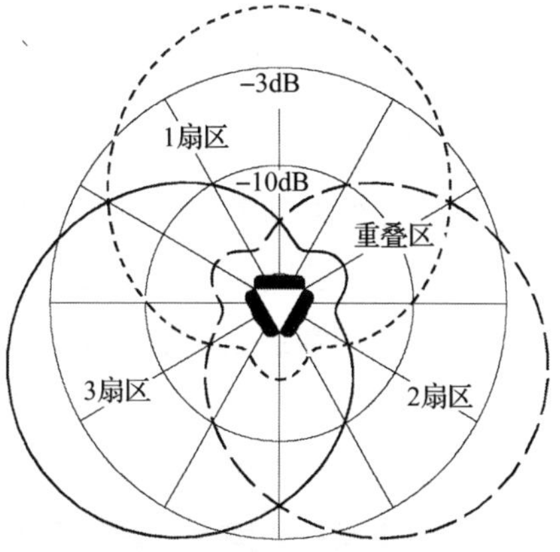

图3—50　三扇区方位覆盖方案

由于衡量天线波束宽度的指标为半功率宽度，根据天线原理以及设计经验可以知道，在 ±60°的电平下降至 −10 dB 时，该天线的半功率宽度约为 65°；而在 ±60°的电平下降至 −6 dB 时半功率宽度约为 90°。两种天线波束宽度比较如图 3—51 所示。由此可以看出，为了获得良好的方位覆盖效果，在城区宜选用半功率宽度为 65°的天线，并采用极化分集形式以获得良好的分集效果；在郊区宜选用半功率宽度为 90°的天线，并采用空间分集形式以获得良好的分集效果。

垂直面方向图波束赋形设计如图 3—52 所示。波束应该适当下倾，下倾角度最好使得最大辐射指向图 3—47 中目标服务区的边缘 R1，如此，随着服务区内的距离增加，天线方向图强度同步增加以弥补空间损耗的增加，使得服务区内信号覆盖电平尽量均匀。同时，最佳下倾角的设置还应该兼顾上述同频干扰的问题。

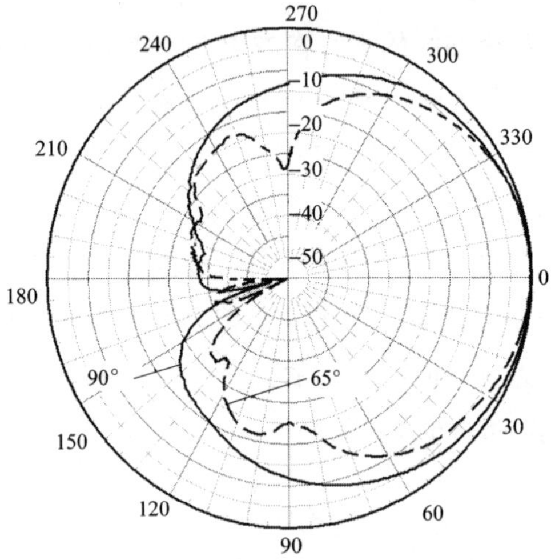

图 3—51　65°与 90°天线波束宽度比较

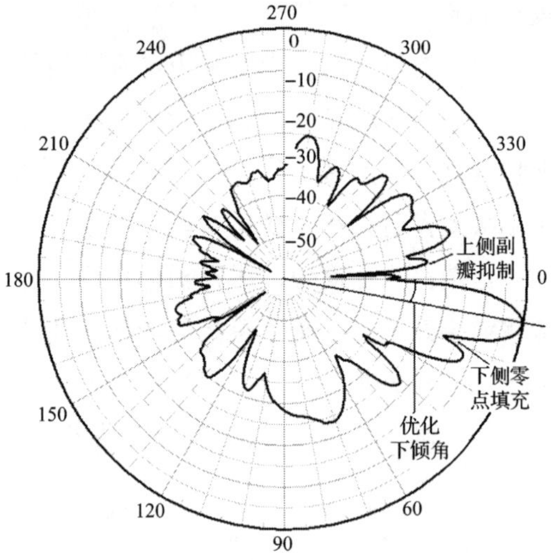

图 3—52　垂直面方向图波束赋形设计

在兼顾同频干扰和最佳覆盖时，图 3—52 的垂直面方向图应该做波束赋形。通过优化设计对上侧的副瓣电平进行抑制，以降低同频干扰，同时对下侧的方向图零点做填充，避免在服务区内出现覆盖盲点。对于高增益天线，方向图主波束电平下降斜率陡峭，且方向图零点出现的角度小，为了尽可能做到均匀覆盖，零点填充尤为必要。波束赋形的实现需要通过优化调整各个辐射单元的馈电幅度分布和相位分布来实现，其中，相位分布的调整更为重要，或者说，仅调整相位分布也可以实现波束赋形。

在做波束赋形的同时，波束下倾可以采用机械下倾，也可以采用电调下倾，两者各有优缺点。

阵列天线波束连续电调扫描原理如图3—53所示。

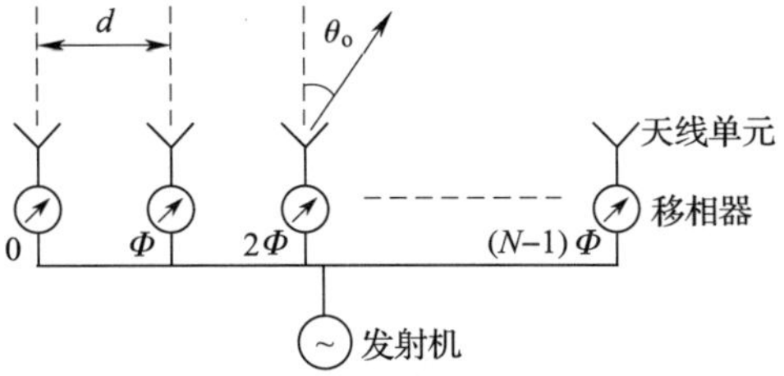

图3—53 阵列天线波束连续电调扫描原理

对于间隔排列为 d 的 N 单元阵列，当相邻单元的相位呈等相均匀分布时，天线最大波束形成于法向正前方。当相邻单元的依次相差相位 Φ 时，最大波束形成于 θ_0 空间方向，由下式决定：

$$\Phi = \frac{2\pi}{\lambda} d\sin\theta_0$$

设计一个可连续改变相位的移相器装置，可以得到不同的相位 Φ，从而实现指向 θ_0 方向的波束扫描。

垂直面方向图波束下倾无论采用机械方式还是电调方式，从水平面来看，随着下倾角度的增加，在原来的波束正前方，信号电平采取同样的方式下降，仿真结果分别如图3—54和图3—55所示。

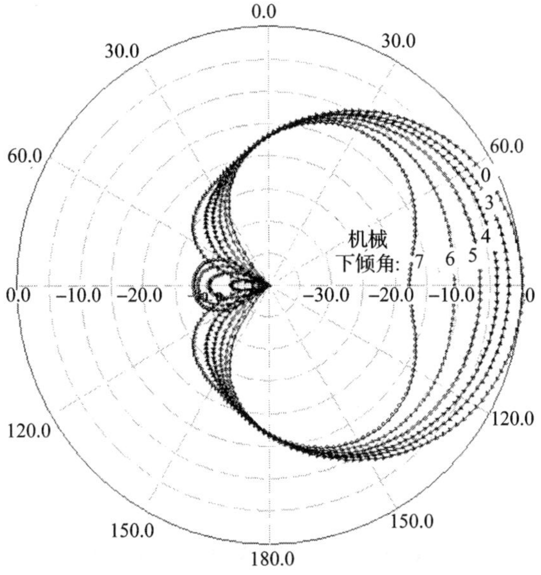

图3—54 18 dBi天线波束机械下倾时方位方向图的变化

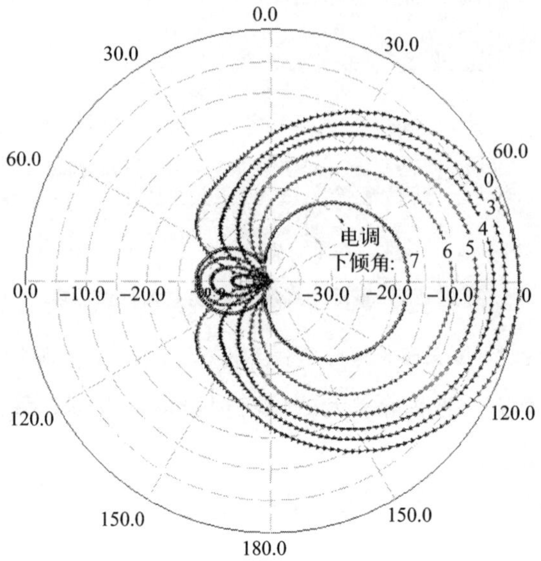

图 3—55　18 dBi 天线波束电调下倾时方位方向图的变化

二者的差别在于：随着下倾角的增大，方位角偏离 ±60°两侧方向的场强下降方式不同。电调方式的电平同步下降，因此距离覆盖范围虽然变小，但覆盖角域不变。而机械方式的电平没有同步下降，其边缘覆盖角域电平相对增强，造成对相邻扇区的干扰。

观察图 3—54 和图 3—55 中 18 dBi 的高增益天线，实际使用时的下倾角在 0° ~3°之内，因此波束畸变都不明显，特殊情况下，下倾角超过 5°时，采用电调为好。对于 15 dBi 的中等增益天线，情况类似：此时图 3—54 和图 3—55 中的曲线特性保持不变，只不过相对应的下倾角加大了一倍，分别更改标记为 0°、6°、8°、10°、12°、14°，而实际使用时的下倾角在 0° ~6°，同样波束畸变不明显，特殊情况下，下倾角在 10°以上时，也是采用电调为好。

所以，下倾角不是很大时，可以采用机械方式，其结构简单，可靠性和增益更高，性价比也高。下倾角过大或者需要对复杂区域进行连续的网络调整优化时，建议采用电调方式。

3.4.4　智能天线技术

智能天线的概念如图 3—56 所示。智能天线系统以阵列天线和实时自适应信号处理算法为基础，能够从多个路径信号和干扰信号中把有用信号区分出来，自动产生多个窄波束方向图，把主瓣指向不同的移动台用户，并自动地抑制干扰方向的副瓣电平。智能天线所具有的这种精确跟踪能力和干扰抑制能力可以使在同一个小区内的几个用户使用相同的信道，从而提高了系统容量，达到空分多址（SDMA）的目的。

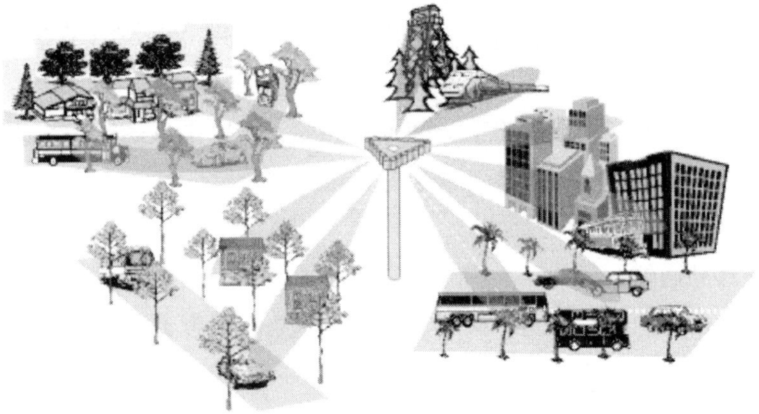

图 3—56　智能天线的概念

近年来，现代数字信号处理技术发展迅速，数字信号处理芯片处理能力不断提高，芯片价格已经可以被现代通信系统所接受。同时，利用数字技术在基带形成天线波束成为可能，以此代替模拟电路形成天线波束的方法，提高了天线系统的可靠性与灵活程度，智能天线技术因此开始在移动通信中得到应用。另一方面移动通信用户数增加迅速，人们对移动通话质量的要求也不断提高，这要求蜂窝小区在大容量下仍有高的话音质量。使用智能天线可以在不显著增加系统复杂度的情况下满足服务质量和扩充容量的需要。不同于常规的扇区天线和天线分集方法，通过在基站使用全向收发智能天线，可以为每个用户提供一个窄的定向波束，使信号在有限的方向区域发送和接收，充分利用了信号发射功率，降低了信号全向发射带来的电磁污染与相互干扰。不同于传统的时分多址（TDMA）、频分多址（FDMA）或码分多址（CDMA）方式，智能天线引入了第四维多址方式——空分多址（SDMA）方式。在相同时隙、相同频率或相同地址码的情况下，用户仍可以根据信号不同的空间传播路径而区分。

智能天线相当于空时滤波器，在多个指向不同用户的并行天线波束的控制下，可以显著降低用户信号彼此间的干扰。具体而言，智能天线将在以下方面提高了移动通信系统的性能：扩大系统的覆盖区域；增加系统容量；提高频谱利用效率；降低基站发射功率，节省系统成本，减少信号间干扰与电磁环境污染。

智能天线在移动通信中的用途主要包括抗衰落、抗干扰、增加系统容量以及实现移动台的定位。

1．抗衰落

采用智能天线控制接收方向，天线自适应地构成波束的方向性，使得延迟波方向的增益最小，减少信号衰落的影响。智能天线还可以用于分集，减少衰落。

2．抗干扰

高增益、窄波束智能天线阵用于 WCDMA 基站，可减少移动台对基站的干扰，改善系统性能。抗干扰应用实质是空间域滤波。

3．增加系统容量

为了满足移动通信业务的巨大需求，应尽量扩大现有基站容量和覆盖范围。要尽量减少新建网络所需的基站数量，必须通过各种方式提高频谱利用效率。方法之一是采用智能天线技术，用多波束板状天线代替普通天线。

4．实现移动台定位

目前蜂窝移动通信系统只能确定移动台所处的小区。如果基站采用智能天线阵，一旦收到信号，即对每个天线元所连接收机产生的响应做相应处理，获得该信号的空间特征矢量及矩阵，由此获得信号的功率估值和到达方向，即用户终端的方位。

3.5　基站天馈系统及其维护与故障判断

3.5.1　基站天馈系统

天馈系统是无线网络规划和优化中关键的一环，包含天线和与之相连传输信号的馈线和无源器件等。

1．馈线的种类和基站天馈系统结构

馈线是通信用的电缆，一般用于连接基站设备和天线。人们常用的馈线一般分为 1/2′普馈、1/2′超柔、7/8′、13/8′和泄漏电缆 13/8′、5/4′。各类馈线如图 3—57 所示。

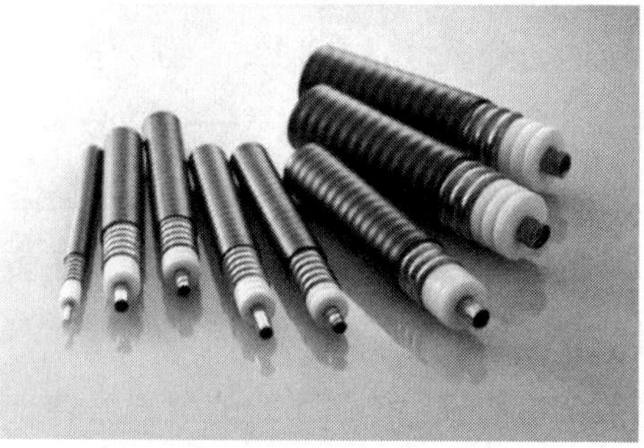

图 3—57　馈线

1/2′、7/8′等代表的是馈线的直径，单位是英寸。各类馈线由于损耗、粗细、软硬程度等特性不同，分别有各自的使用环境。1/2′由于较细且相对柔软，传输损耗较大，主要用作室内分布和宏站的天馈跳线部分，个别情况用作建筑结构复杂区域过弯。7/8 自身直径较粗且传输损耗较小，一般用于宏站天馈主干；13/8 和 5/4 是泄漏电缆，传输损耗最小，一般在隧道中使用较多。其中 1/2′馈线结构如图 3—58 所示。

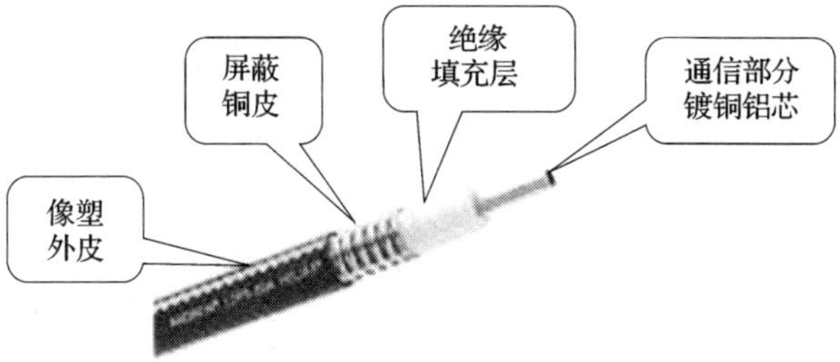

图 3—58　1/2′馈线结构

在常见的馈线类型中，1/2′馈线损耗 >7/8′ >5/4′ >13/8′。基站柜顶出来的馈线一般是使用 1/2′馈线，方便在机房内部施工；而到了室外，上塔的时候，由于塔高一般都在 40 m 左右，考虑到馈线损耗，会采用 7/8′馈线，中间安装一个转接头。

从基站天线口用 1/2′软跳线连接，再从 7/8′硬馈线转换成软跳线连接到天线。在这里，软跳线主要用于连接，而硬馈线的损耗较小，主要用于信号传输。室外馈线及接头处要接地。也可采用塔顶放大器放大上行信号，以提高基站的接收灵敏度。GSM/CDMA 基站天馈系统如图 3—59 所示。GSM/CDMA 基站天馈系统中各主要部件的作用见表 3—9。

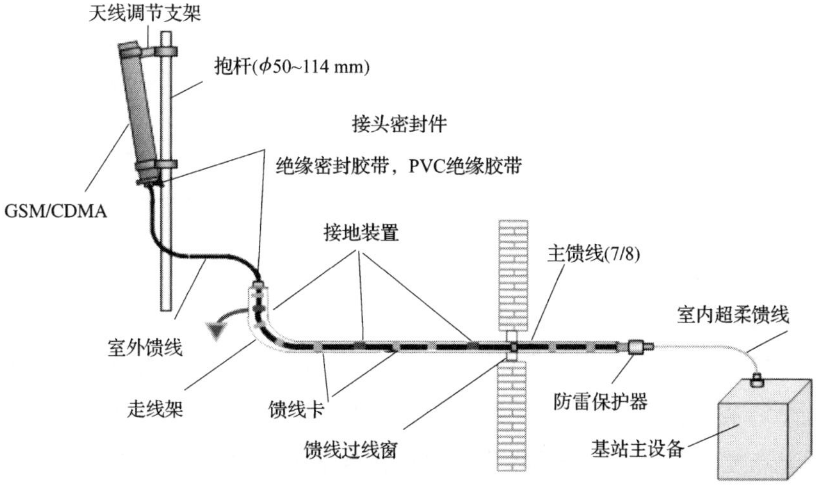

图 3—59　CSM/CDMA 基站天馈系统

表 3—9　　GSM/CDMA 基站天馈系统中各主要部件的作用

名称	作用
天线调节支架	用于调整天线的俯仰角度，范围为：0°~15°
室外跳线	用于天线与 7/8′主馈线之间的连接。常用的跳线采用 1/2′馈线，长度一般为 3 m
接头密封件	用于室外跳线两端接头（与天线和主馈线相接）的密封。常用的材料有绝缘防水胶带（3M2228）和 PVC 绝缘胶带（3M33 +）
接地装置（7/8′馈线接地件）	主要是用来防雷和泄流，安装时与主馈线的外导体直接连接在一起。一般每根馈线装三套，分别装在馈线的上、中、下部位，接地点方向必须顺着电流方向
7/8′馈线卡子	用于固定主馈线，在垂直方向，每间隔 1.5 m 装 1 个，水平方向每间隔 1 m 安装 1 个（在室内的主馈线部分，不需要安装卡子，一般用尼龙白扎带捆扎固定）。常用的 7/8′卡子有两种：双联和三联。7/8′双联卡子可固定两根馈线；三联卡子可固定三根馈线。走线架用于布放主馈线、传输线、电源线及安装馈线卡子
馈线过窗器	主要用来穿过各类线缆，并可用来防止雨水、鸟类、鼠类及灰尘的进入
防雷保护器（避雷器）	主要用来防雷和泄流，装在主馈线与室内超柔跳线之间，其接地线穿过过线窗引出室外，与塔体相连或直接接入地网
室内超柔跳线	用于主馈线（经避雷器）与基站主设备之间的连接，常用的跳线采用 1/2′超柔馈线，长度一般为 2~3 m。由于各公司基站主设备的接口及接口位置有所不同，因此室内超柔跳线与主设备连接的接头规格也有所不同，常用的接头有 7/16DIN 型、N 型。有直头、也有弯头
尼龙黑扎带	主要有两个作用：安装主馈线时，临时捆扎固定主馈线，待馈线卡子装好后，再将尼龙扎带剪断去掉；在主馈线的拐弯处，由于不便使用馈线卡子，故用尼龙扎带固定。室外跳线也用尼龙黑扎带捆扎固定
尼龙白扎带	用于捆扎固定室内部分的主馈线及室内超柔跳线

2. 天馈线的布放

天馈线布放时，应遵守如下原则：

（1）布放馈线时路由应符合设计要求，馈线从塔顶应顺护栏边梯而下，走向合理，平滑、顺直，不得有交叉、扭曲、损坏等情况发生；水平布放时相邻馈线卡不大于 1.5 m；垂直布放时相邻馈线卡不大于 1 m；各类常用馈线布放要求见表 3—10，在接口处两端，至少要保证 20 cm 以上笔直，馈线卡子也必须远离接口处 20 cm 以上。

表 3—10　　常用馈线布放要求　　m

馈线类型	1/2′馈线	7/8′馈线	5/8′馈线
馈线水平布放时	1.0	1.5	2.0
馈线垂直布放时	0.8	1.0	1.5

（2）馈线的弯曲半径应符合设计要求（大于 90°）。

（3）馈线进室前的入口应安装防水板，套好防水圈，做好防水处理，并且穿过进户板时要有回水弯，防止雨水沿着馈线渗入机房，回水弯的切角大于 90°。馈线回水弯如图 3—60 所示。

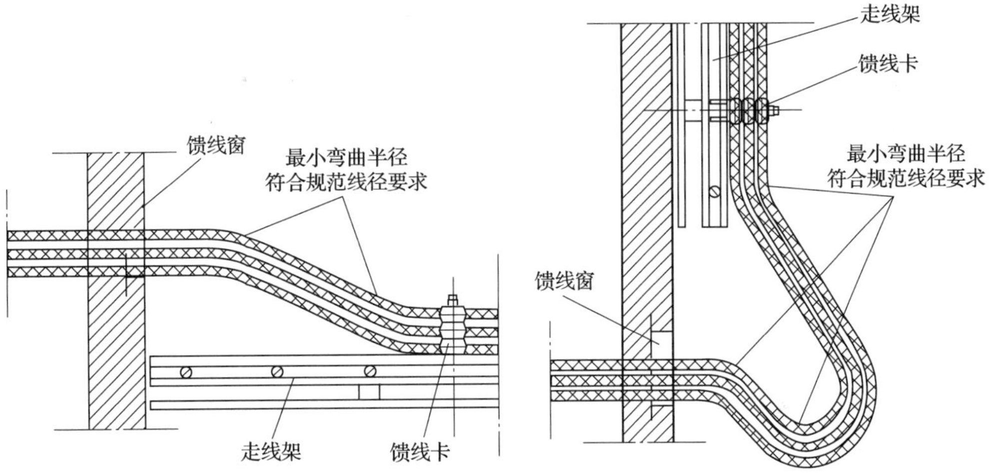

图 3—60　馈线回水弯

（4）馈线两头应有标志，具有永久性，字迹清楚端正，注明馈线的收发及所属小区和编号。并应标明馈线长度，长度偏差不超过 1 m。馈线标签如图 3—61 所示。

（5）馈线、小跳线不得交叉、扭曲；接头处保持 15 cm 无弯曲。

（6）馈线窗至塔身的走线架安装时，应保持馈线窗处略高于与铁塔固定处。馈线窗位置如图 3—62 所示。

（7）室外 1/2′馈线与 7/8′馈线的连接头要牢固，且应用防水胶带和防水胶泥密封 3 次。

（8）天线小跳线应在两端接头处拧紧后做防水处理，先绕一层窄胶带，再缠胶泥，最外层绕三层防水胶带，每圈压 1/2，由下向上缠绕，缠绕方向应顺着天线与跳线接头拧紧的方向。

图 3—61　馈线标签

图 3—62　馈线窗位置

（9）小跳线应固定在抱杆上，扎带不应过分扎紧。

（10）室内 1/2′馈线平直、整齐、美观，标签齐全。馈线布放如图 3—63 所示。

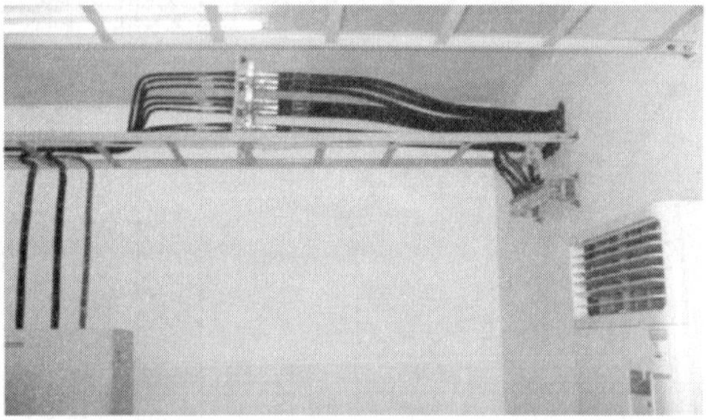

图 3—63　1/2′馈线布放

（11）馈线接地：塔高 65 m 以内的馈线应三点接地，第一点应在天线跳线接头下方 1.5 m 处左右，第二点在馈线中（离开塔前 1 m），第三点在馈线进入馈线窗前。接地线走向顺着馈线方向，在塔上接地时应垂直向下，接在塔体上，最后一次接地线接在室外接地铜排上。塔高 90 m 以内的馈线还要增加一处接地。90 m 以上馈线应为 5 次接地。馈线接地的要求是：用馈线割刀除去馈线绝缘外皮，注意馈线外皮去除尺寸要适当。接地箍应牢固连接到馈线外导体上，先用胶带包扎一层，第二层用防水胶泥，第三层用防水胶带，由下而上顺缠绕三层，每圈重复 1/2。

3．馈线接头和转接头

馈线接头又叫连接器（俗称接头）：馈线与设备以及不同类型线缆之间一般采用可拆卸的射频连接器进行连接。作用是当馈线不够长时，需要延长馈线或者馈线要连接设备时，都需要接头的转换。

转接头又叫转接器：在通信传输系统中用于连接器与连接器之间的连接，对连接器起转接作用。

相关链接

公头连接器和母头连接器的区别

一般，公头连接器都是采用内螺纹连接，而母头连接器是采用外螺纹连接器，但有少数连接器相反，叫反连接器；还有一种简单区别的方法，公头连接器中间有根针，外围是活动的；母头连接器中间是环管，外围有螺纹不能活动。

（1）连接器命名方式

N型连接器

型号命名方式

```
N-XX
| ||
| |└------ 电缆尺寸，“S”表示超柔，省略“S”表示普通
| └------- 连接器接口“K”为母头(F，阴头)；“J”为公头(M，阳头)，加“W”表示弯式连接器
└--------- 同轴连接器连接器样式“N”为N型
```

例如：N–J7/8 表示N型7/8公头连接器

7/16(Din、L29)型连接器

型号命名方式

```
7/16-XX
|    ||
|    |└------ 电缆尺寸，“S”表示超柔，省略“S”表示普通
|    └------- 连接器接口“K”为母头(F，阴头)；“J”为公头(M，阳头)，加“W”表示弯式连接器
└------------ 同轴连接器连接器样式为7/16(Din，L29)型
```

例如：7/16–J7/8 表示7/16型7/8公头连接器

（2）DIN 型连接器和 N 型连接器一般使用范围。DIN 型连接器适用的频率范围为 0～11 GHz，一般用于宏基站射频输出口。N 型连接器适用的频率范围为 0～11 GHz，用于中小功率的具有螺纹连接机构的同轴电缆连接器，这是室内分布中应用最为广泛的一种连接器，具备良好的力学性能，可以配合大部分的馈线使用。一般设备都是 N

型母头，DIN 头常见于基站类设备；DIN 头是用来接基站的，耦合基站的时候用，而 N 头是室分的。

一般来说，在连接两根馈线时，就要用母头，此时母头不连接器件；一般器件自带的机头都是母头，馈线是公头，馈线接公头后直接就能接器件；直角弯头其实就是把公头的头部弯了 90°便于施工，也比较美观。常用连接器及转接器如图 3—64 所示。

1/2N型K头(母头)

1/2N型J头(公头)

7/16F–NM(母头)

7/16M–NM(公头)

AD–NM/NM

AD–NF/NF，连接器与1/2连接器之间的转换

AD–NM/NF，90° 弯曲的时候用于转换

图 3—64　常用连接器及转接器

3.5.2　基站天馈线的维护与故障判断

1．天线基础数据

天线基础数据是网络优化的依据，测量和记录时必须保证其准确性。天线方位角

的允许偏差为 ±5°，天线俯仰角允许偏差为 ±1°。全向天线水平间距必须大于3 m。所有天线对地最低距离必须大于4 m。

维护步骤：巡视员在塔底进行天线水平方位角的测量和安装平台的观测。检测员在塔顶进行天线极性观测，并测量每一扇区的俯仰角，记录天线型号和工作频段。在塔顶由两位检测员合作进行天线水平间隔和垂直间隔的测量，与巡视员合作测量天线对地高度。测量结果需与原始数据进行核对，如偏差超过标准，需与优化工程师进一步进行校对，并根据其要求进行相关调整。

2. 天线硬件的检查处理

保证天线设备与天线支架的可靠连接、外观整洁和完好，保证天线设备与主馈线的可靠连接。天线硬件检查内容如图3—65所示。

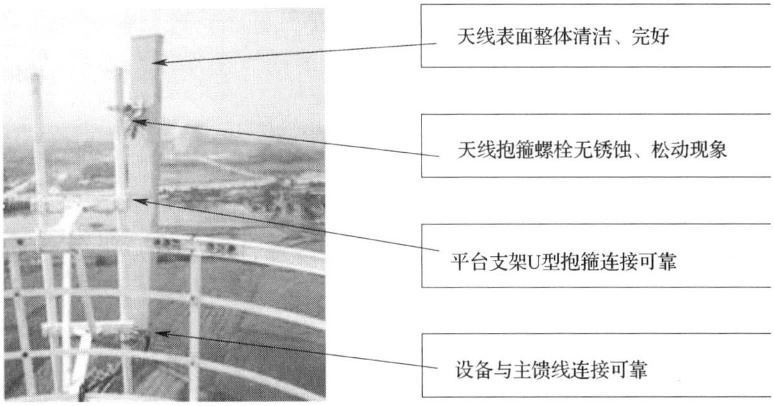

图3—65 天线硬件检查内容

维护步骤：检测员攀爬至天线平台后扣紧保险带，逐项对每一扇区的天线表面、支架和馈线的连接情况进行检查和处理，如发现异常且无法修复的情况，需立即向上级汇报以做进一步的处理。

3. 馈线的检查处理

同轴电缆是连接基站主设备和天线物理信号通路。电缆挤压、扭曲、变形或破损进水导致无法正常的传输信号引起信号衰减导致弱覆盖，严重的导致信号中断，无法正常通信。

维护步骤：检测员应对馈线全程进行检查，如发现问题（见图3—66）及时更换。

4. 馈线进水问题

馈线进水造成馈线系统出现驻波比告警，基站经常退出服务，影响该地区覆盖。馈线进水问题的出现，既有自然的因素，也有人为的因素。

发现问题

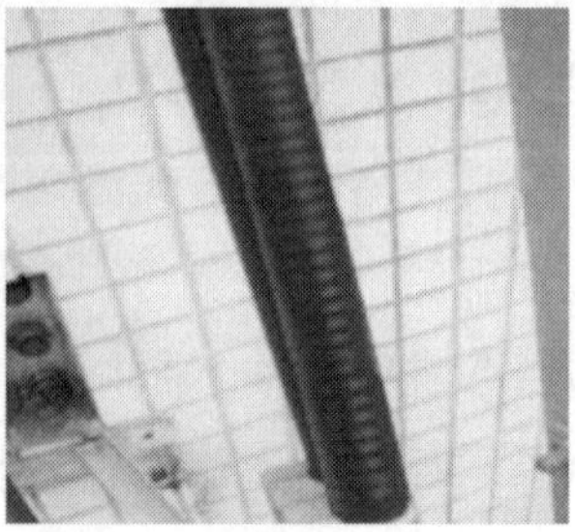
及时更换

图 3—66　问题馈线

自然的因素是由于馈线本身进水。主要原因是馈线长期受雨水侵蚀，造成馈线外皮老化，雨水渗透到馈线内。如果天线安装好以后，没有按照要求进行驻波比测试，以致晴天时没有驻波比告警，下雨时天馈线系统就有驻波比告警。

人为造成天馈线进水的情况更多，主要包括馈线接地处没有密封好，安装时划伤馈线，馈线和软跳线接头没有密封好等。

5．天馈安装问题

天馈线在安装过程中，由于安装人员疏忽，造成天馈线短路和馈线接头有灰尘、污垢，以及天馈线接头密封处老化断裂等天馈线故障，往往比较难于查找。有些天馈线安装完毕后，虽然测试指标达到要求，但由于馈线尾巴绑扎不牢，久经风吹雨打，造成密封处断裂，致使基站出现故障。

6．基站天馈线的保养

（1）注意对天线器件除尘。高架在室外的天线、馈线由于长期受日晒、风吹、雨淋，粘上了各种灰尘、污垢，这些灰尘、污垢在晴天时的电阻很大，而到了阴雨或潮湿天气就吸收水分，与天线连接形成一个导电系统，在灰尘与芯线、芯线与芯线之间形成了电容回路，一部分高频信号就被短路掉，使天线接收灵敏度降低，发射天线驻波比告警。这样的话，影响了基站的覆盖范围，严重时导致基站 Disable。所以，应在每年汛期来临之前，用中性洗涤剂给天馈线器件除尘。

（2）组合部位紧固。天线受风吹及人为的碰撞等外力影响，天线组合器件和馈线连接处往往会松动而造成接触不良，甚至断裂，造成天馈线进水和沾染灰尘，致使传输损耗增加，灵敏度降低，所以天线除尘后，应对天线组合部位松动之处，先用细砂纸除污、除锈，然后用防水胶带紧固牢靠。

（3）校正固定天线方位。天线的方向和位置必须保持准确、稳定。天线受风力和外力影响，天线的方向和仰角会发生变化，这样会造成天线与天线之间的干扰，影响基站的覆盖。因此，对天馈线检修保养后，要进行天线场强、发射功率、接收灵敏度和驻波比测试调整。

7. 天线常见故障问题判断

(1) 显性故障。网络中的天线设备故障，有些会触发相关告警，可称为显性故障。

天线一般常见的显性故障问题发生在电缆、跳线、接头和天线上。直接通过驻波比测试仪器故障定位大致判断出故障位置进行进一步检查，或采用分段测试方法，找到具体故障点进行相应的更换就可以解决。

举例：基站驻波告警原因分析。

外接天馈设备的驻波比升高，会造成基站的告警。检查时可查看以下几个方面：

1) 天线与馈线的接头处是否密封好，有无进水现象。

2) 可检查馈线是否有损伤及扭曲。

3) 测试天线、馈线的驻波是否正常。

(2) 隐性故障。部分设备故障会影响网络正常运行，但却不会直接触发告警，这类故障称为隐性故障。

天线隐性故障造成的影响主要有：上行干扰、掉话率高、覆盖范围缩小，对相邻小区干扰出现越区覆盖。

举例1：

基站工作一段时间后，覆盖范围为什么会逐渐缩小?

基站工作一段时间后其覆盖范围会逐渐缩小的原因主要有以下几方面：

1) 由于天线安装时候施工质量不到位引起天线硬件设备出现隐性故障。

2) 由于天线架设在高空，长期的风雨等气候因素可能会造成天线的支架变形，影响到天线原先设计的方位角及俯仰角度，造成其覆盖范围缩小或部分地区覆盖不好。

3) 由于天线及馈线长期暴露在外，雨雪等天气可会造成其接口处的受潮，甚至在跳线和天线、馈线和跳线的接口处聚集冷凝水，使整个天馈系统驻波升高，引起功率损失，使基站覆盖范围缩小。

4) 在一些建设较快的地区，由于周围新建建筑物的阻挡，会影响原来设计的覆盖效果，造成覆盖范围缩小。

举例2：

雨雪天气通信效果不佳是否是天线的问题?

电磁波在不同媒质传播其损耗也有所不同。一般来说雨雪天气较晴朗天气的散射损耗和吸收衰减增大。因此，会影响接收电平，使通信区域变小，效果变差。随着天气转好，通信恢复正常，则说明天线系统无问题。但如果天气晴朗后，通信效果仍不好，则应由专业人员检查该系统是否存在故障。

3.6　通信铁塔及其维护

3.6.1　通信铁塔概述

通信铁塔一般由铁塔基础、钢结构主体、维护平台、天线支架、爬梯、馈线桥架、避雷针、接地系统、航空障碍灯及其他附属设施组成。通信铁塔构件的连接方式有螺栓连接、套接、电焊连接等。钢结构连接用螺栓性能等级分 3.6、4.6、4.8、5.6、6.8、8.8、9.8、10.9、12.9 等，其中 8.8 级及以上螺栓材质为低碳合金钢或中碳钢并经热处理（淬火、回火），通称为高强度螺栓，其余通称为普通螺栓。螺栓性能等级标号由两部分数字组成，分别表示螺栓材料的公称抗拉强度值和屈强比值。例如，性能等级 4.6 级的螺栓，其含义是：螺栓材质公称抗拉强度达 400 MPa 级；螺栓材质的屈强比值为 0.6；螺栓材质的公称屈服强度达 400 ×0.6 =240 MPa 级。性能等级 10.9 级高强度螺栓，其材料经过热处理后，能达到：螺栓材质公称抗拉强度达1000 MPa级；螺栓材质的屈强比值为 0.9；螺栓材质的公称屈服强度达 1000 ×0.9 =900 MPa级。基站铁塔的选型应综合考虑使用要求、周围环境和景观、建筑物的承载能力及工程造价等因素。

3.6.2　通信铁塔分类

基站铁塔根据铁塔外形可分为自立角钢塔、单管塔、三角拉线塔等，如图 3—67 所示，根据安装位置可分为地面和楼顶两种。

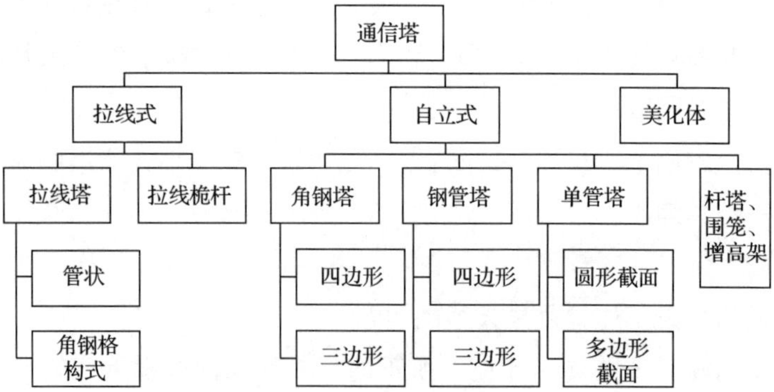

图 3—67　通信铁塔的分类

1. 拉线塔

拉线塔如图3—68所示，在通信塔中应用很多。拉线塔分钢结构制作和玻璃钢制作的。优点是用钢量小，安装搬运快捷方便，对基础要求低，造价较低，适合城市中屋顶和有一定空间的山顶架设基站。但占地面积大，拉点施工要求高，租用房屋业主很难沟通，且拉线塔易受外力破坏，一旦拉线受损或地锚处水土流失，地锚失去作用即造成倒塔，所以维护工作特别重要。

图3—68 拉线塔

2. 角钢塔

四边形角钢塔如图3—69所示，曾经是国内最常用的形式，主材是由角钢构成的格构式结构。优点是构造简单，加工质量容易控制，运输、安装方便，其外形坚实稳固，建设成本较低。缺点是钢材耗用量较大，占地也较大，计算体形系数较大，有最大构件限制（最大角钢为L200X24）。检查、维护重点是基础、垂直度、螺栓紧固。

三边形角钢塔是近几年常用的形式，国外采用的较多，如图3—70所示。三边形角钢塔的主材是由角钢构成的格构式结构。优点是构造简单，加工质量容易控制，运输、安装方便，建设成本较低，占地面积较小。缺点是横杆节点板受力不好，整体结构抗扭较差，计算体形系数较大，有最大构件限制（最大角钢为L200X24）。三角塔根开小，塔高不宜大于45 m，基本风压大于0.40 kPa的地区塔高不宜大于40 m，基本风压大于0.50 kPa的地区塔高不宜大于35 m，基本风压大于0.60 kPa及近海地面粗糙度类别为A类的地区，塔高不宜大于30 m。

图3—69　四角塔

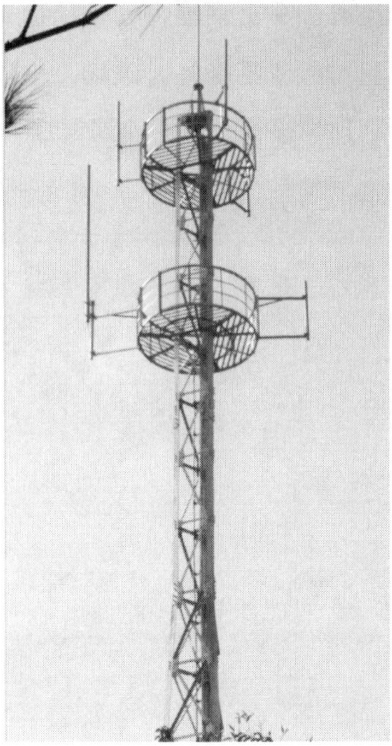

图3—70　三角塔

3. 钢管塔

四边形钢管塔在电视塔中常用，如图3—71所示，主材是由钢管构成的格构式结构。同等设计条件下，稳固性高，具有高抗风、抗震能力，因其根开可以做得小，适用于狭窄场地或距建筑物较近的情况，但造价高于角钢塔。检查、维护重点是基础、法兰螺栓紧固、法兰贴合率、垂直度等。四管塔分变坡和不变坡两种。

图3—71　四管塔

三管塔的优点是构造简单，塔身附加构件少，受风荷载计算时体形系数小。三管塔对角钢塔的优势在总造价对比上，高度越小其优势越明显，且运输、安装方便。缺点是钢材耗用量较大，钢管单价比角钢高。加工精度要求较高。结构抗扭较差，塔身自振周期较大，风载作用下位移较大，不适合放在微波和在高风压地区需要较高的铁塔的基站。三管塔适合在风压不大、高度不大、负载较小的情况下时采用。

4. 单管塔

单管塔在国外广泛采用，是一种实用新颖铁塔，如图3—72所示，以外表美观，占地面积小，性价比高，而被广大建设单位采用。其优点是塔体采用较合理的节段，通过高强度螺栓连接，使安装方便、快捷，并能适应多种野外较复杂场地的安装。内置式爬梯与布线方式既能给操作人员提供方便、安全的操作环境，又能使馈线避免日晒雨淋，大大延长了馈线的使用寿命，并且塔体重心不会因安装馈线而偏移。塔体底部采用双层螺母固定，该结构可对塔体垂直度进行微调，更有效地确保了安装精度。缺点是安装位置要求高，搬运条件限制较高，对基础的要求高，塔身位移大，不适合做微波塔。检查、维护重点是基础、法兰螺栓紧固、法兰贴合率、垂直度。

图3—72　单管塔

5. 仿生塔

仿生塔（见图3—73）是让通信铁塔与周围环境相协调，很好地解决了在景区和公园建站的环境不匹配问题，该产品的树皮以合成树脂为黏结剂，辅以化工原料形成可塑性物质。优点是造型与环境匹配，受业主欢迎，美观大方；占地面积小。缺点是风载较大，导致成本较高。

6. 一体化基站

传统型一体化基站（见图3—74）优点是可快速灵活建站：现场8 h内即可安装完成；无须开挖基础：自重抗倾覆，无须拉线和开挖基础，极大缩短建站周期；机房一体化设计：房塔一体，结构紧凑合理，节省用地；可重复利用：在几乎不增加成本的情况下，该产品可反复拆迁、搬运和使用，大大降低客户的整体运营成本；满足环保

图 3—73　仿生塔

要求：无须开挖基础，减少资源浪费，避免环境污染；基站整体搬迁，最大程度减少环境永久破坏；建站成本低廉：仅为同等高度永久性基站成本 80% 以下（含勘查、设计、基础、围墙、机房和铁塔等项目）。缺点是高度不能超过 35 m；安装位置要求高，要能够满足吊机安装要求。

图 3—74　一体化基站

7．组装式一体化基站

组装式一体化基站（见图 3—75）优点是快速灵活建站，现场 8h 内即可安装完成；无须开挖基础：自重抗倾覆，无须拉线和开挖基础，极大缩短建站周期；比原先一体化对地形要求更低；机房一体化设计：房塔一体，结构紧凑合理，节省用地；可重复利用：在几乎不增加成本的情况下，该产品可反复拆迁、搬运和使用，大大降低客户的整体运营成本；满足环保要求：无须开挖基础，减少资源浪费，避免环境污染；基站整体搬迁，最大程度减少环境永久破坏；适合各种塔型，如仿生塔等；高度可达到 45 m。缺点是安装位置要求高，要能够满足吊机安装要求。

图 3—75　组装式一体化基站

3.6.3　通信铁塔维护

1. 基础和支撑面检查维护

铁塔钢结构的基础轴线和标高、锚栓的规格应符合设计要求。塔脚锚栓位置、法兰支撑面的偏差等应符合设计文件规定，并与钢柱脚法兰螺栓的可调节措施匹配。支撑面、支座和地脚螺柱的允许偏差见表 3—11。

表 3—11　　支撑面、支座和地脚螺栓的允许偏差

项次	项目	允许偏差
1	支撑表面（法兰上端面） （1）标高 （2）水平度（法兰上端面）	±3.00 mm 1/1 500，且不大于 3 mm

续表

项次	项目	允许偏差
2	地脚螺栓法兰扭转偏差（任意截面处）	±1.00 mm
3	地脚螺栓法兰对角线偏差	≤1/2 000，且≤ ±7.0 mm
4	地脚螺栓相邻间偏差	≤b/2 000，且≤ ±5.0 mm
5	地脚螺栓伸出法兰面的长度偏差	±10.0 mm
6	地脚螺栓的螺纹长度偏差	±10.0 mm

维护步骤：进场后检测员架设经纬仪，将经纬仪垂直方向校准后锁紧垂直固定螺栓（水平仪用途），检验标高及地脚螺栓长度偏差，另一检测员用钢尺检查相邻螺栓偏差。测量中，需特别关注螺杆的垂直度和基础模板的水平度（当基础发生不均匀沉降时，可能发生基础构件的大面积位移），一旦发现偏差，需拍摄照片并及时通知塔桅设计研究所进行现场复核，判断走向及进行后续处理工作。

2．铁塔基础浇筑

基础保护帽浇筑（见图3—76）的作用是对地脚螺栓进行防腐保护及对地脚螺栓进行防盗保护

维护步骤：浇筑保护帽的强度要求为 C10 MPa（考虑到以后可能进行垂直度调整工作可稍降低强度），外表层需用纯水泥涂覆 5 mm 保持其外观整洁，便于雨水排放。单管塔保护帽浇筑时应预埋 PVC 管道从塔体内壁将雨水排出。

图 3—76　基础保护帽浇筑

3．铁塔主体节点检查处理

塔柱、横杆、斜杆及塔楼悬梁桁架、塔楼悬臂梁的连接螺栓应 100% 穿孔。

维护步骤：检测员从塔脚攀爬至塔顶平台，应对全部空洞进行观察。如发生螺栓未 100% 穿孔或空白空洞的，应测量空洞直径以便进行更换或补充安装。对缺失的螺栓应采取等强度补救措施。等强度补救措施若用相对高等级螺栓代用，则代用后该节点强度不应小于原设计螺栓群强度的 1.2 倍。增补螺栓如图 3—77 所示，补救措施若用焊接代替，则补加焊缝强度应不小于原设计该节点全部强度，且要及时对焊缝处进行防腐蚀修复。

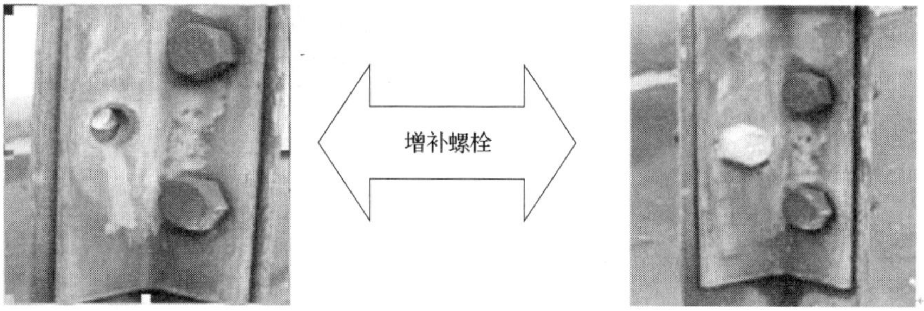

图 3—77　增补螺栓

4. 铁塔主体节点紧固度检查处理

铁塔钢结构螺栓连接应有防松措施并拧紧，紧固度检查处理如图 3—78 所示，防松措施根据设计要求选用。设计未定具体措施时，塔柱法兰宜用双螺母防松，并将具体防松措施报设计及电信公司备案。

维护步骤：检测员攀爬至法兰处或节点处将保险带扣牢，将公斤扳手调节到相关套筒对螺栓进行预紧力抽样检查。检查数量 10%，如合格率小于 80% 应将抽样比率提高直至全部合格。

在做好自身保护措施下对全塔螺栓进行预紧力抽样检查，螺栓型号要与相应的套筒一致。操作如上图

图 3—78　紧固度检查处理

5．法兰连接检查处理

法兰实际接触面与设计接触面之比（可按法兰外缘长度计）应不小于 90%。

维护步骤：检测员攀爬至法兰处后先扣紧保险带，取出塞尺对法兰间隙进行测量：用 0.3 mm 塞尺不能插入即认为达到实际接触要求。法兰未达到实际接触的部分，若缝隙宽度在 0.8 mm 以上，则应用镀锌垫片垫实。垫入后其边缘与法兰盘焊接，然后做现场防腐处理。法兰连接检查处理如图 3—79 所示。

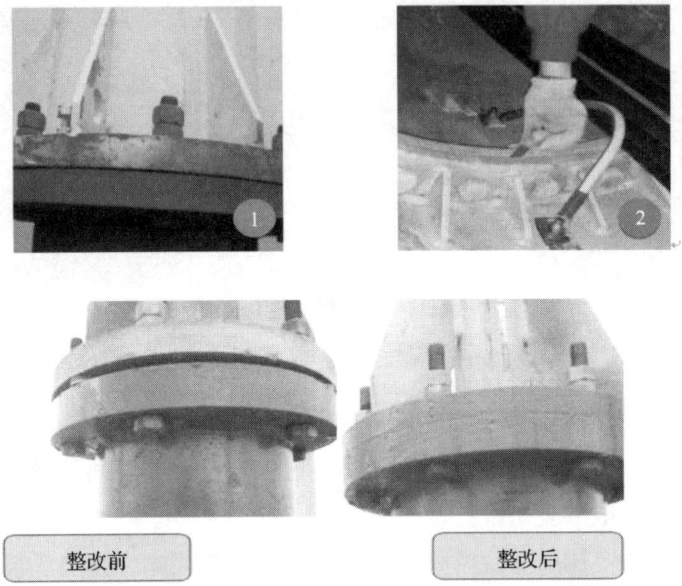

图 3—79　法兰连接检查处理

6．铁塔普通螺栓连接检查处理

普通螺栓连接应牢固、可靠，外露丝扣应达到 2 ~3 扣（单、双帽皆需达到此要求）。螺栓方向在同层节点中应一致（垂直螺杆穿向必须从下向上、水平方向必须从内向外、圆周方向必须统一为顺时针或逆时针方向）。紧固程度以用活动扳手较难再紧固为准。设计未作其他规定时，塔桅钢结构法兰或主杆节点用高强螺栓为承压型高强螺栓。

维护步骤：检测员从下至上进行攀爬时，应观察同种高强螺栓等级是否有以低等级代替高等级、以小型号代替大型号、螺栓露扣未达标准、节点螺栓穿向不规范等情况，用扳手对螺栓预紧力进行抽样检查。

检查数量：连接点数的 10%，且同层同种连接点不应少于 3 个。

7. 防雷接地检测

移动通信基站天线在接闪器的保护范围内。避雷针主杆为保护角起始边，天线必须位于主杆轴线方向锥形夹角45°范围内；避雷针与塔顶基座的连接是否牢靠，是否按规范饱满焊接。专用雷电流引下线，材料宜采用 4 ×40 的镀锌扁钢。单管塔避雷针接地采用 95 mm^2，如图 3—80 所示，单管塔避雷接地需要采用法兰间跳线连接。馈线要求 3 点接地，首尾两点，中间一点。

图 3—80　防雷接地

接地电阻：接地电阻值 <4 Ω。接地电阻检测：每年定期（干季、雷雨季各一次）对基站工频接地电阻值进行测试，对测试时的天气情况、使用仪表和有关测试状况应做详细的记录，当接地电阻值与往年相比出现大幅度变化时，应查找原因。

接地扁铁检查：无腐蚀，连接处无明显锈烂。

铁塔航空障碍灯检查：将光控开关由自动挡调到手动挡，查看电压表，若电压表在 0 ~220 V 变动则为正常，正常情况下闪光指示灯要亮，报警指示灯 1、2 亮为正常。

3.6.4　日常维护安全事项

1. 按照高空作业安全操作规程进行操作。

2. 凡患有贫血、高血压、心脏病及严重关节炎等疾病者不得参加高空作业。

3. 凡不熟悉的杆塔，上塔前必须了解杆塔和拉线情况，或先检查，后上塔进行工作。

4. 上塔时，必须佩戴保安带，必要时可佩戴保安吊带。上塔到工作位置后，把保安用具系好，方能工作。

5. 在拉线塔塔顶工作时，束腰绳应放在拉线下，否则腰部应低于塔顶至少50 cm。

6. 有人上塔工作时，禁止闲杂人员站在塔旁，并禁止在塔下同时进行工作。

7. 塔上工作人员和塔下配合人员必须戴安全帽。

8. 上下塔时，禁止随身携带笨重物件，笨重物件应用绳子吊上或吊下。轻便物件应装在工具袋内，总质量不得超过3 kg。工具和器材严禁从高空处往下抛（麻绳、钢丝套及其他线料除外）。由塔上抛掷线料时要上下呼应方可进行。

9. 高空作业如失手掉下东西，要立即呼唤地面人员注意避开。

10. “安全生产，人人有责”。定期开展安全教育活动，严格监督安全工作规定的贯彻执行。

11. 工作前，应由维护人员对使用工具、器材进行检查。每月进行一次全面检查。

12. 如遇有雷雨大风等恶劣天气情况，应停止高空作业。雷雨将至时，严禁在塔下停留或作业。

第 4 章

CDMA 无线网络优化

本章学习目标

- ☑ 了解 CDMA 无线网络优化流程
- ☑ 掌握 DT、CQT（包括 CDMA 1x 语音及数据、DO 数据）的测试工作内容、要求及测试方法
- ☑ 了解站点勘察与选择方法
- ☑ 了解直放站、室内分布系统的工作原理及其优化方法
- ☑ 掌握上海地铁、高架道路、高速公路和高速铁路覆盖的技术特点及其优化方法，掌握海面和边界优化手段
- ☑ 了解投诉处理的一般流程与方法
- ☑ 能够通过案例分析掌握使用“三区二层”法解决高层导频的问题
- ☑ 了解光纤直放站和便携式直放站在 CDMA 网络中的应用以及故障处理方法
- ☑ 能够通过 POI 内部改造，解决地铁隧道内的 CDMA 信号弱覆盖问题
- ☑ 掌握 CDMA 网络干扰的排查方法
- ☑ 掌握案例编写方法

4.1 无线网络优化流程

4.1.1 无线网络优化总体流程

根据网络优化工作的总体思路，优化流程分为评估网络质量、定位网络问题和实施优化三个部分。

评估网络质量工作包括：OMP 后台分析、投诉分析处理、现场测试（DT/CQT 测试）分析等；搬迁和新建站点的监测也是网络质量评估工作的一部分。如果存在问题，最后要将问题做地理化图示并详细描述。

定位网络问题是将各种信息整合在一起综合分析，查找问题的原因。

实施优化是根据分析结果制定优化方案，并通过工单处理系统派发工单实施优化。方案实施后要对实施结果进行评估，如问题未解决则重新拟定方案实施优化，如果问题已解决则总结经验，将相关文件归档处理，流程结束。

无线网络优化总体流程如图 4—1 所示。

4.1.2 评估网络质量

网络质量可以从 OMP 性能指标、用户感受、现场测试等几个方面来进行评估。

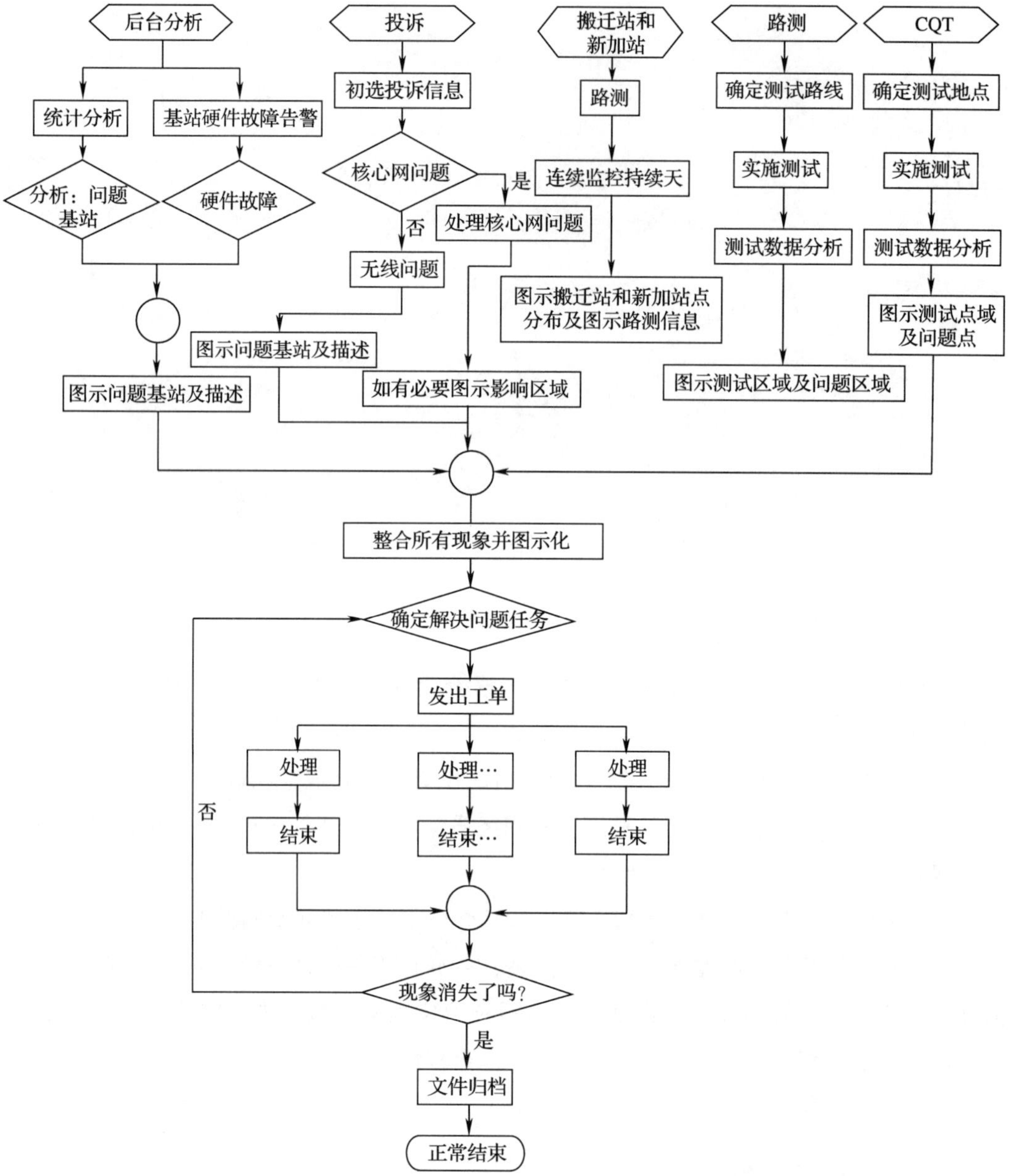

图 4—1　无线网络优化总体流程

1．OMP 性能指标

话音的网络质量监控常用指标为：无线系统接通率、寻呼成功率、呼叫建立成功率、超忙小区比例、基站系统硬切换成功率、业务信道掉话率、系统软切换成功率、话务掉话比、坏小区比例、业务信道承载的话务量、软切换话务量、业务信道拥塞率、RSSI 等。

数据的网络质量监控常用指标为：系统建立 PPP 连接成功率、会话连接成功率、用户从休眠状态到激活状态的请求成功率、RLP/物理层反向吞吐量、RLP/物理层前向吞吐量。

对于 EVDO 网络繁忙程度的监控还需要观察峰值激活连接数以及等效用户数等。

2. 现场测试

制订合理的现场测试计划，对选定的道路和场所进行 DT 和 CQT 测试，通过测试结果来监控网络质量的变化。

现场 DT 测试时，需要统计的常用指标有：覆盖率、里程覆盖比、接通率、掉话率、语音 MOS 值、分组业务建立成功率、分组业务掉话率、FTP 上行吞吐率、FTP 下行吞吐率等。

现场 CQT 测试时，需要统计的常用指标有：覆盖率、接通率、掉话率、语音 MOS 值、平均呼叫建立时延、分组业务建立成功率、分组业务掉话率、FTP 上行吞吐率、FTP 下行吞吐率等。

通过现场测试可以发现覆盖不足、导频污染、越区覆盖和邻区关系不合理等问题，并采取措施予以解决。

3. 网络质量投诉

用户投诉可以反映用户对网络质量的感受，可以通过投诉率（每万用户的投诉量）来监测用户对网络质量的满意度。各地可以根据本地的实际情况设定相应的投诉率门限，当投诉率超过这个门限时可判断用户对网络质量的满意度下降，应当采取优化措施，减少与无线质量相关的投诉，提高用户的满意度。

4.1.3 定位网络问题

1. 信息的整合

网络优化中要充分整合 OMC 性能统计、现场测试数据、射频覆盖模拟数据、告警故障信息、系统日志文件、参数设置、用户投诉、前期优化案例或经验等各方面的信息，通过综合分析来定位影响网络质量的各种问题，查找产生这些问题的原因。

2. 综合分析和问题定位

综合分析是定期将 OMC、现场测试、投诉等数据处理后生成的通过电子地理图示或表格方法叠加在一起，对网络的整体表现进行分析和判断，对问题较多的区域进行标示和编号。

综合分析的主要特点是将这些信息综合、直观地展现出来，从而使网络问题的定位更为准确和快捷。

为了解决网络问题，可能还要继续进行微观的分析，如系统参数检查、现场测试和勘察、反复的优化调整和验证等。

具体问题的综合分析方法需要经验及技术的积累和摸索。

4.1.4　实施优化

实际网络优化过程中，解决问题的主要手段如下：

1．故障排除

在网络优化过程中需要首先对问题区域的设备进行检查，排除设备故障。

2．覆盖调整

覆盖调整主要是对扇区的覆盖进行优化，控制覆盖范围，解决欠覆盖或越区覆盖的问题，避免导频污染。

3．参数调整

在实际优化过程中，需要对邻小区参数、切换参数、接入参数、功率参数、搜索窗等主要参数进行调整。

4．资源调整

根据容量或网络覆盖的需要，通过适当调整资源配置参数、调整基站或直放站的物理资源等手段来改善网络质量。

5．干扰排除

通过观察反向 RSSI 和扫频仪，判断是否存在干扰，根据干扰特点查找干扰源。

6．网络结构优化

根据话务分布、设备配置要求，合理设置 MSC 和寻呼边界，使网络结构更为合理。

4.2　DT 测试工作内容、要求及方法

DT（Driving Test）测试是使用测试设备沿指定的路线移动，进行不同类型的呼叫，记录测试数据，统计网络测试指标。

无线网络通过实际网络质量的检查测试，才能获得真正意义上的网络运行质量信息，才能了解用户对网络质量的真实感受。通过 DT 测试在现场模拟用户行为，结合专业测试工具进行分析，是获取无线网络性能、发现无线网络问题的主要方法，同时也是无线网络优化流程中重要的一环。

4.2.1 DT 测试指标及要求

DT 测试指标见表 4－1。

表 4—1　　DT 测试指标

测试方法	CDMA 1x 语音测试	CDMA EVDO 数据测试	CDMA 1x 数据测试
测试指标	掉话率	分组业务建立成功率	分组业务建立成功率
	接通率	平均分组业务建立时延	平均分组业务建立时延
	语音 MOS 值	分组业务掉话率	分组业务掉话率
	覆盖率	下行 FTP 吞吐率	下行 FTP 吞吐率
	平均呼叫建立时延	上行 FTP 吞吐率	上行 FTP 吞吐率
	里程覆盖率	下行 FTP 吞吐率优良比	—
	里程掉话比	下行 FTP 吞吐率优良比	—

1. CDMA 1x 语音测试指标

（1）掉话率。掉话率＝掉话总次数/接通总次数 ×100%。

1）接通次数：当一次试呼开始后，被叫手机在 15 s 内接收到 FTC Alert With Information Message 消息（若某次呼叫被叫没有接收到该信息，取被叫手机呼叫接收的 RTC Service Connect Completion Message 消息或者 FTC Service Connect Message 消息）就计为一次接通。15 s 内被叫手机没有收到 FTC Alert With Information Message、RTC Service Connect Completion Message 及 FTC Service Connect Message 中的任一条信令，那么此次呼叫等待时长超时，确定为呼叫失败。

2）掉话次数：在一次通话中如出现 Release Order Message，就计为一次呼叫正常释放。只有当该消息未出现而收到 SC Sync Message 或测试手机直接由专用模式转为空闲模式时，才计为一次掉话。

在一次掉话过程中如果是主叫或被叫单独掉话的情况，计为一次掉话。在一次掉话过程中如果出现主被叫都掉话的情况，只计一次掉话。

（2）接通率。接通率＝被叫接通总次数/主叫试呼总次数 ×100%。

1）主叫试呼次数：由主叫发出 AC Origination Message（若某次呼叫没有该消息，取主叫出现的第一条 Access Probe 信息）表示进行了试呼，一次呼叫的多条 AC Origination Message 仅计为一次。

2）接通次数：当一次试呼开始后，被叫手机在 15 s 内接收到 FTC Alert With Information Message 消息（若某次呼叫被叫没有接收到该信息，取被叫手机呼叫接收的 RTC Service Connect Completion Message 消息或者 FTC Service Connect Message 消息）就计为一次接通。15 s 内被叫手机没有收到 FTC Alert With Information Message、RTC Service Connect Completion Message 及 FTC Service Connect Message 中的任一条信令，那么此次呼叫等待时长超时，确定为呼叫失败。

3）接通率＝被叫收到 FTC Alert With Information Message（若某次呼叫被叫没有接收到该信息，取被叫手机的 RTC Service Connect Completion Message 消息或者 FTC Service Connect Message 消息）数/主叫发出 AC Origination Message 数 ×100%。

接通率取综合主、被叫手机信息的统计结果。

（3）语音 MOS 值。话音 MOS 值采用 PESQ 算法，取 PESQ LQ 值。要求计算 PESQ LQ 值区间分布比例和平均值。MOS 高分比例＝MOS 值≥3 采样点数/总采样点数 ×100%。MOS 等级分值说明见表 4—2。

表 4—2　　MOS 等级分值表

等级	收听注意力说明	PESQ LQ 值
1	即使努力去听，也很难听懂	[1～1.7]
2	需要集中注意力	(1.7～2.4]
3	需要中等程度的注意力	(2.4～3.0]
4	需要注意，不需要明显集中注意力	(3.0～3.5]
5	可以完全放松，不需要注意力	(3.5～4.5]

（4）覆盖率

定义 1：覆盖率＝（Ec/Io ≥ −12 dB &Tx _ Power ≤ 15 dBm &Rx _ Power ≥ −90 dBm）的采样点数/采样点总数 ×100%。

注：空闲状态下采集到的所有采样点数纳入采样点总数计算，空闲态下符合 Ec/Io≥ −12 dB&Rx_Power≥ −90 dBm条件的采样点纳入有覆盖的采样点数统计。

定义 2：覆盖率＝（Ec/Io ≥ −12 dB &Tx _ Power ≤ 20 dBm &Rx _ Power ≥ −95 dBm）的采样点数/采样点总数 ×100%。

注：空闲状态下采集到的所有采样点数纳入采样点总数计算，空闲态下符合 Ec/Io≥ -12 dB&Rx_Power≥ -95 dBm 条件的采样点纳入有覆盖的采样点数统计。

说明：采样点总数为主、被叫测试手机的采样点样本数之和。覆盖率综合通话状态及空闲状态的结果。定义 1 用于城区，定义 2 用于农村。

（5）平均呼叫建立时延。平均呼叫建立时延 =呼叫建立时延总和/接通总次数。

呼叫建立时延：主叫手机发出第一条 AC Origination Message 到被叫手机接收到 Alert with information 的时间差；取所有测试样本中除了呼叫失败情况外的平均时长。

（6）里程覆盖率。通话状态时里程覆盖率 = （Ec/Io≥ -12 dB&Tx_Power≤ 20 dBm&Rx_Power≥ -95 dBm 的测试路段里程数）/测试路段总里程数 ×100%。

空闲状态下采集到的所有路段里程纳入测试路段总里程计算，空闲态下符合 Ec/Io≥ -12 dB&Rx_Power≥ -95 dBm 条件的采样点对应里程数纳入有覆盖路段里程数统计。

采样点总数为主、被叫测试手机的采样点样本数之和。上述定义适用于高速公路。

（7）里程掉话比。里程掉话比 =覆盖里程/掉话次数。

1）覆盖里程：通话下 Ec/Io≥ -12 dB&Tx_Power≤20 dBm&Rx_Power≥ -95 dBm的测试路段里程数。

2）掉话次数：同掉话率定义中的掉话次数。上述定义适用于高速公路。

2. CDMA EVDO 数据测试指标

（1）分组业务建立成功率。分组业务建立成功率 =PPP 连接建立成功次数（分组）/拨号尝试总次数（分组） ×100%。

1）PPP 连接建立成功次数（分组）：发起拨号连接尝试之后，收到拨号连接成功消息认为 PPP 连接建立成功。

2）拨号尝试次数：终端发出拨号指令次数。

（2）平均分组业务建立时延。平均分组业务建立时延 =分组业务建立时延总和/分组业务接通总次数。

1）呼叫建立时延：终端发出第一条拨号指令到接收到拨号连接成功消息的时间差。

2）分组业务接通次数：PPP 连接建立成功次数（分组）。

3）取所有测试样本中除了连接失败情况以外的平均时长。

（3）分组业务掉话率。分组业务掉话率 =异常释放的分组业务呼叫次数/分组业务接通总次数 ×100%。

1）异常释放的分组呼叫次数（满足以下条件之一）：①网络原因造成拨号连接异常断开，判断依据为在测试终端正常释放拨号连接前的任何中断；②测试过程中超过

3 min FTP 没有任何数据传输，且尝试 PING 后，数据链路仍不可用。此时需要断开连接并重新拨号来恢复测试。

2）分组业务接通总次数：PPP 连接建立成功次数。

（4）下行 FTP 吞吐率（Kb/s）。下行 FTP 吞吐率 =FTP 下载应用层总数据量/总下载时间。

FTP 掉线时的数据不计入速率统计指标。

（5）上行 FTP 吞吐率（Kb/s）。上行 FTP 吞吐率 =FTP 上传应用层总数据量/总上传时间。

FTP 掉线时的数据不计入速率统计指标。

（6）下行 FTP 吞吐率优良比。下行 FTP 吞吐率优良比 = 下行 FTP 吞吐率≥300 Kb/s 采样点数/总采样点数。

FTP 掉线时的数据不计入速率统计指标。

在 CQT 测试数据的计算中，以每个测试位置（每个 CQT 场所含两个测试位置）测得的下行 FTP 吞吐率平均值为一个采样点，以此计算下行 FTP 吞吐率≥300 Kb/s的比例。

在 DT 测试数据的计算中，以每30 s的下行 FTP 吞吐率平均值为一个采样点，以此计算下行 FTP 吞吐率≥300 Kb/s的比例。

（7）上行 FTP 吞吐率优良比。上行 FTP 吞吐率优良比 = 上行 FTP 吞吐率≥150 Kb/s 采样点数/总采样点数。

FTP 掉线时的数据不计入速率统计指标。

在 CQT 测试数据的计算中，以每个测试位置（每个 CQT 场所含两个测试位置）测得的上行 FTP 吞吐率平均值为一个采样点，以此计算上行 FTP 吞吐率≥150 Kb/s 的比例。

在 DT 测试数据的计算中，以每 30 s 的上行 FTP 吞吐率平均值为一个采样点，以此计算上行 FTP 吞吐率≥150 Kb/s 的比例

3. CDMA 1x 数据测试指标

（1）分组业务建立成功率。分组业务建立成功率 =PPP 连接建立成功次数（分组）/拨号尝试总次数（分组）×100%。

1）PPP 连接建立成功次数（分组）：发起拨号连接尝试之后，收到拨号连接成功消息认为 PPP 连接建立成功。

2）拨号尝试次数：终端发出拨号指令次数。

（2）平均分组业务建立时延。平均分组业务建立时延 = 分组业务建立时延总和/分组业务接通总次数。

1）呼叫建立时延：终端发出第一条拨号指令到接收到拨号连接成功消息的时间差。

2）分组业务接通次数：PPP 连接建立成功次数（分组）。

3）取所有测试样本中除了连接失败情况以外的平均时长。

（3）分组业务掉话率。分组业务掉话率 = 异常释放的分组业务呼叫次数/分组业务接通总次数 ×100%。

1）异常释放的分组呼叫次数（满足以下条件之一）：①网络原因造成拨号连接异常断开，判断依据为在测试终端正常释放拨号连接前的任何中断；②测试过程中超过 3 min FTP 没有任何数据传输，且尝试 PING 后，数据链路仍不可用。此时需要断开连接并重新拨号来恢复测试。

2）分组业务接通总次数：PPP 连接建立成功次数。

（4）下行 FTP 吞吐率（Kb/s）。下行 FTP 吞吐率 = FTP 下载应用层总数据量/总下载时间。

FTP 掉线时的数据不计入速率统计指标。

（5）上行 FTP 吞吐率（Kb/s）。上行 FTP 吞吐率 = FTP 上传应用层总数据量/总上传时间。

FTP 掉线时的数据不计入速率统计指标。

4.2.2 DT 测试方法

1. CDMA 1x 语音测试方法

（1）测试时间。安排在工作日（周一至周五）9：00 – 12：00，15：00 – 19：00 进行。

（2）测试范围。测试范围主要包括：城区主干道、商业密集区道路（商业街）、住宅密集区道路、学院密集区道路、机场路、环城路、沿江两岸、城区内主要桥梁、隧道、地铁和城市轻轨等。要求测试路线尽量均匀覆盖整个城区主要街道，并且尽量不重复。

（3）测试速度。在城区保持正常行驶速度；在城郊快速路车速应尽量保持在 60 ~ 80 km/h，不限制最高车速。

（4）测试步骤

1）测试时，保持车窗关闭，测试手机置于车辆第二排座位中间位置，任意两部手机之间的距离必须≥15 cm，并将测试手机水平固定放置，主、被叫手机均与测试仪表相连，同时连接 GPS 接收机进行测试。

2）采用同一网络手机相互拨打的方式，手机拨叫、接听、挂机都采用自动方式。

3）每次通话时长 90 s，呼叫间隔 15 s；如出现未接通或掉话，应间隔 15 s 进行下一次试呼；接入超时为 15 s。

4）在地铁、轻轨进行测试时，测试设备需放置于轨道交通工具的普通座位。

5）在地铁测试时，需要根据地铁行驶做相应的打点处理。

2. CDMA EVDO 数据测试方法

（1）测试时间。必须安排在工作日（周一至周五）9：00－12：00，14：00－18：00 进行。

（2）测试范围。要求在 EVDO 规划范围内进行测试，并尽量涵盖 EVDO 所有覆盖区域；其余要求同 CDMA 1x 语音测试范围。

（3）测试速度。同 CDMA 1x 语音 DT 测试速度。

（4）测试步骤。将 CDMA EVDO 终端、支持 CDMA EVDO 测试的路测设备放置在车内后座；测试终端设置为 EVDO ONLY 模式。

在指定 PDSN 侧提供一个 FTP server，要求 FTP 服务器支持断点续传，提供用户下载/上传权限并打开 PING 功能。

通过测试软件控制 CDMA EVDO 测试终端以拨号方式建立一个 PPP 连接。利用测试软件中的内置 FTP 中的 GET 命令，从 FTP server 上下载一段足够大的文件（1 GB 以上）。当文件下载 5 min 后，停止下载，保持拨号连接不断开，间隔15 s继续下一次下载。行驶期间测试不中断，循环进行。记录循环下载的总时间和总数据量以及每秒的瞬时速率，登录和间隔期间的时间不纳入循环下载的总时间统计。

通过测试软件控制 CDMA EVDO 测试终端以拨号方式建立一个 PPP 连接。利用测试软件中的内置 FTP 中的 PUT 命令，循环上传一个足够大的文件（1GB 以上）到 FTP server 上。当文件上传5 min后，停止上传，保持拨号连接不断开，间隔15 s继续下一次上传。行驶期间循环测试不中断，循环进行。记录循环上传的总时间和总数据量以及每秒的瞬时速率，登录和间隔期间的时间不纳入循环上传的总时间统计。

上传、下载测试分别在两部终端同时进行。当发生拨号连接异常中断后，应间隔 15 s后重新发起连接，异常中断的时间不纳入统计。

测试过程中超过 3 min FTP 没有任何数据传输，且尝试 PING 后数据链路仍不可使用，此时需断开拨号连接并重新拨号来恢复测试，并记为分组业务掉话，不纳入EVDO

的速率统计。

测试过程中 FTP 服务器登录失败，应间隔2 s后重新登录；连续 10 次登录失败，应断开连接，间隔15 s后重新进行测试。

FTP 吞吐率采用 3 线程进行测试，系统 TCP/IP 参数按表 4—3 和表 4—4 进行设置。

表 4—3　测试终端计算机设置要求

项目	配置值	备注
OS	Windows XP	要求操作系统加载所有最新安全漏洞补丁
MTU	1454 Bytes	HKEY_Local_Machine\SYSTEM\CurrentControlSet\Services\Tcpip\Parameters\interface\MTU
TCP Receive Window	65535 Bytes	HKEY _ LOCAL _ MACHINE \ SYSTEM \ CurrentControlSet \ Services \ Tcpip \ Parameters \ TcpWindowSize
TCP Max DuplicateAcks	0x2	HKEY _ LOCAL _ MACHINE \ SYSTEM \ CurrentControlSet \ Services \ Tcpip \ Parameters \ TcpMaxDupAcks
Time To Live	0x6e	HKEY _ LOCAL _ MACHINE \ SYSTEM \ CurrentControlSet \ Services \ Tcpip \ Parameters \ DefaultTTL
TCP Header Compression	Disabled	拨号连接属性－网络－TCP/IP 属性－高级设置－PPP 链接
Selective ACKs	0x1	HKEY _ LOCAL _ MACHINE \ SYSTEM \ CurrentControlSet \ Services \ Tcpip \ Parameters \ SACKOpts
TCP TimeStamp	0x2	HKEY _ LOCAL _ MACHINE \ SYSTEM \ CurrentControlSet \ Services \ Tcpip \ Parameters \ Tcp1323Opts （Open）
TCP WindowScaling	0x2	HKEY _ LOCAL _ MACHINE \ SYSTEM \ CurrentControlSet \ Services \ Tcpip \ Parameters \ Tcp1323Opts （Close）

表 4－4　拨号调制解调器配置

项目	配置值	备注
最高速率	115200 b/s	拨号连接属性－常规－调制解调器－配置
差错控制	Enabled	拨号连接属性－常规－调制解调器－配置
硬件流控制	Enabled	拨号连接属性－常规－调制解调器－配置
数据压缩	Enabled	拨号连接属性－常规－调制解调器－配置

3. CDMA 1x 数据测试方法

（1）测试时间。必须安排在工作日（周一至周五）9：00－12：00，14：00－18：00进行。

（2）测试范围。同 CDMA 1x 语音 DT 测试范围。

（3）测试速度。同 CDMA 1x 语音 DT 测试速度。

（4）测试步骤

1）在指定 PDSN 侧提供一个 FTP server，要求 FTP 服务器支持断点续传，提供用户下载/上传权限并打开 PING 功能。

2）通过测试软件控制 CDMA 1x 测试终端以拨号方式建立一个 PPP 连接。利用测试软件中的内置 FTP 中的 GET 命令，从 FTP server 上下载一个足够大的文件（1 GB 以上）。当文件上传5 min后，停止下载，保持拨号连接不断开，间隔15 s继续下一次下载。行驶期间测试不中断，循环进行。记录循环下载的总时间和总数据量以及每秒的瞬时速率，登录和间隔期间的时间不纳入循环下载的总时间统计。

3）通过测试软件控制 1x 测试终端以拨号方式建立一个 PPP 连接。利用测试软件中的内置 FTP 中的 PUT 命令，循环上传一个足够大的文件（1 GB以上）到 FTP server 上。当文件上传5 min后，停止上传，保持拨号连接不断开，间隔15 s继续下一次上传。行驶期间循环测试不中断，循环进行。记录循环上传的总时间和总数据量以及每秒的瞬时速率，登录和间隔期间的时间不纳入循环上传的总时间统计。

（5）注意事项

1）上传、下载测试分别在两部终端同时进行。当发生拨号连接异常中断后，应间隔15 s后重新发起连接，异常中断的时间不纳入统计。

2）测试过程中超过 3 min FTP 没有任何数据传输，且尝试 PING 后数据链路仍不可使用，此时需断开拨号连接并重新拨号来恢复测试，并记为分组业务掉话，不纳入 1X 的速率统计。

3）测试过程中 FTP 服务器登录失败，应间隔2 s后重新登录；连续 10 次登录失败，应断开连接，间隔15 s后重新进行测试。

4）FTP 吞吐率采用 3 线程进行测试，系统 TCP/IP 参数设置同 EVDO 数据 DT 测试设置。

4.3　CQT 测试工作内容、要求及方法

CQT（Call Quality Test）测试是在特定的地点使用测试设备进行一定规模的拨测，记录测试数据，统计网络测试指标。

4.3.1 CQT 测试工作内容

CQT 测试工作内容见表 4—5。

表 4—5　　CQT 测试工作内容

测试类型	城区 CQT 测试	
测试方法	CDMA 1x 语音测试	CDMA EVDO 数据测试
测试指标	接通率	EVDO 下行 FTP 吞吐率优良比
	掉话率	EVDO 上行 FTP 吞吐率优良比
	语音 MOS 值	PING 时延
	覆盖率	EVDO 下行 FTP 吞吐率
	平均呼叫建立时延	EVDO 上行 FTP 吞吐率

4.3.2 CQT 测试方法

1．CDMA 1x 测试方法

（1）测试时间。CQT 测试主要时段原则上选择非节假日的周一至周五 9：00 - 20：00 进行，新疆和西藏的测试时间由于时差延后2 h。

（2）测试范围

1）CQT 场所选取原则。CQT 测试重点在话务量相对较高的区域、品牌区域、市场竞争激烈区域、特殊重点保障区域内选取。地理上尽可能均匀分布，场所类型尽量广。重点选择有典型意义的大型写字楼、大型商场、大型餐饮娱乐场所、大型住宅小区、高校、交通枢纽和人流聚集的室外公共场所等。测试选择的相邻建筑物相距 100 m 以上。

2）CQT 场所选取比例。各类型的 CQT 场所选取比例结合中国电信集团《城区热点测评信息库》的分类特点参照表 4—6 执行。

表 4—6　　CQT 测试场所类型选取比例表

测试场所类型	场所类型	场所所占比例
商务办公类	五星级标准认证酒店、四星级标准认证酒店、三星级标准认证酒店、三星级以下认证酒店、快捷商务酒店、其他旅社、商务办公大厦、会务中心、展览中心、交易所	15%
机关企业类	人民政府、人大、政协、政府部门、公检法、街道机构、各党派和社团、厂矿农企、新闻媒体、科研机构、社会福利院、特殊场所、其他企事业、外国驻华大使馆、领事馆、军事机关、军用运输、其他军事场所	10%

续表

测试场所类型	场所类型	场所所占比例
教育医疗类	公立重点高校、公立普通高校、私立民办高等院校、成人教育院校、省市级重点中小学、普通中小学、中等专业学校、幼儿园、特殊学校、社会就业培训机构、其他教育培训机构、历史文化场馆、艺术场馆、科教场馆、书籍档案场馆、革命教育基地、其他科教文化场所、三甲医院、普通公办医院、民办医院、其他医疗机构、卫生防疫站、保健体检中心、休疗养机构	15%
商业市场类	大型综合百货公司、中小型百货商店、大型超市、中小型超市、美容连锁、服饰连锁、汽车服务连锁、婴幼儿连锁、家电连锁、其他连锁机构、食品、服饰、纺织、医药、汽配、电子、文体、农贸市场、五金交电、工艺美术、家居建材、办公用品、宠物、其他专业零售批发市场、中国电信营业厅、中国移动营业厅、中国联通营业厅、其他通信运营商营业厅、银行储蓄类营业厅、水/电/气/煤营业点、有线电视运营商营业点、其他行业营业厅	15%
餐饮娱乐类	酒楼饭店、快餐店、地方小吃街、休闲咖啡厅、其他餐饮场所、文化娱乐活动场所、游乐场、KTV、舞厅酒吧、洗浴中心、棋牌茶室、歌舞剧院、其他类型娱乐场所、公园、动物园、植物园、步行街、社会广场、国家5A级风景区、国家4A级风景区、其他旅游景区、体育运动场所、健身俱乐部、其他类型体育场所	15%
居民住宅类	低层住宅、高层住宅、混合式小区住宅、普通低层住宅、城中村住宅、其他旧式住宅居民区、花园洋房式住宅、独立别墅区住宅、联排别墅区住宅	20%
交通枢纽类	火车站、地铁站、城市轻轨客站、磁悬浮客站、海港、河港、城市轮渡、民用机场、军民合用机场、长途客运站、高速公路服务区、城市汽车站、交通广场、机动车停车场库、非机动车停车场库	10%

3）CQT 场所的采样点选择。CQT 场所的采样点位置选择应合理分布，选取人流量较大和有移动电话使用习惯的地方，容易暴露区域性覆盖问题，而不是孤点覆盖问题。每个场所根据以下原则抽取两个采样点进行测试。

建筑物内要求分顶楼、楼中部位、底层；同一楼层的相邻采样点至少相距 20m 且在视距范围之外。某一楼层内的采样点应在以下几处位置选择，具体以测试时用户经常活动的地点为首选。

大楼出入口、电梯口、楼梯口和建筑物内中心位置。

人流密集的位置，包括大堂、餐厅、娱乐中心、会议厅、商场和休闲区等。

成片住宅小区重点测试深度、高层、底层等覆盖难度较大的场所，以连片的 4 ~5 幢楼作为一组测试对象选择采样点。

医院的采样点重点选取门诊、挂号缴费处、停车场、住院病房、化验窗口等人员密集的地方。有信号屏蔽要求的手术室、X 光室、CT 室等场所不安排测试。

风景区的采样点重点选取停车场、主要景点、售票处、接待设施处、典型景点及景区附近大型餐饮、娱乐场所。

火车客站、长途汽车客站、公交车站、机场、码头等交通聚集场所的采样点重点选取候车厅、站台、售票处、商场、广场。

学校的采样点重点选取宿舍区、会堂、食堂、行政楼等人群聚集活动场所，如学生活动中心（会场/舞厅/电影院等）、体育场馆看台、露天聚集场所（宣传栏）、学生宿舍/公寓、学生/教工食堂、校部/院系所在办公区、校内商业区、校内休闲区/博物馆/展览馆、校医院、校招待所/接待中心/对外交流中心/留学生服务中心、校内/校外教工宿舍、校内/校外教工住宅小区、小学/幼儿园校门口以及校外毗邻商业区（如学生街）等。教学楼主要测试休息区和会议室。

步行街的采样点应该包括步行街两旁的商铺及休息场所。

（3）测试过程

1）采用同一网络手机相互拨打的方式，手机拨叫、挂机、接听均采用自动方式，手机与测试仪表相连。

2）每个采样点拨测前，要连续查看手机空闲状态下的信号强度5 s，若 CDMA 手机的信号强度不满足连续的 Ec/Io≥ −12 dBm& Rx_Power≥ −95 dBm（GSM 手机的信号强度不满足连续的 BCCH Level≥ −94 dbm），则判定在该采样点覆盖不符合要求，不进行拨测，也不进行补测，同时记录该采样点为无覆盖，并纳入覆盖率统计；若该采样点覆盖符合要求，则开始进行拨测。

3）在每个场所的不同采样点位置主叫、被叫各 5 次，每次通话时长60 s，呼叫间隔15 s；如出现未接通或掉话，应间隔15 s进行下一次试呼；接入超时为15 s；通话期间进行 MOS 语音质量测试。

4）测试过程中应做一定范围的慢速移动和方向转换，模拟用户实际通话行为，感知通话质量。

2. CDMA EVDO 数据测试方法

（1）测试时间。同 CQT CDMA 1x 语音测试的测试时间。

（2）测试范围。要求在 EVDO 覆盖区域内进行测试。

1）CQT 场所选取原则。CQT 测试重点在话务量相对较高的区域、品牌区域、市场竞争激烈区域、特殊重点保障区域内选取。地理上尽可能均匀分布，场所类型尽量广。

重点选择有典型意义的大型写字楼、大型商场、大型餐饮娱乐场所、大型住宅小区、高校、交通枢纽和人流聚集的室外公共场所等。测试选择的相邻建筑物在100 m以外。

2）CQT 场所选取比例。各类型的 CQT 场所选取比例参考语音测试的选取原则。

3）CQT 场所的采样点选择。CQT 场所的采样点位置选择应合理分布，选取人流量较大和有数据业务使用习惯的地方，容易暴露区域性覆盖问题，而不是孤点覆盖问题。每个场所根据以下原则抽取两个采样点进行测试。

建筑物内要求分顶楼、楼中部位、底层进行测试。不同楼层的垂直相邻采样点相差15 m（5 层）以上；同一楼层的相邻采样点至少相距20 m且在视距范围之外。某一楼层内的采样点应在以下几处位置选择，具体以测试时用户经常活动的地点为首选。

大楼接待处、建筑物内中心位置。

人流密集的位置，包括大堂、餐厅、娱乐中心、会议厅、商场和休闲区等。

成片住宅小区重点测试深度、高层、底层等覆盖难度较大的场所，以连片的 4 ~5 幢楼作为一组测试对象选择采样点。

医院的采样点重点选取门诊、挂号缴费处、住院病房、化验窗口等人员密集的地方。有信号屏蔽要求的手术室、X 光室、CT 室等场所不安排测试。

风景区的采样点重点选取主要景点、售票处、接待设施处、典型景点及景区附近大型餐饮、娱乐场所。

火车客站、长途汽车客站、公交车站、机场、码头等交通聚集场所的采样点重点选取候车厅、站台、售票处、商场、广场。

学校的采样点重点选取宿舍区、会堂、食堂、行政楼等人群聚集活动场所，如学生活动中心、聚集场所、学生宿舍/公寓、学生/教工食堂、校部/院系所办公区、校内商业区、校内休闲区/博物馆/展览馆、校医院、校招待所/接待中心/对外交流中心/留学生服务中心、校内/校外教工宿舍、校内/校外教工住宅小区，以及校外毗邻商业区等。教学楼主要测试休息区和会议室。

步行街的采样点应该包括步行街两旁的商铺及休息场所。

（3）测试过程

将测试终端设置为 EVDO ONLY 模式。

每个 CQT 采样点测试前，要连续检查终端空闲状态下的信号强度5 s，若 CDMA EVDO 终端的信号强度不满足连续的 SINR（即 C/I）$\geqslant -6$ dB & R_x_Power $\geqslant -90$ dBm，记录该采样点为无覆盖，不进行测试，也不进行补测。若该采样点覆盖符合要求，则开始进行测试。

WCDMA 及 TD－SCDMA 网络的覆盖情况（WCDMA 的覆盖判断条件为连续5 s RSCP≥ −94 dBm & Ec/Io ≥ −12 dB；TD－SCDMA 的覆盖判断条件为连续5 s PCCPCH RSCP≥ −94 dBm & PCCPCH C/I≥ −3 dB）由后台分析软件自动统计及筛选有效覆盖数据，测试人员无须判断。

1）FTP 上下行吞吐率测试。在指定 PDSN 侧提供一个 FTP server，服务器模式设置为 Passive 模式，要求 FTP 服务器支持断点续传，提供用户下载/上传权限并打开 PING 功能。

通过测试软件控制 CDMA EVDO 测试终端以拨号方式建立一个 PPP 连接。利用测试软件中的内置 FTP 中的 GET 命令，从 FTP server 上下载一段足够大的文件（1 GB 以上）。当文件下载5 min后，断开 PPP 连接，等待15 s，重新进行下一次下载，记录下载的总时间和总数据量，登录和等待时间不纳入下载总时间统计。

通过测试软件控制 CDMA EVDO 测试终端以拨号方式建立一个 PPP 连接。利用测试软件中的内置 FTP 中的 PUT 命令，从本地上传一段足够大的文件（1GB 以上）到 FTP server 上。当文件上传5 min后，断开 PPP 连接，等待15 s，重新进行下一次上传，记录上传的总时间和总数据量，登录和等待时间不纳入上传总时间统计。

在 CQT 每个采样点测试时，下载测试完成后进行上传测试，各进行两次下载、上传测试；当发生拨号连接异常中断后，应间隔15 s后重新发起连接，异常中断时间不纳入时间统计。

测试过程中超过3 minFTP 没有任何数据传输，且尝试 PING 后数据链路仍不可使用，此时需断开拨号连接并重新拨号来恢复测试，并记为分组业务掉话。

测试过程中 FTP 服务器登录失败，应间隔2 s后重新登录；连续 10 次登录失败，应断开连接，间隔15 s后重新进行测试。

FTP 吞吐率采用3线程进行测试，系统 TCP/IP 参数要求按照表4—3 和表4—4 要求进行设置。

在测试 CDMA EVDO 网络的同时，采用相同方法在公网 FTP 服务器上测试 WCDMA 及 TD－SCDMA 网络质量，要求 WCDMA 及 TD－SCDMA 的终端均锁定在3G 模式。

2）PING 时延测试。在本地网 PDSN 侧提供一个 PING 服务器，可使用 FTP 服务器作为 PING 服务器，要求服务器打开 PING 功能。

通过测试软件控制 EVDO 测试终端以拨号上网的方式建立 PPP 连接。

当终端处于激活态时，终端对 PING 服务器的 IP 地址进行 PING 操作，开始 PING 测试。

每次 PING 包测试（成功或超时）间隔为8 s，PING 超时时间为5 s，每个采样点进行 10 次测试，PING 包长为 56Bytes。

如出现 PPP 连接失败或掉话，应间隔15 s后重新连接并继续测试，连接中断期间 PING 时延及尝试次数不纳入统计。

4.3.3　测试记录及采集数据要求

针对每个城市的测试，在测试结束前必须完成规定测试项目的测试，并记录和采集相关数据。测试结束前必须检查测试记录和采集数据的完整性和准确性，在确定测试记录和采集数据完整、准确，并完成编号归档后方可结束当地的测试活动。

测试记录和测试采集数据必须包括但不限于以下资料：

1．CQT 测试统计表（包含但不限于以下内容）

测试时间、测试城市、测试人、场所数量、采样点数量、历时。

1x 语音：覆盖率、呼叫次数、接通次数、掉话次数、接通率、掉话率、话音质量分布、平均呼叫建立时延。

EVDO：分组业务连接尝试次数、分组业务建立成功次数、分组业务掉话次数、分组业务建立成功率、分组业务掉话率、平均分组业务建立时延、下行 FTP 吞吐率、上行 FTP 吞吐率、PING 成功率、PING 时延。

2．CQT 测试采集的原始数据包（包含但不限于以下内容）

测试时间、测试城市、测试人、场所地址（包括经纬度信息）、测试楼层、采样点位置、采样点类型（室内、室外）、测试终端类型、测试终端号码、采样点可用性。

1x 语音：接通、呼叫失败、掉话、切换、登记、异常呼叫、挂机等事件信息，测试全程语音数据、平均呼叫建立时延。

1x 数据：分组业务建立成功、分组业务建立失败、分组业务掉话等事件信息、平均分组业务建立时延、下行 FTP 吞吐率。

EVDO：分组业务建立成功、分组业务建立失败、分组业务掉话等事件信息、平均分组业务建立时延、下行 FTP 吞吐率、上行 FTP 吞吐率、PING 成功率、PING 时延。

4.4　测试数据简单分析

4.4.1　导频污染问题

导频污染定义：当存在过多（$N \geq 4$）的强导频（Ec/Io > −10 dB）信号，但是却又没有一个足够强主导频信号的时候，即定义为导频污染。

从路测软件上来看，其表现形式是通常是手机接收的功率足够好强度相近，但各导频的 Ec/Io 都较弱，从软件实时显示的激活集、候选集和相邻集信息来看，如果强度很好或者强度相近的导频数超过 3 个，就会造成 Ec/Io 下降。

4.4.2 越区覆盖问题

越区覆盖定义：一般指某些小区的覆盖超过了规定的范围，在其他小区的范围区域内形成不连续的主导区域。

在测试中如果发现某个信号存在孤岛效应，就应该怀疑是越区覆盖问题。

从路测软件上来看，其表现形式是较远基站的信号进入激活集，和周边基站缺少邻区关系，造成互相干扰。

4.4.3 覆盖不足问题

覆盖不足定义：当 Rx_Power < −95 dBm、Ec/Io < −13 dB时定义为弱覆盖。

从路测软件上来看，其表现形式通常是手机接收的功率不足，一般 Rx_Power < −95 dBm且 Ec/Io 也较弱，就应该怀疑是弱覆盖问题。

4.4.4 上下行链路不平衡问题

上下行链路不平衡：上下行的最大传输路径损耗偏差过大。

从路测软件上来看，其表现形式是手机 Tx_adj 值偏离正常区间值（−10 dB ~ +10 dB）很多。

4.5 站点勘察与选择

4.5.1 站址勘察

勘察目的：

1. 确定基站站址。
2. 确定基站天线位置。
3. 了解站址周边地貌。

4.5.2　站址选择

合理的基站布局决定了70%的网络性能，决定了网络可持续发展性，因此站址选择需要达到以下目标：

- 力求规则蜂窝布局，控制干扰，注重网络可发展性。
- 基站相互配合，满目覆盖目标，控制成本。
- 基站疏密与话务分布匹配，发挥网络最优性能。
- 基站高度、密度逐渐变化，避免忽高忽低，强调整体布局。
- 宏观与微观都要考虑，从整网的角度考虑单个基站的问题，注重网络整体性。

1. 小区布局不合理导致的问题

（1）弱信号区及信号盲区

1）站间距过大。

2）系统负荷过重。

3）障碍物阻挡。

4）室内覆盖不足。

（2）覆盖重叠区面积过大

1）若基站数过多，站间距过小，下行功率分配不当。

2）小区覆盖未能很好控制时，会造成站间重叠区过大。

3）最终导致：几个强导频造成导频污染；高BLER，甚至掉话；软切换比例过高。

（3）越区覆盖

1）当选择市区或郊区高山或过高的高楼建站，未能很好控制，可能产生越区覆盖。

2）当确定站址及天线主瓣方向时，若小区方向与具有波导效应的地物如街道、江河走向一致时也可能产生越区覆盖。

（4）站点远离话务热点，导致干扰很大。

（5）话务热点在几个基站的中间，切换过多，导致掉话，消耗网络资源。

（6）基站疏密程度与话务密度不匹配，网络整体性能很低。

2. 天线安装原则

（1）密集城区

1）低于区域内平均建筑物高度。

2）尽可能安装在建筑物边缘。

(2) 城区

1) 略高于区域内的平均建筑物高度。

2) 基站覆盖的大部分区域内存在视距链路。

(3) 低密区域

1) 比区域内的平均建筑物高度高5~10 m。

2) 基站覆盖的大部分区域内必须存在视距链路。

3) 视距链路不可过多超越小区边缘。

(4) 农村/公路区域

1) 比区域内的平均建筑物高度高10~20 m。

2) 当站点靠近城镇时，必须考虑调整天线的方向角和下倾角，以有效控制干扰。

3. 站址选择原则

站址选择的目标是选择一个能够实现目标区域覆盖，保持干扰辐射最小，能充分吸收话务，发挥最大经济效益的站址，应遵循以下原则：

(1) 所选站址尽可能靠近话务热点。

(2) 需要考虑的关键问题是如何有效控制干扰辐射。

(3) 对整网的贡献，保证蜂窝结构。

4. 站址选择要点

(1) 站址应尽量按网孔布局，其偏差不应大于基站半径的1/4。

(2) 在不影响基站布局的情况下，尽量选择现有站址。

(3) 市区边缘、郊区、海拔很高的山峰，一般不考虑作为站址。

(4) 新建基站应选在交通方便、市电可用、环境安全及少占良田的地方。

(5) 避免在电台、雷达站或其他干扰源附近建站。

(6) 新建基站应远离树林以避免接收信号的快速衰落。

(7) 在山区、湖泊区、港湾及大面积玻璃幕墙建筑的环境中选址时，要注意信号反射的影响。

(8) 在市区楼群中选址时，可利用建筑物的高度差异，实现网络层次结构的划分。

(9) 建网初期选择的站址应保证重点地区有良好的覆盖。

(10) 避免将小区边缘设置在用户密集区。

(11) 天线的第一菲涅尔区不能有阻挡。

(12) 基站选址的时候还要注意和现有网络基站的配合。

（13）长期性建设的考虑。

4.5.3 GPS天线选位

GPS天线用于接收GPS卫星信号，以为基站提供定时。为使GPS天线能够收到GPS卫星的信号，GPS天线不能受到阻挡，使之可以接收到4颗GPS卫星的信号。如果不能做到完全无阻挡，应尽量找一个位置使GPS周围10°以上半球体的视线区域内的阻挡应小于25%，且该25%阻挡应分布在两个1/4的球体中，如图4—2所示。

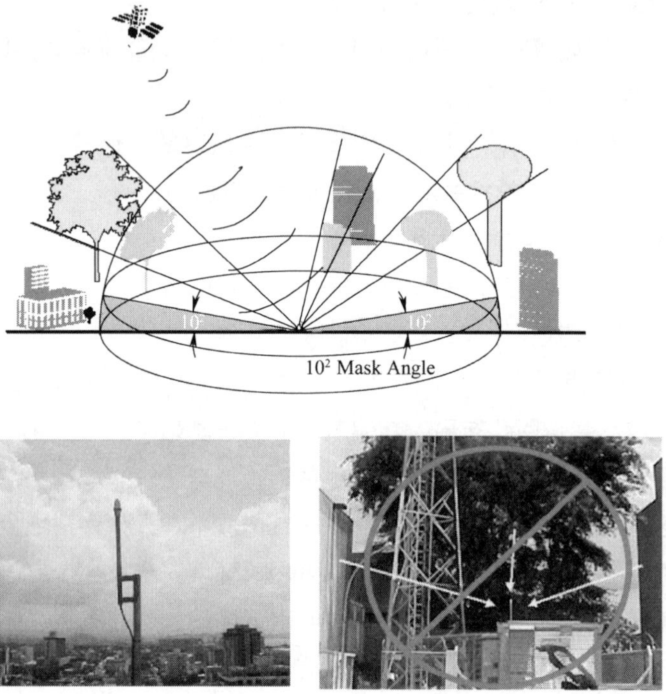

正确　　　　错误

图4—2　GPS天线选位1

GPS无线应垂直于水平面，误差应在±2°以内，如图4—3所示。

GPS天线不应是本区域内的最高物体，否则会受到雷击。如在北半球（中国），在塔上安装GPS天线，应使GPS天线位于铁塔最面向南方一角并保持与铁塔1 m间距，如图4—4所示。GPS天线应位于合适高度以避免雷击。

GPS天线从水平或垂直方向上应远离任何基站发射天线3 m以上，如图4—5所示。

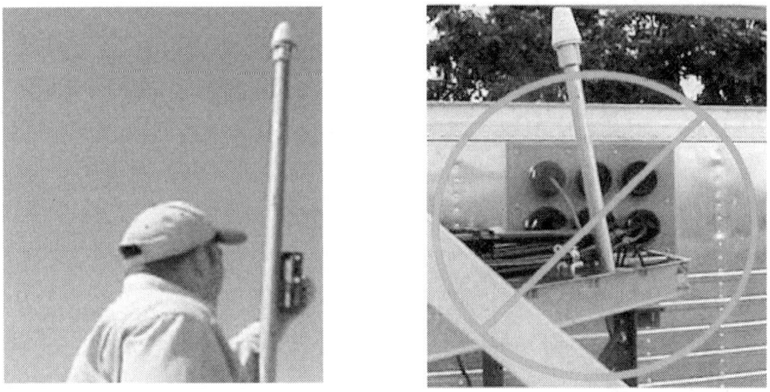

正确　　　　　　错误

图 4—3　GPS 天线选位 2

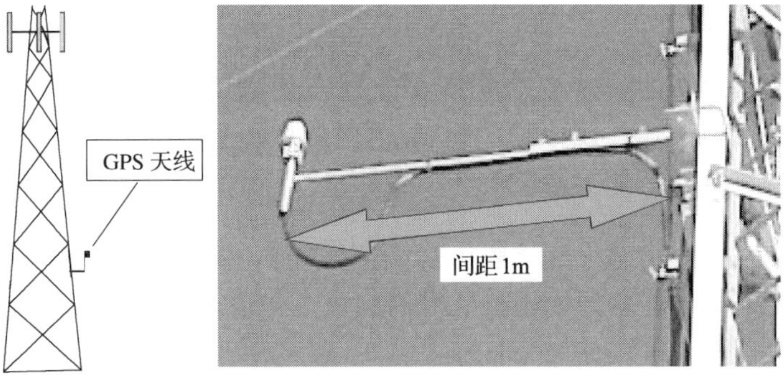

图 4—4　GPS 天线选位 3

正确　　　　　　错误

图 4—5　GPS 天线选位 4

4.6　直放站、室内分布系统的优化

4.6.1　室内分布系统

1. 室内分布系统原理

室内覆盖是针对室内用户群、用于改善建筑物内移动通信环境的一种成功的方案，近几年在全国各地的移动通信运营商中得到了广泛应用。

室内覆盖系统为上述问题提供了较佳的解决方案。其原理是利用室内天线分布系统将移动基站的信号均匀分布在室内每个角落，从而保证室内区域拥有理想的信号覆盖。

室内覆盖系统的建设，可以较为全面地改善建筑物内的通话质量，提高移动电话接通率，开辟出高质量的室内移动通信区域；同时，使用微蜂窝系统可以分担室外宏蜂窝话务，扩大网络容量，从整体上提高移动网络的服务水平。

室内分布系统是针对室内用户群、主要解决建筑物内移动通信网络覆盖的一种方案。室内分布系统原理是通过无线直放站引入信号源，再由功率分配器、干线放大器、馈线、室内天线等将信号均匀地覆盖到室内的每个角落，从而保证室内区域拥有理想的信号覆盖。室内分布系统原理如图 4—6 所示。

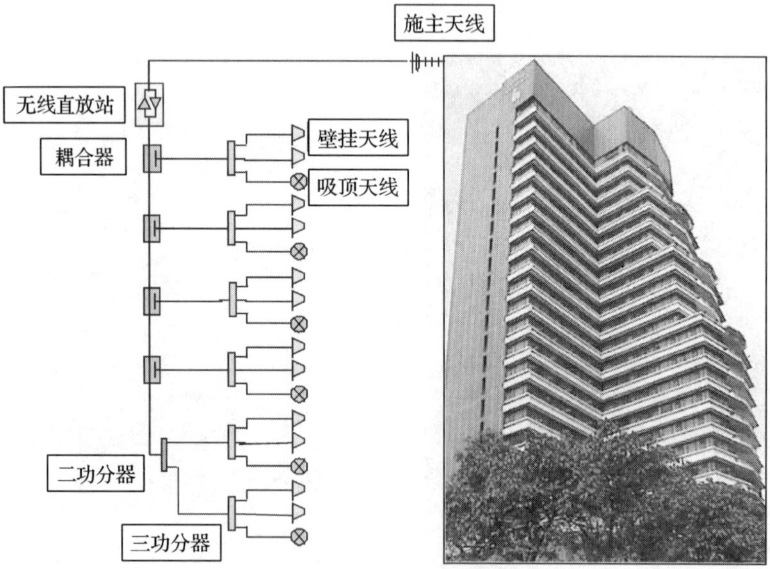

图 4—6　室内分布系统原理

实现室内覆盖的技术方案可分为3种，详见表4—7。

表4—7　　实现室内覆盖的技术方案

接入方式	说明
微蜂窝有线接入方式	以室内微蜂窝系统作为室内覆盖系统的信号源，即有线接入方式。适用于覆盖范围较大且话务量相对较高的建筑物内，在市区中心使用较多，解决覆盖和容量问题
宏蜂窝无线接入方式	以室外宏蜂窝作为室内覆盖系统的信号源，即无线接入方式。适用于低话务量和较小面积的室内覆盖盲区，在市郊等偏远地区使用较多
直放站（Repeater）	在室外站存在富余容量的情况下，通过直放站将室外信号引入室内的覆盖盲区

室内覆盖系统主要由信号源和信号分布系统两部分组成，如图4—7所示。

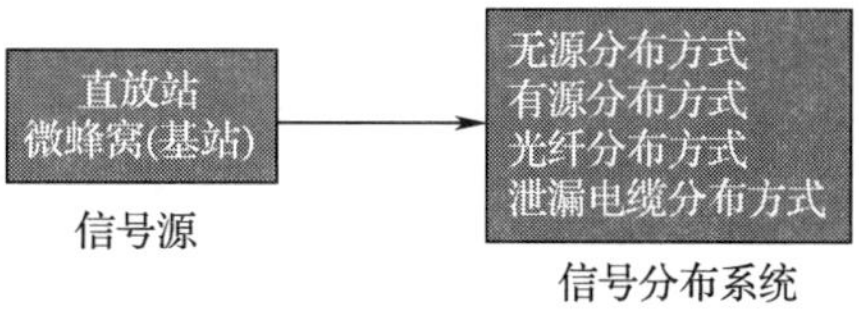

图4—7　室内覆盖系统组成

2. 室内分布系统分类

室内分布系统按其构成可以分为：无源分布系统、有源分布系统、泄漏电缆分布系统3种类型。

(1) 无源分布系统。无源分布系统是由功分器、耦合器、馈线、天线等无源器件组成，如图4—8所示，具有故障率低、可靠性高、维护量小等特点。但信号在传输过程中产生的损耗无法得到补偿，因此无源系统仅应用于较小范围区域覆盖，如小型写字楼、超市、地下停车场等。

(2) 有源分布系统。有源分布系统（见图4—9）是在无源分布系统中引入有源干线放大器，从而可以有效补偿信号在传输过程中的损耗，延伸覆盖范围。有源分布系统广泛应用于各种较大的室内覆盖工程。

(3) 泄漏电缆分布系统。泄漏电缆分布系统（见图4—10）是将无线直放站信号通过泄漏电缆传输，并将信号泄漏到所需覆盖区域。泄漏电缆其外导体的一系列开口就是一系列缝隙天线，起到辐射和接收信号作用，适用于公路隧道、铁路隧道、过江隧道、地下长廊等。

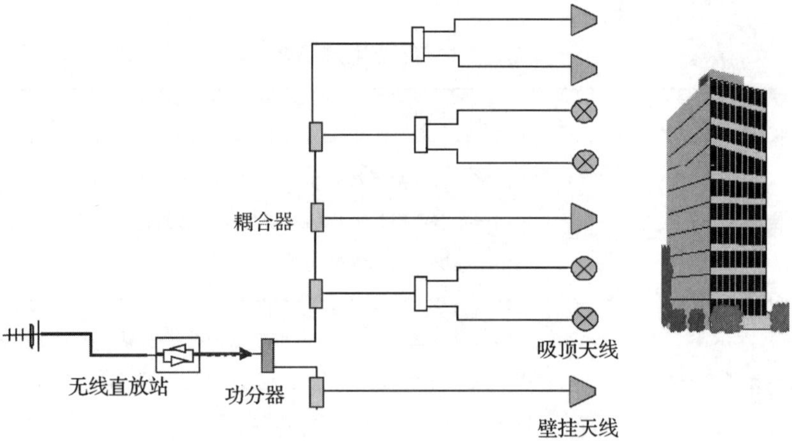

图 4—8　无源分布系统

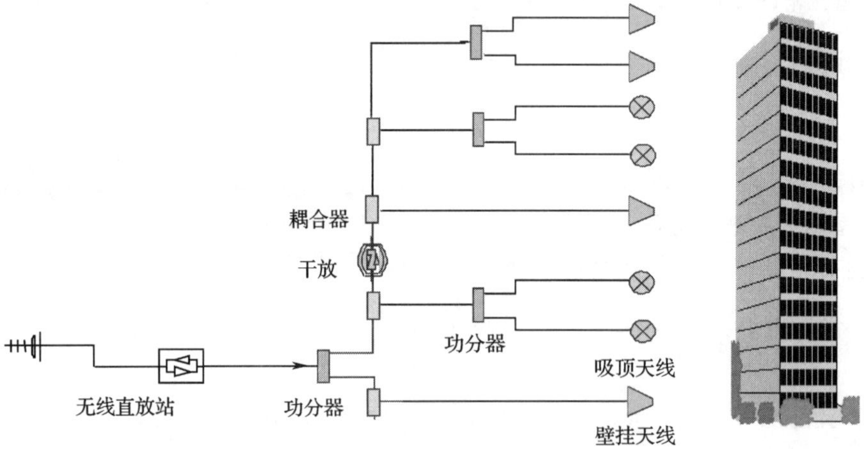

图 4—9　有源分布系统图

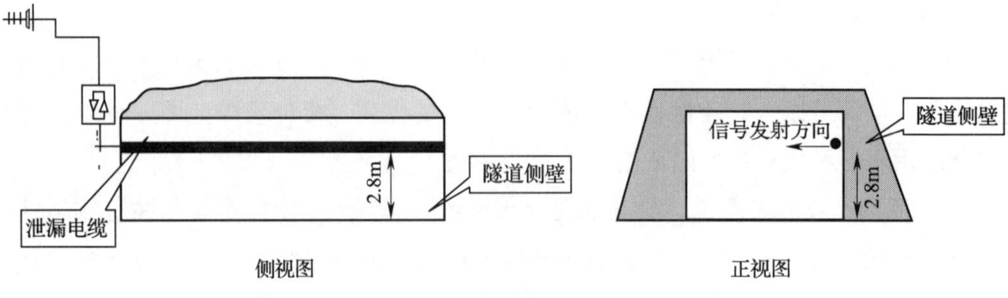

图 4—10　泄漏电缆分布系统

3. 信号分布方式比较（见表 4-8）

表 4—8　　几种分布方式比较

分布方式	优点	缺点
无源	可靠性高，故障率低	由于电缆传输得不到补偿所以覆盖面积受限
有源	延伸覆盖面积较大	上行链路引入干线放大器的噪声
泄漏电缆	场强分布均匀，可靠性高，频段宽	造价较高

4. 室内分布系统设备技术指标

（1）无线直放站：功率输出 17 ~40 dBm，增益 65 ~90 dB。

（2）干线放大器：功率输出 27 ~38 dBm，增益 20 ~50 dB。

（3）耦合器：耦合度 -40 dB/插损 0.3，耦合度 -30 dB/插损 0.3，耦合度 -20 dB/插损 0.5，耦合度 -10 dB/插损 0.8，耦合度 -7 dB/插损 1.3。

（4）功分器：4 功分器/损耗 6.4 dB，3 功分器/损耗 5 dB，2 功分器/损耗 3.5 dB。

（5）室内天线：定向天线水平半功率角 65° ~120°/增益 5 ~10 dBi，全向天线/增益2.1 dBi。

（6）施主天线：水平波束角 <35°，增益 15 ~18 dBi。

（7）射频电缆：7/8″（损耗 4.2 dB/100 m），1/2″（损耗 8 dB/100 m）。

（8）泄漏电缆：7/8″（损耗 4.2 dB/100 m），1 -5/8″（损耗 2.2 dB/100 m）。

4.6.2　直放站原理及构成

1. 直放站的原理

在移动通信网络运营中，业务成功的关键在于能够以较低成本的系统和设备完成理想的覆盖面积、通话质量和服务时间。通过网络规划，基站被分布在每个服务区内以实现用户的通话要求。由于射频信号传播特性和人工或自然物体的遮挡，经常会出现盲区或微弱信号区，例如，在地下空间、建筑物内部、被高楼环绕的街区、边远地区或山谷中，此时很容易发生无信号、通话质量下降、掉线或干扰等情况。直放站在上述情况下可以作为基站替代，扩展覆盖面积和提高覆盖质量。直放站覆盖原理如图 4—11 所示。

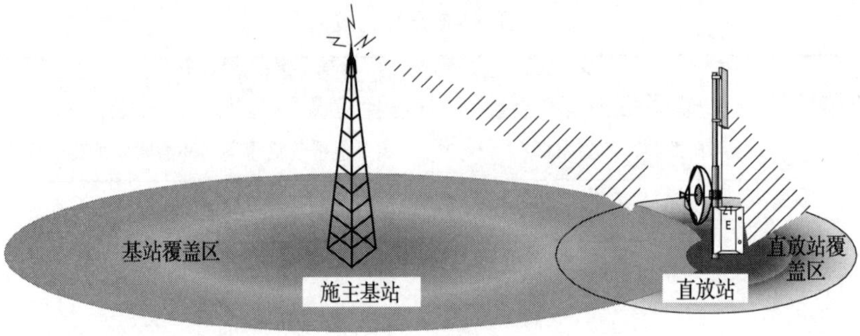

图 4—11　直放站覆盖原理图

直放站与基站不同，没有基带处理电路，不解调无线信号，仅仅是双向中继和放大无线信号。因此利用直放站只能扩大无线覆盖范围和提高覆盖质量，而不能增加系统容量。微蜂窝也是用于提高覆盖范围和覆盖质量的一种设备，但微蜂窝实际上是缩小化的基站，相对于直放站仍然较昂贵。

无线直放站是众多直放站中最常用的一种，主要特点就是将收到的信号经放大处理后再重新发送出去，施主天线接收到的信号与重发天线再发射的信号在频率上是一致的，因此称为无线直放站。

无线直放站设备主要是由各种放大器和滤波器组成的，因为在 CDMA 网络中，采用了 FDD 的双工方式，基站的收发频率是不同的（相差45 MHz），无线直放站因此就有上行（也称为反向）和下行（也称为前向）两个通道。无线直放站内部原理如图 4—12 所示。

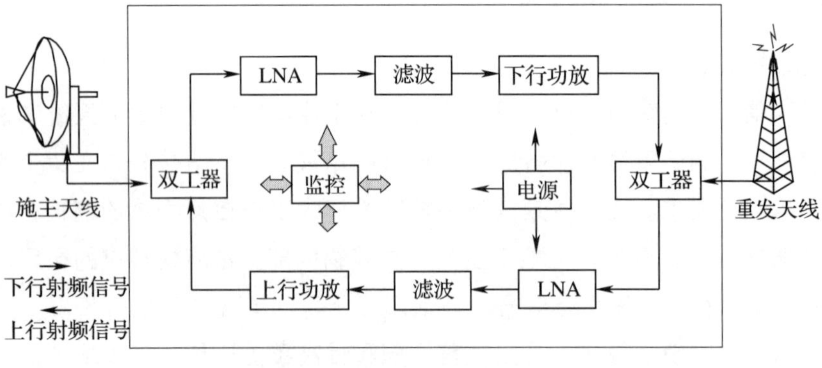

图 4—12　无线直放站内部原理

在一个无线直放站中，电路部分主要模块包括：施主天线端双工器（含滤波器）、下行通道低噪声放大器、下行通道功率放大器、上行通道低噪声放大器、上行通道功率放大器、重发天线端双工器（含滤波器）、电源、监控单元。

2．无线直放站的工作过程

（1）上、下行信号的处理。无线直放站工作时，首先施主天线接收来自基站的信号，该信号进入双工滤波器滤除带外的无用信号后，再由低噪放大器将信号放大。为了能够得到比较纯净的信号，有时还采用中频滤波的方法，先对接收信号进行变频（最常见的是变至70 MHz），在中频频率上再次滤波，带宽多为1.23 MHz，也可以是10 MHz带宽的处理，经中频放大后，又变回到原来的频率，进入功率放大器放大至所需功率，由重发天线输出。

上行信号同下行信号的处理过程相似，只是频率不同，移动台信号经由重发天线接入并经相应的放大处理后，再由施主天线送到施主基站。

如果采用的射频双工滤波器具备较好的滤波特性，也可以不采用中频处理技术。

（2）主要模块及其功能

1）双工滤波器。双工滤波器是紧接于天线后面的部件，它要保持收/发信号之间的隔离度并且滤除杂波信号。射频的双工滤波器一般采用腔体的方式构成。当单纯采用射频滤波器无法保证指标时，也可采用中频滤波的方法，中频滤波一般采用变频并使用声表面波（SAW）滤波方式。

2）低噪放大器。在直放站中，上、下行信号首先都要经低噪放大器（LNA）处理，低噪声放大器具有良好的微弱信号放大能力，同时放大器引入的噪声又比较低。

3）功率放大器。功率放大器是组成直放站的重要部件，其主要功能就是把要转发的信号放大到需要的功率输出。为保证输出信号的质量，功放应工作在线性放大区，因此，功放的输出受到指标的约束。如互调衰减要求小于 −15 dBm，带外抑制达到 −17 dBm（距中心频率1.98 MHz），在大功率直放站应用时，要使用线性功放。

4）监控单元。为了确保直放站的正常工作以及能够及时发现设备的问题，并能将直放站的工作情况汇总至网管中心，一般在无线直放站内均设有监控单元。监控单元可以检测无线直放站内部各个部件的工作情况、参数变化情况，并能够对主要参数进行设置。通过无线 Modem，还可将信息传至远端直放站网络监控系统。

5）电源。大部分无线直放站使用交流电源，同其他设备共站时也可以使用直流电源，在经常断电的区域还可以采用带有蓄电池浮充的电源，可配备蓄电池，在一些能源短缺的偏远山区还可以使用太阳能电源或风力电源等。

3．无线直放站的特点

（1）无线直放站的优点。在 CDMA 网络建设初期，受投资规模的限制，运营商不可能一次性建设较多的基站，而基站数量不足将影响网络覆盖质量，为了在短期内减少投资、解决覆盖问题，需要用直放站作为过渡手段。另外，由于我国广大的农村和边远地区地域辽阔、话务量低，这些地方需要用直放站延伸覆盖、提高基站设备的利用率。由于某些自然及人为障碍物（如高山、大型建筑物、隧道和地下商场等）的影响而形成的信号盲区、阴影区，由于这些地区要求一定的覆盖范围但对容量要求不高，直放站也是解决这些区域网络覆盖的经济合理手段。

采用无线直放站具有以下优点：

1）设备价格低。一套无线直放站设备的价格只有宏蜂窝基站价格的 1/10 或更少。相比于移频直放站和光纤直放站，其价格也更便宜。

2）配套要求低。直放站体积小、耗电低，室外机可保证设备在野外恶劣环境下正常工作，配套设施要求简单，特别是在直放站和基站之间无须提供专用传输链路，适用于传输资源紧缺的地区。

3）建设周期短。直放站安装方便、快捷。一般一个无线直放站从勘测、设计到安装、调试开通仅需 2 ~3 天时间。

直放站使用灵活、安装灵活、搬迁方便，在基站条件暂时不具备的站点，先利用直放站作为过渡手段完成覆盖。在用户发展起来后再更换为基站，替换下来的直放站还可在其他地区使用。在条件恶劣、话务量低、扩容潜力不大的地区，可使用直放站实现长期的覆盖，如公路、乡村、停车场等。

（2）使用无线直放站存在的风险。CDMA 网络是同频自干扰系统，基站接收机灵敏度高，由于 CDMA 网络自身的特性，使得无线直放站的调试指标要求更加严格，干扰问题成为 CDMA 无线网络建设和维护中必须考虑的主要问题。使用无线直放站将面临以下风险。

1）自激的风险。无线直放站如果隔离度设计、调测不当，可能会导致设备发生自激。直放站自激时，轻则直放站的覆盖区通话音质变差，接通率下降，掉话率上升；严重时使施主基站及其周围的基站瘫痪，网络无法正常通信。

2）施主基站灵敏度降低的风险。直放站会给其施主基站引入一定的噪声，噪声引入量由直放站的反向噪声系数、反向增益和施主链路的有效路损决定。若直放站的反向增益设置过高，则会引起施主基站的灵敏度大大降低，导致其反向覆盖范围减小，用户容量降低。

3）扩大导频污染的风险。若施主天线的位置选在导频污染区，施主天线的选择和调试不当，会使直放站的覆盖区变成一个新的导频污染区，影响网络的性能。

4．光纤直放站的原理和特点

光纤直放站近端机和远端机都包括射频单元和光电转换单元。射频信号从基站侧耦合（无线接收）后，经衰减器（前端放大）将信号电平调整至合适功率后馈入光端机，通过光端机进行电光转换后，光信号经光缆传输至远端。远端光端机再将光信号转为射频信号，通过射频模块放大后经用户天线对覆盖区进行覆盖。上行链路的工作原理与下行链路相仿。

监控单元为设备各功能模块提供相应工作参数，并实现对各模块工作状态的监测，电源模块为设备各功能模块提供相应的工作电压。

（1）光纤直放站使用场景。光纤直放站的应用场合非常广泛，可广泛应用于写字楼、宾馆、商业中心、大型小区以及地铁、隧道、高速公路等。光纤直放站主要拓扑连接形式有星形和链形等。

1）道路信号覆盖。光纤直放站用于铁路、高速公路、普通道路等具有带状覆盖需求的区域覆盖，如图 4—13 所示。光纤直放站功率大，覆盖效果可以和基站相比拟，成本低，投资性价比高，适用于铁路多弯道、隧道较长且密集的区域。

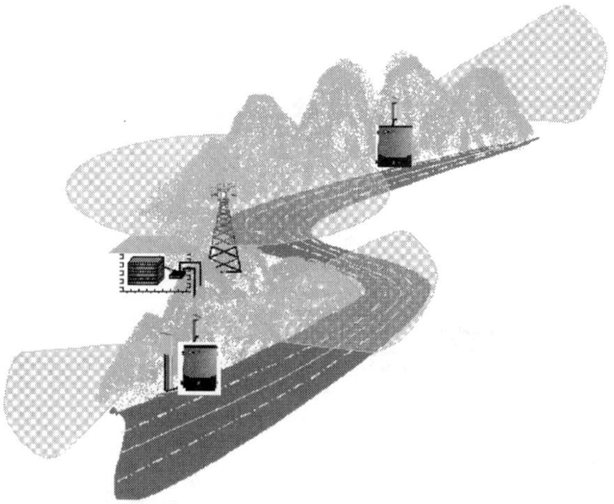

图 4—13　道路信号覆盖

2）小区、城中村信号覆盖。光纤直放站可以解决目前网络优化中存在的一些问题，如城市中新建基站站址选择难和老基站搬迁问题。该系统具有网络设计灵活多样、组网方式简单快捷、系统可靠性高、系统扩容方便等特点。小区、城中村的信号覆盖如图 4—14 所示。

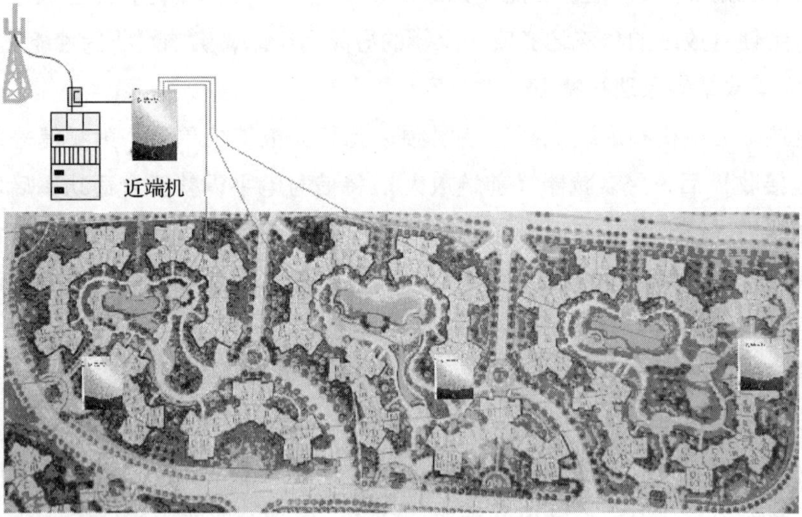

图 4—14　小区、城中村覆盖

一些热点区域话务量大，原有系统很难满足需求，可以使用光纤直放站把较闲的基站载频资源搬移进来，分担原区域的话务压力，提高现有资源的使用率。热点区域的覆盖如图 4—15 所示。

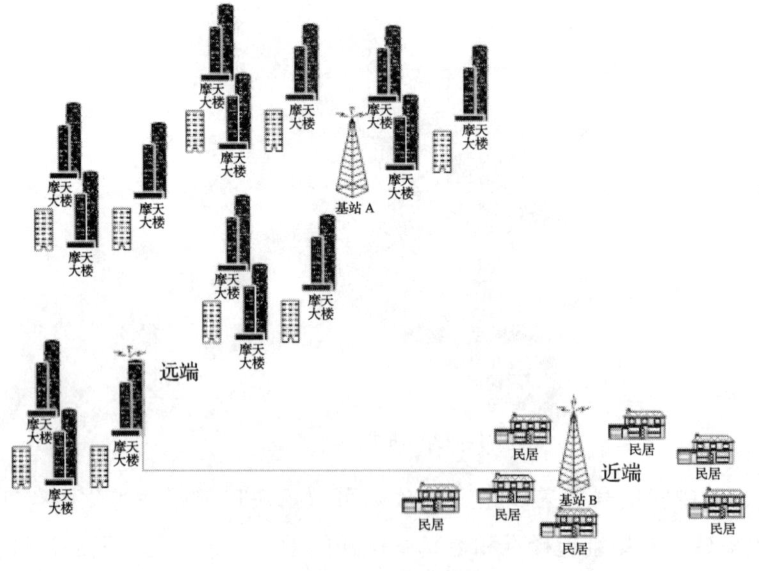

图 4—15　热点区域覆盖

3）边远村落覆盖。在城市的郊区和乡镇等地区，话务量相对于密集城区和一般城区低一些，但要求室外的连续覆盖。在这种区域的中心地带，运营商是有机房和传输资源的；在区域的周边地带则机房资源严重不足，根本无法保证普通基站的安装条件。针对这种情况，光纤直放站可以很好地解决此类地区的覆盖。这种解决方案一方面实现了良好的广域覆盖，另一方面实现了低成本快速建网，优势是非常明显的。边缘村落的覆盖如图 4—16 所示。

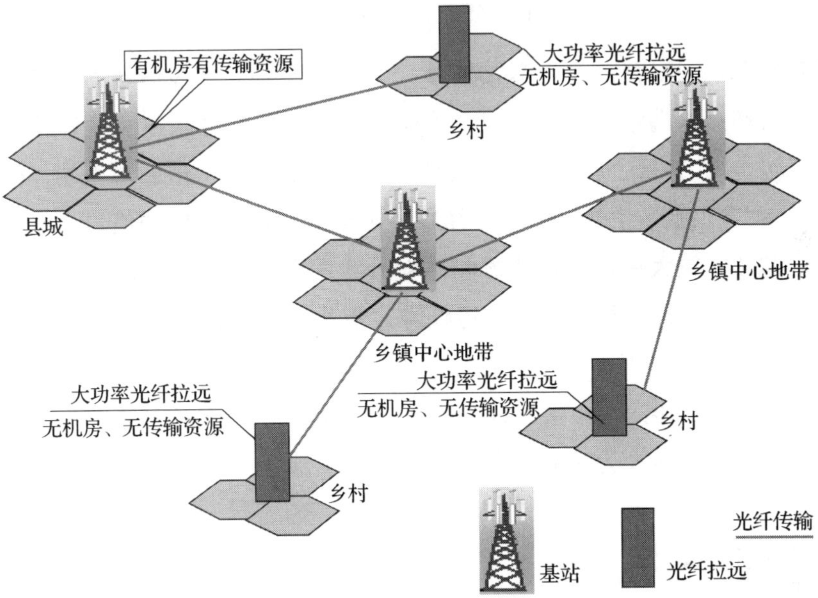

图 4—16　边缘村落覆盖

（2）产品构成与工作原理。光纤直放站分为近端与远端，主要由双工器、功放、低噪放、上下变频器、数字中频板、电源模块、GSM 无线 modem、监控板等组成。数字光纤直放站系统工作原理如图 4—17 和图 4—18 所示。

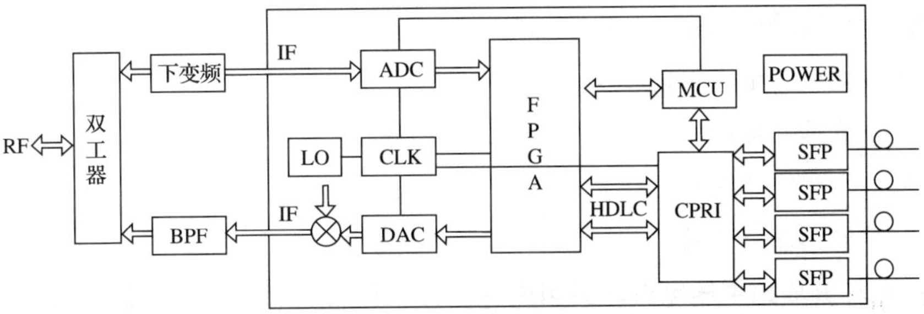

图 4—17　数字光纤直放站近端原理图

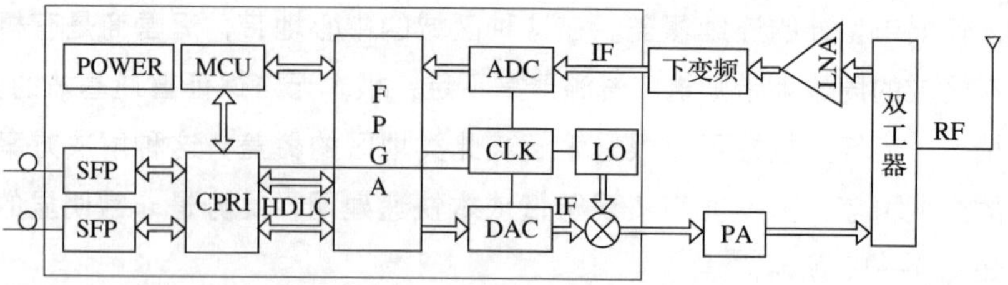

图 4—18　数字光纤直放站远端原理图

设备在接入端由耦合器引入基站信号，由覆盖端完成无线信号的覆盖。从基站耦合的下行信号在接入端经放大、滤波、下变频到中频后，进入数字处理单元变为数字信号，再经过电/光转换，将其调制到光信号上，通过光纤传送到覆盖端；覆盖端经过光/电转换，解调出数字信号，该信号经数字处理单元转换为中频信号，然后经上变频到射频，经滤波、放大后，通过功放和重发天线发送给移动台。反之，覆盖端重发天线接收到移动台发送的上行信号，进行低噪声放大、下变频、放大、滤波后变为中频信号，然后进入数字处理单元变为数字信号，再进行电/光转换，将其调制到光信号上，通过光纤传送回接入端；接入端先进行光/电转换，将光信号恢复成数字信号，该信号经数字处理单元转换为中频信号，然后经上变频到射频，经滤波、放大后发送给基站。

（3）主要组成描述

1）定向耦合器：从基站引出下行信号，并将上行信号耦合入基站。

2）近端单元：主要实现信号光/电转换、下行信号下变频及数字处理和上行信号数字处理及上变频等功能。

3）单模：传输光缆光信号。

4）远端单元：主要实现信号光/电转换、上行信号下变频及数字处理和下行信号数字处理及上变频等功能。

5）射频同轴电缆：传输 CDMA 信号。

6）重发天线：面向移动用户，完成区域覆盖。

7）尾纤：光纤跳线用。

8）光分合路器（选用）。

（4）光纤直放站主要优点。采用先进的数字信号处理技术，可以有效地克服设备引入对基站底噪抬升的影响，增强对带外噪声和干扰的抑制。接入端与覆盖端采用数字光纤连接，有效地克服模拟光纤传输方式存在的噪声叠加严重、传输距离受限的缺点。支持灵活多变的网络拓扑结构，如星型、链型、环型、混合型等，组网方便。采用新型大功率功放设计，线性好，功放效率高，输出功率高，覆盖范围大。接入端与主基站之间采用光纤连接，与常规解决方案中天线与机房之间馈线连接相比，可以避免其带来的馈线损耗。数字光纤直放站采用先进的数字信号处理技术，能够有效地解决模拟光纤传输方式存在的噪声叠加严重、传输距离受限、组网方式单一等诸多问题，实现了基站的远距离、多场景覆盖，是目前解决信号覆盖的最先进的设备。

4.6.3　直放站、室内分布系统（含高层导频污染）的优化方法

1. C 网室内覆盖的总体原则和技术指标

（1）室内覆盖总体原则

1）室内覆盖建设应遵循“优化补差、加强覆盖、突出重点、分布为主、内外协调、资源共享、兼顾效益”的总体原则。

2）选点原则：优先考虑话务量密集区域，如高档写字楼、大型购物中心和专业市场、政府机关、医院、宾馆、酒店、会展中心以及机场等重要建筑。

3）要求所定义的室内无线综合分布系统（以下简称室内分布系统）应具有良好的兼容性和可扩充性，应根据业务发展需要支持 CDMA2000 1x/EVDO、WLAN 等系统的接入，在各系统的天线布放有所冲突的时候，应优先考虑满足 CDMA2000 1x/EVDO覆盖。

①不同网络无线信号相互之间的干扰应不影响各通信系统的工作性能。

②室内分布系统中的光放或 RRU 的功放输出应考虑 CDMA2000 1x/EVDO、数字集群系统增加载波的余量，对新建场点中未考虑 WLAN 的分布系统应为将来系统改造引入 WLAN 多频段合路器（插损）预留至少 2 dB 的功率余量。

4）目标覆盖区域内话务量应由室内分布系统承载。

5）室内分布系统应实现目标覆盖区域内信号的均匀分布，避免与室外信号之间过多的切换和干扰，避免对室外基站布局造成过多的影响。

6）室内分布系统应合理使用放大器。

①覆盖面积小于两万平方米的室内分布系统在满足信号覆盖情况下，原则上应采用无源方式，不使用放大器。覆盖面积大于两万平方米的室内分布系统，PHS 系统尽量不使用干放，蜂窝移动通信系统不得采用干放。

②使用光纤放大器增加覆盖范围时，每个近端机所连的远端机数量不得超过 3 个。

③CDMA 信号源每载扇连接的远端机数量不得超过 4 个，同时考虑话务量的测算。

④CDMA 放大器输出导频功率占放大器输出总功率的比值参照当地宏站输出实际比值（建议不大于 50%）。

⑤CDMA 放大器的选取应考虑引入 1x 多载频及 DO 载频的余量。

7）室内分布系统所采用的设备和器件应符合相关规定。

室内分布系统应做到结构简单，工程实施容易，不影响目标建筑物原有的结构和装修。

（2）不同室内覆盖条件下的要求

根据室内无线传播特点和覆盖需求的差别，室内环境可以分为裙楼、标准层、地下层、电梯等类型。室内分布系统建设应根据不同室内环境特点来进行覆盖。

1）裙楼。一般位于建筑物的低楼层，楼层面积较大，空间隔断较少或较空旷。通常窗边附近区域信号较好，纵深处信号较差。商业用途的裙楼除了解决信号覆盖问题还要考虑容量问题，同时应注意控制信号外泄以及与室外基站的平滑切换。

2）标准层。裙楼以上的楼层（包括楼梯），空间间隔较为规则，通常高楼层信号较为杂乱，纵深处信号较差。标准层通常为住宅、办公室、酒店房间等，室内分布系统主要解决覆盖问题，需要形成室内主导信号。

3）地下层。建筑物地面以下部分，包括地下室、地下停车场等，通常为信号盲区。室内分布系统主要解决覆盖问题，同时需要注意与地面信号之间的切换问题。

4）电梯。室内分布系统主要满足电梯内语音业务的覆盖需求。通常采用在电梯井内安装高增益定向天线或敷设泄漏电缆的方式进行覆盖，应注意保持电梯运行时信号的连续性，尽量减少电梯运行和用户进出电梯口时的切换和掉话。

5）消防及紧急通道。消防及紧急通道通常为无线信号的盲区，平时较少人员流动，紧急情况下是疏散人员的主要途径，是分布系统必须覆盖的区域，方案设计时应予以考虑。

（3）CDMA 分布系统覆盖的技术指标

1）信号覆盖电平

①标准层、裙楼。目标覆盖区域内 95% 以上位置，前向 Ec≥ −85 dBm，Ec/Io≥ −8 dB（前向空载），保证移动台能正常接入且不掉话。

为了避免高层窗边导频污染，10 层以上的室内窗边前向 Ec 设计指标应根据现场用导频模拟发射机模测取得，在测试设备条件不满足的情况下可根据 Ec≥Rx（室外）+

Ec/Io（室外）+3 db 推算，Ec 值不得小于 −85 dBm；10 层以下楼层如天线安装位置距离窗口 2 m 以内，应采用定向天线向室内覆盖，保证移动台能正常接入且不掉话。

②地下层、消防及紧急通道。目标覆盖区域内 95% 以上位置，前向 Ec ≥ −90 dBm，Ec/Io≥ −8 dB（前向空载），保证移动台能正常接入且不掉话。

③电梯。必须保证覆盖 100% 位置，前向 Ec≥ −90 dBm，Ec/Io≥ −8 dB（前向空载），保证移动台能正常接入且不掉话。

Ec/Io≥ −12dB 的激活导频数不大于 3 个，详见软切换分支要求。

2）EVDO 信号覆盖要求

①标准层、群楼。目标覆盖区域内 95% 以上位置，1X 增强型载波前向接收信号强度 Rx_Power 应大于 −80 dBm，C/I 比应大于 −5 dB（边缘速率大于 153.6 Kb/s）。

②电梯、地下层、消防及紧急通道。目标覆盖区域内 95% 以上位置，1X 增强型载波前向接收信号强度 Rx_Power 应大于 −85 dBm，C/I 比应大于 −8 dB（边缘速率大于 76.8 Kb/s）。

3）软切换分支 Actset。室内 80% 区域软切换分支控制在一个，90% 区域内应不大于 3 个。

4）移动台发射功率 Txlevel

①标准层、裙楼。90% 以上区域的实测 Tx <5 dBm。

②电梯。90% 区域内达到实测 Tx <10 dBm。

③地下室。90% 区域内达到实测 Tx <0 dBm。

5）误帧率 FER

①标准层、裙楼。90% 以上区域的实测 FER <1%。

②地下层、电梯。90% 区域内达到实测 FER <3%。

6）接通率。要求在目标覆盖区域内的 98% 位置、99% 的时间移动台可接入网络。

7）掉话率。忙时话务统计：掉话率 <1%。

8）切换成功率。室内外小区和室内各小区之间的切换成功率 >95%。

9）信号外泄。如室内外采用同频，室内导频在建筑物外10 m处的信号强度应比室外导频信号强度低10 dB以上，且最大不得超过 −90 dBm；如室内外采用异频建设，则室内导频信号强度在建筑物外10 m处的泄漏不得超过 −90 dBm。

10）邻区设置。如设计中通过合理的天线布放，天线口功率设至最大仍无法满足模测结果，建议更新室内外基站的邻区列表，并确保 Ec/Io > −10 dB。

11）上行噪声电平。在基站接收端位置收到的上行噪声电平小于 -110 dBm/1.25 MHz。

2. 直放站优化

在基站覆盖小区中增加直放站会引起施主基站的覆盖半径、相邻小区以及无线传播的变化。应相应调整基站有关参数进行网络优化，使网络覆盖质量达到最佳。直放站优化主要涉及以下几方面。

（1）搜索窗口参数的优化。直放站对系统搜索窗口参数的影响要从直放站群延时和产生多径两方面考虑。直放站可能会对所在的施主基站和周围基站都有影响，必须根据实际情况仔细调整这些参数。

1）活动组搜索窗口（Active Set Search Window）参数 SRCH_WIN_A 是由基站发送给手机的，手机以接收到的导频最早到达的多径分量为时间基准，以 SRCH_WIN_A/2为搜索半径向两边搜索可能存在的多径信息。激活集搜索窗原理如图 4—19 所示。如果由于搜索窗口设置过小，使具有足够强度的多径信号没有被基站识别，将会对系统造成强烈的干扰，降低信号的 Eb/Io，导致通话质量下降或掉话。反之，如果此窗口设置过大，将会使系统把大量的处理能力都浪费在无用的搜索上，不能及时地搜索随时都会产生的多径信息，以致造成系统性能降低。因此在系统中引入直放站后，由于直放站扩大了覆盖范围、增加了多径干扰，直放站所在基站的活动组搜索窗口需要根据实际应用做相应的调整。

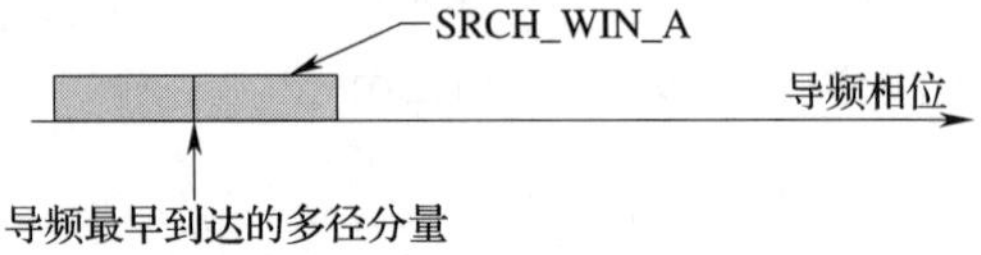

图 4—19　激活集搜索窗原理

IS -95 规定活动组窗口最大值是 452chips（±226），等效距离是 226 ×0.244 = 55.1 km。

激活集搜索窗计算如图 4—20 所示。由图 4—20 可见，到达手机下行信号有两条路径：一条从基站直达，延时为 R_1，另一条经过直放站重发，延时为 $R_1+2\times R_2+\tau$，其中τ 为直放站延时。两条链路到达手机的信号强度接近，两条路径的最大时差是 $2\times R_2+\tau$，这时 SRCH_WIN_A 窗口设置要大于 $2\times(2\times R_2+\tau)$。

设：多径延时为 τ_0，直放站的覆盖半径是 Rrepeater，则活动组导频信道搜索窗口宽度为：$2\times(2\text{Rrepeater}/C+\tau_0+\tau)$，$C$ 为电磁波传播速度。

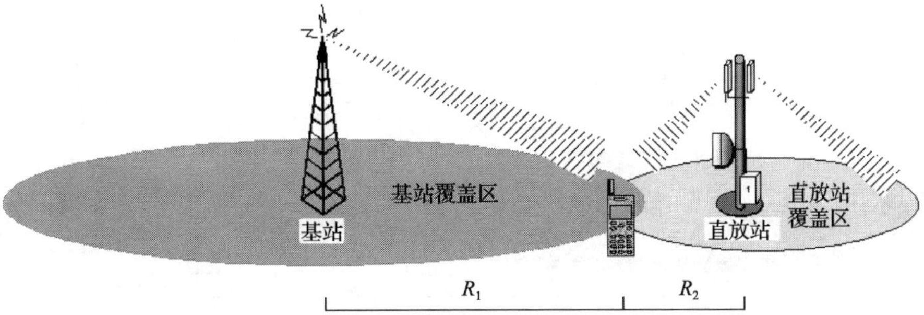

图 4—20 激活集搜索窗计算

2）邻接组搜索窗口（Neighbor Set Search window）用于发现相邻基站，如图 4—21 所示。

图 4—21 邻接组搜索窗口

基于最早到达的参考导频的定位，移动台将加上适当数量的码片来找出邻居导引集的导引信号。例如，图 4—21 中移动台只需在其时间基准上加上（导频 2 – 导频 1）× 64 chips 即得到相邻导频 2 的参考定位。然而，由于移动台距离两个小区的位置不同，两个小区导频到达移动台的延时不同，如图 4—21 中分别为 t_1 和 t_2。这样，实际上小区 2 到达移动台的时间和从移动台推导出的参考定位有一些偏差，CDMA 系统中利用 SRCH_WIN_N 参数来弥补。

处于直放站覆盖区的移动台，由于覆盖距离扩大，可能会“缩短”与相邻基站的距离，从而导致原先设定的邻接组搜索窗口的大小不合适。如果这些具有足够强度的多径信号由于搜索窗口过小而没有被移动台识别，将会对移动台造成强烈的干扰，降低信号的 Eb/Io，导致通话质量下降或掉话。同时，由于不能识别相邻 PN，错过了切换，原基站信号逐渐微弱，也会引起掉话和对相邻基站噪声强干扰。直放站干扰如图 4—22 所示。

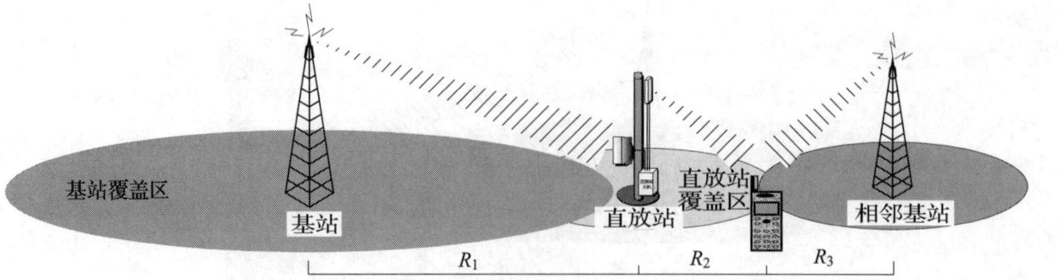

图 4—22　直放站干扰

工程上，所有直放站覆盖区周围的相邻小区的邻接组搜索参数都要修改，确保彼此的导频信号都能落入对方的搜索窗口之内。IS－95 中规定邻接组搜搜索窗口的宽度是 452 chips（±226），由于移动台 MSM 搜索器搜索速度的限制，实际最大宽度是 320 chips（±160）

设：施主基站覆盖半径为 Rdonor，直放站的覆盖半径为 Rrepeater，直放站距离基站的距离为 D，直放站前反向总的群延时为τ，相邻基站的覆盖半径为 Rneighbor。则邻居导引信道集搜索窗口宽度为：

$$2\times[(D+\text{Rrepeater}-\text{Rneighbor})/C+\tau+\tau_0]$$

式中　C——电磁波传播速度；

τ_0——多径延时。

搜索窗对应的码片数与空中距离之间的对应关系见表 4—9。

表 4—9　　　　　　　搜索窗码片与空中距离对应表

archwina srchwinn srchwinr (index value)	Actual Size (chips)	Air Miles (half window)	archwina srchwinn srchwinr (index value)	Actual Size (chips)	Air Miles (half window)
0	4	0.3	8	60	4.58
1	6	0.46	9	80	6.11
2	8	0.6	10	100	7.64
3	10	0.76	11	130	9.92
4	14	1.07	12	160	12.22
5	20	1.53	13	226	17.25
6	28	2.14	14	320	24.43
7	40	3.05	15	452	69.02

（2）邻区列表的优化。直放站改变了网络的拓扑结构，可能会引起周围小区的切换邻区发生变化，必须一一修改所有周围小区的相邻小区列表参数。邻小区的优化包括：增加邻小区、删除邻小区以及对邻小区的优先权进行调整。

1）增加邻小区。应及时根据直放站开通与周边邻小区的变化增加相应邻小区，如不增加将造成切换失败，同时因为相邻覆盖区没做邻小区，对周边产生干扰，影响网络质量。

2）删除邻小区。由于直放站的开通，将造成基站该扇区与周边邻小区切换关系的变化，同时由于每扇区邻小区表最多只能有 20 个邻小区，应通过 OMC 统计，对没有切换的邻小区进行删除。

3）对邻小区优先权进行调整。手机最多只能接收 20 个邻小区，当手机处于软切换状态时，其接收的邻小区是与软切换有关扇区邻小区的组合，基站邻小区应进行优先权设置，以便手机能接收到最重要的邻小区。因为直放站的引入，施主扇区与周边邻小区之间的切换数量次序会发生变化，应通过后台 OMC 统计，按邻小区切换次数的多少，重新调整邻小区优先权。切换次数最多的优先权最高，其他依次排列。

（3）切换参数的优化

1）切换门限参数。为了获得良好的软切换效果，IS－95 系统定义了四个切换门限参数。

①T_ADD 导引信号增加门限。这个值用于移动台触发发送导引信号强度测量消息以启动切换过程。基站设这一字段为导引信号增加门限。由无符号的二进制数表示：$[-2\times10\times\log_{10}Ec/Io]$，范围是 −31.5 ~0 dB，推荐值是 −13 dB。

②T_DROP 导引信号去掉门限。此值被移动台用于对有效导引信号集和候选导引信号集的导引信号启动切换定时器。基站设这一字段为导引信号去掉门限。由一个无符号的二进制数表示：$[-2\times10\times\log_{10}Ec/Io]$。范围是 −31.5 ~0 dB，推荐值是 −15dB。

③T_COMP 有效导引信号集与候选导引信号集比较门限。当候选导引信号集里的导引信号强度比有效导引信号集中的导引信号超过此门限时，移动台发射一个导引信号强度测量消息。基站设这一字段为候选导引信号集与有效导引信号集比值的门限，单位为 0.5 dB。范围是 0 ~7.5 dB，推荐值是 2.5 dB。

④T_TDROP 去掉导引信号定时器值。超过该定时器值时，移动台对导引信号发生一个动作，该导引信号是有效导引信号集或候选导引信号集中的一个导引信号且其强

度不比 T_TDROP 值大。如果该导引信号是有效导引信号集的一个导引信号，就发送导引信号强度测量消息。如果这一导引信号是候选导引信号集中的导引信号，它将被移至相邻导引信号集。范围是 0 ~15 s，推荐值是 2 s。

2）切换过程。CDMA 一次软切换需要完成 7 段流程，如图 4—23 所示。

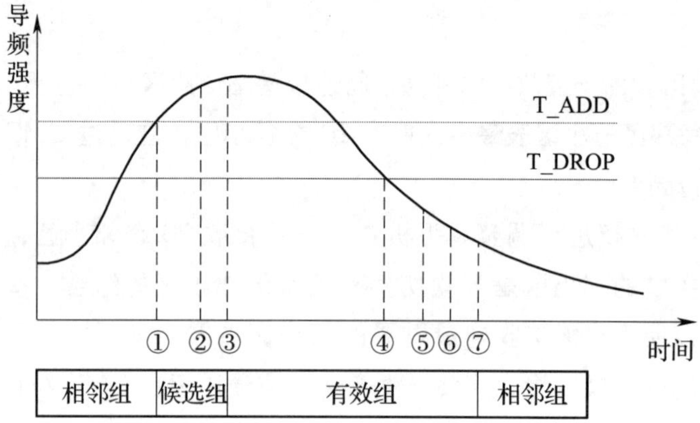

图 4—23　切换流程

①导频信号强度超过 T_ADD，移动台向基站发送导频强度测量消息，并把导频移到候补组。

②基站向移动台发送切换导频信号。

③移动台把导频转换到活动组，并向基站发送切换完成消息。

④导频强度降低到 T_DROP 之下，移动台启动 T_DROP 定时器。

⑤T_DROP 定时器终止，移动台向基站发送导频强度测量消息。

⑥基站向移动台发送切换消息。

⑦移动台把导频从活动组转移到相邻组，并向基站发送切换完成消息。

3．多载波环境下无线直放站的使用

目前使用的 CDMA 频段为 10 MHz，是频道配置的系统 A 标准，信道间隔为 1. 23 MHz。表 4—10 描述了信道编号与对应的频率之间的关系。例如：CDMA 的信道号为 283 号时，有：

移动台发信号频率：0. 03 ×283 +825. 00 =833. 49 （MHz）

基站发信号频率：0. 03 ×283 +870. 00 =878. 49 （MHz）

在 10MHz 带宽内，CDMA 可用载波编号及对应的信道见表 4—10。

中心频率和信道号 SN 之间的关系见表 4—11 和表 4—12。

表 4—10　　　　信道和频率对应表

系统	带宽（MHz）	信道计数	边界信道号	发射中心频率（MHz）	
				移动台	基站
A	10	333	1	825. 30	870. 30
			333	834. 99	879. 99

表 4—11　　　　中心频率与信道号关系表

发射机	信道号	中心频率（MHz）
移动台	SN≤799	0. 030N + 825. 000
基站	SN≤799	0. 030N + 870. 000

表 4—12　　　　信道号与中心频率对应表

CDMA 信道	模拟信道号	发射频率（MHz）	
		移动台	基站
7	283	833. 49	878. 49
6	242	832. 26	877. 26
5	201	831. 03	876. 03
4	106	829. 80	874. 8
3	119	828. 57	873. 57
2	78	827. 34	872. 34
1	37	826. 11	871. 11

（1）CDMA 信道使用情况。目前开通的 CDMA 系统均使用了其规定的基本信道：283 信道。二期建设正在开通 201 号载频，载频间隔为 2. 46 MHz，相隔为一个 CDMA 信道空间。随着 CDMA 网络的运行，还会开通其他载频。

（2）多载频对无线直放站的影响。在多载波的环境下，直放站的使用参数会受到一定的影响。单选频的直放站只能通过一个载频，设备必须通过改造，增加多载频的功能。因此在多载波的环境下，建议选用具备宽带（10 MHz）特征的直放站，或者具备多载频选频功能的直放站。

（3）多载频对功率的影响。对宽带直放站而言，在多载频的环境下，功率将在使用的多个载波间分配。因此，单载频输出功率为满功率时，多载频情况下原使用的单个载波功率会相应下降。留有功率余量的情况下，仍保持原来的单载频输出功率，多载频使用时直放站输出功率增加。

例如：对于2 W（33 dBm）的宽带直放站，单载频功率输出为2 W（30 dBm），在两载频情况工作时，如每载波输出功率相同，则每载波输出功率将小于1 W（30 dBm）。

单载波输入时，功率输出2 W/载波。单载波功率图如图4—24所示。

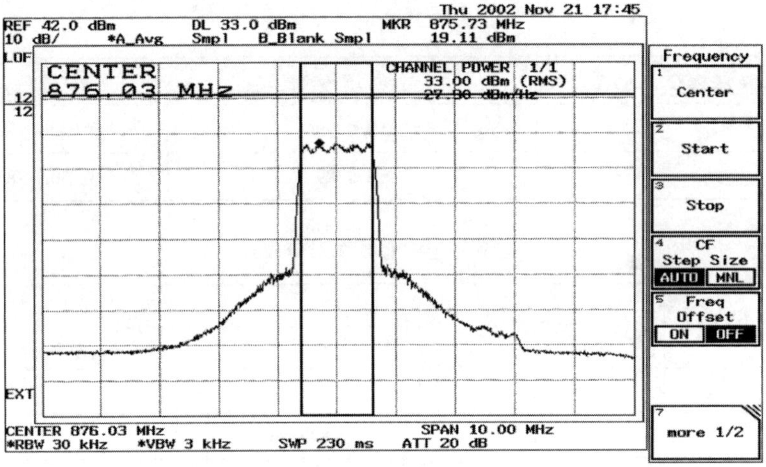

图4—24 单载波功率图

多载波输入时，功率输出1 W/载波。多载波功率图如图4—25所示。此外，多载波对带外抑制、信号质量和线性指标也会产生很大影响。

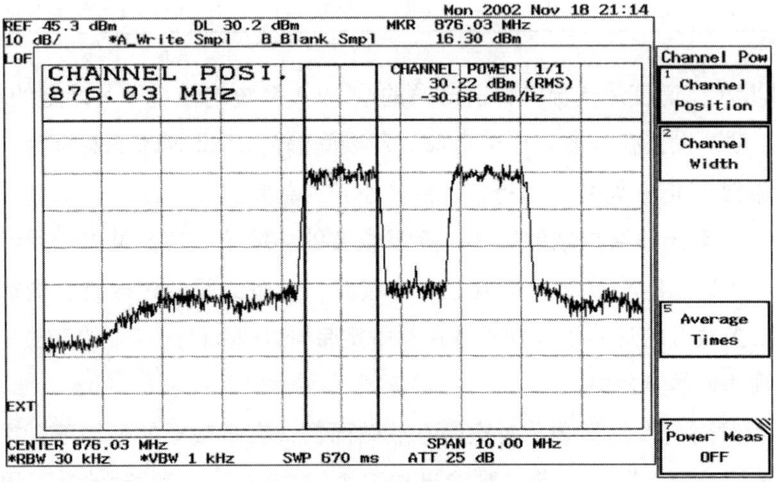

图4—25 多载波功率图

4. 光纤直放站光纤时延优化

光纤时延是信号在光纤链路传输中引起的时延，如果光纤链路过长会导致此时延过长，从而引起信号搜索失败或切换失败。目前，在上海大量使用了光纤直放站、室内覆盖光放和 BBU + RRU 拉远方式，而光纤时延问题对这些场景设计和优化都有很大影响，所以此处就着重研究 CDMA 网络光纤时延问题。

（1）C 网搜索窗概念。CDMA 网络在邻区搜索中分为激活集、邻集和剩余集三种类型，具体搜索方式如下：

1）激活集。激活集内某个 PN 的搜索窗口中心是以该 PN 的最早到达的多径为基础，与 Ref_PN 无关。激活集搜索窗口是用来对激活集内 PN 的多径进行搜索。

2）邻集。邻集内任何 PN 的搜索窗口中心是以 Ref_PN 的最早到达的多径为基础，与 Ref_PN 相关。邻集搜索窗口是用来对邻小区列表内的 PN 进行搜索。

3）剩余集。剩余集任何 PN 的搜索窗口中心是以 Ref_PN 的最早到达的多径为基础，与 Ref_PN 相关。剩余集搜索窗口是用来对邻小区列表外的 PN 进行搜索。

（2）相关时延计算

磁波空间传输速度约等于光速，$c=3\times10^{8}$ m/s。

电磁波在单模光纤中的传输速度约等于 2×10^{8} m/s。

信号在空间的传播速度是光纤中速度的 1.5 倍（原因是在光纤中以全反射的过程传输，空间速度为直线速度）。

即在 1 s 内一个扩频码发送 1.228 8 Mchips。

每 chips 的时间：1/1.228 8M =0.813 8 us。

每 chips 时间光信号在空间传播距离：$3\times10^{8}\times0.8138\times10^{-6}=244$ m，每千米时延约为：(1 000/244) ×0.813 8 us =3.3 us。

每 chips 时间光信号在光纤内传播距离：$2\times10^{8}\times0.8138\times10^{-6}=163$ m，每千米时延约为：(1 000/163) ×0.813 8 us =5 us。

（3）上海 PN 间隔案例。在上海 pilot_inc 为 2 的情况下，CDMA 基站最大的搜索窗宽度推荐为 128 chips（每 PN 对应 64 chips，此处不想把光纤直放站作为 PN 规划中特别考虑因素），但是搜索窗宽度没有对应宽度，为了不引起 PN 混淆，激活集搜索窗的大小不能超过 10（对应于 100 chips，并不会是 128 chips），否则相邻 PN 信号会落入激活集窗口中，造成导频混淆。

最大覆盖半径方向上的长度为 100/2 =50 chips（最大长度的一半）。

所以基站与移动终端的最大时延是 50 chips。

基站允许时延为：50/1.228 8 =41 us。

对于光纤直放站设备处理时延预留 10 us（设备不同，时延也不同，这里取限值），直放站覆盖等效距离 2.3 km（就上海目前现状而言，上海的光纤直放站一般覆盖距离不超过 1.5 km），折算为 7 us。

这样可用于光纤直放站的光路由时延为 24 us（24 =41 −10 −7），折算为光路由长度约 5 km。

综上所述，在上海 pilot_inc 为 2 的情况下，光纤传输路由需室内覆盖要求在5 km以内。

5．室内覆盖异频优化

国内 CDMA 网络经过多年建设，室外网络覆盖达到相当程度。随着城市的发展建设，高层建筑楼宇日益增多，室外基站信号已不能满足相对集中的楼宇内用户通信质量要求，尤其对高层用户的通信质量有较大影响。高层建筑由于其高度和周围相对低矮的物理环境，造成高层窗边无线传播环境较好，手机能够收到的导频信号数量较多且强度相当，无法形成主控信号，即使建有室内分布系统，室内导频信号在众多干扰信号作用下，也难以形成保证通话质量的主导频信号，从而引起呼失败、掉话、通话质量差和数据传输速度慢等现象，被业界称为“高层导频污染问题”。

高层导频污染不仅影响了用户通信质量和主观感受，也关系到未来 CDMA 网络的发展。由于 CDMA 网络规划基本以解决路面覆盖作为建设依据，很难在网络规划阶段考虑此问题，只有通过日常网络优化手段解决高层导频污染问题。

（1）高层导频污染产生原因分析。高层楼宇窗边由于无线传播环境较好，手机能接收到多个基站的导频信号且信号强度相当，难以形成主控导频信号，或导频间无法切换，引起起呼失败和掉话等。又因其主要发生在高层窗边，也称为“窗边效应”。

1）原因。在高层能收到多处基站传来的信号，特别是当周边的基站高度较低时，在高层更能收到一些多层以外基站的信号。同时，由于高层信号的不规则，也会出现一些导频之间没有邻区关系的现象。现网天线高度一般都在 30 ~40 m，相当于 10 ~13 层楼的高度，且市区内普遍采用 6°电子下倾的天线，因此高层的信号主要来自天线本身的主波瓣的上半部分、一些楼层的反射和天线的后瓣。其中，影响最大的是来自天线本身主波瓣的上半部分。

分析天线垂直方向图可以得出，主瓣虽然加上了一定的倾角，但在水平及水平方向以上 2°左右的地方，主瓣功率只是下降了 6 ~10 dB。

宏站天线上波瓣对远处高层影响如图 4—26 所示。

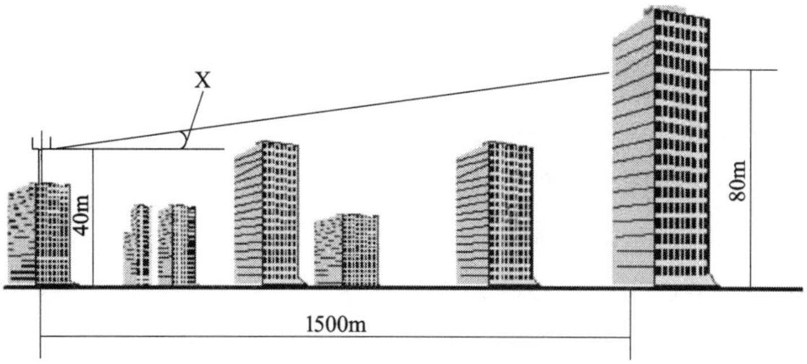

图 4—26　宏站天线上波瓣对远处高层影响

天线和远处建筑物高层之间的夹角为 2°左右，因此，到达高层的信号基本还是由远处基站的主瓣贡献的。

另一个产生主要影响的外在因素是高层所看到的信号数量较多，一般除了近处基站的信号，更有来自较远基站的信号。几个扇区之间邻区关系不可能十分完整。同时高层信号的波动也比较大，信号间切换比较频繁。一般的高层掉话和起呼失败，都可以归结到：终端在空闲或通话状态下，经过数十次的 PN 之间的切换，最终由于某两个扇区之间缺乏邻区关系，或无法及时发现新的 PN 导致掉话。从终端用户的感受来讲，在高层往往是可以起呼，也可以进行一定时间的通话，但通话很难保持，经过一定的时间，即出现掉话。

2）解决方案。解决高层导频污染问题的思路主要是从产生高层导频污染的根源着手，找出相对应的解决方案，对症下药。总的来说，解决思路主要分为以下 4 大类。

①无室分系统优化：主要适用于未建设室内分布系统（DAS）的高层导频污染区域，如密集居民小区或新建楼宇等。

②已有室分系统的室外宏站优化：主要适用于已建设室内分布系统的高层楼宇，但仍有高层导频污染问题，以调整室外导致导频污染的基站为主，以抑制室外导频污染信号、增强室内信号为原则。

③室内分布系统整改优化：适用于有室内分布系统，但室分系统信号不能形成主导频且通过室外宏站调整仍不能解决问题，需要对现有室内分布系统进行整改。

④室内异频解决：适用于有室内分布系统，但仍有高层导频污染问题的楼宇。如果在调整室外宏站信号和完成室内分布系统整改后依然无法有效解决问题，则建议采取室内采用专用频点结合伪导频方式来解决。

本节主要就是针对异频优化这种优化手段，研究其对现网优化高层导频污染、增加室内话务量的作用。

（2）异频优化方法。异频优化方法适用于有室内分布系统，但仍有高层导频污染问题的楼宇。如果在调整室外宏站信号和完成室内分布系统整改后依然无法有效解决问题，则建议采取室内采用专用频点结合伪导频方式来解决。

分析思路：异频解决方案的基本原理就是通过引入室内专用频点，并利用伪导频，在手机进入室内时，通过伪导频辅助切换到室内专用频点上。如此手机无论在室内何处，都可以驻留并起呼在专用频点上。同时，由于该频点是室内专用，外部网络无此频点，因此在窗边也可以获得满意的前向 Ec/Io，保证了通话质量。异频解决方案分为单区异频方案和分区异频方案两类。

1）单区异频方案。单区异频方案采用室内专用载频与伪导频相结合方式，单扇区异频工作原理如图 4—27 所示。

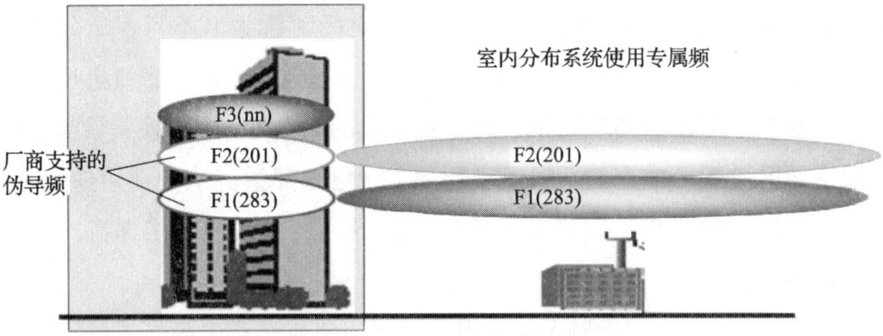

图 4—27　单扇区异频工作原理图

①工作原理

a. 空闲状态下手机从室内切到室外。空闲状态下手机通过IS 95B空闲切换从室内专用载频 F3 切换到室外业务载频 F1/F2。

b. 空闲状态下手机从室外切到室内。空闲状态下手机通过正常切换从室外载频最终切换到室内专用载频 F3。

c. 业务状态下手机从室外切到室内。业务状态下手机通过基于伪导频的切换从室外载频 F1/F2 最终切换到室内伪载频 F3。

d. 业务状态下手机从室内切到室外。业务状态下通过采用手机辅助切换功能完成与室外基站载频 F1/F2 的软切换。采用手机辅助切换功能完成载频间切换时需要注意尽量提高比较门限，避免在窗边发生切换，导致切换到室外基站。为了避免手机辅助切换在窗边发生切换而导致的窗边效应无法得到完全有效解决的问题，可以不允许室内基站向室外基站进行切换，这样就彻底杜绝了窗边切换的可能性。这种情况下，用户从室内通过大厅向室外走的时候，由于室内专用频点在室外无同频信号，覆盖范围较远，可以支持一定数量用户完成通话。

e. 手机在高层室内基站主覆盖中心区域开机或起呼。手机在室内开机，由伪导频导引直接驻留在 F3 上，并且在 F3 上进行待机或起呼。

f. 手机在高层室内基站覆盖边缘窗边区域开机或通话结束。在窗边开机或通话结束时，手机都会进行初始化过程。目前部分手机会记录之前通话时占用的频点，并在初始化过程中优先回到之前记录的频点进行初始化，其余手机都会回到 283 频点上进行初始化。部分楼宇的高层窗边室内信号可能无法占到主导频，因此手机可能会在窗外基站的 283 频点上进行初始化，并且根据外部网络的配置进行驻留和起呼。对于这种情况，考虑如下。

首先，如果手机在窗边占的是外部网络信号，当向室内移动时，无论是处于通话状态或空闲状态下，都会随着室内信号的增强触发基于伪导频的切换。通过切换，手机可以顺利切入室内的 F3。

其次，如果手机不马上进入室内，而是继续留在窗边，则由于室内信号不能马上占据主导频，因此手机将继续驻留在外部网络上。但与不采用伪导频无专用频点的常规方案不同的是，常规方案中室内信号即便有机会占据主导频，只要不能成为绝对主导频，就会继续与外部网络发生频繁的乒乓切换，最终会由于切换不及时而发生掉话。但在伪导频的方案中，只要室内信号有机会占据主导频，就会触发基于伪导频的载频间切换，将手机引导并驻留到 F3 上。

g. 手机在低层窗边开机。这种情况与在高层窗边开机情况相类似，所不同的是低层室外信号一般来自周围一层站的信号，切换关系比较明确，即使存在窗边效应，也较少发生因丢失切换关系而引起的掉话。

②切换区域设置建议。可采用禁止或允许室内基站向室外基站切换两种情况下的掉话率及掉话位置进行比较评估，据此判断用户行为模型，确定合理的切换区域位置，从而最终确定是否允许向室外基站切换及切换位置的选择。

2）分区异频方案（三区两层法）。分区异频方案采用室内专用载频、伪导频、多扇区相结合方式。底层信号区的来源和高层信号区的信号源需要配置为室内基站的不同扇区。分区异频原理如图 4—28 所示。

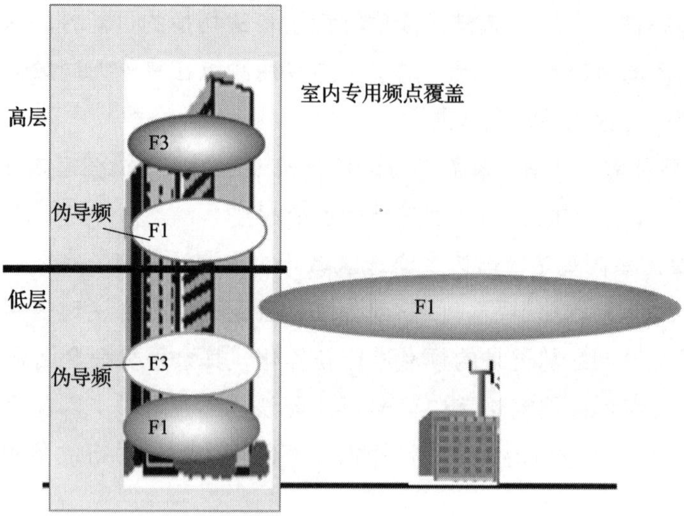

图 4—28 分区异频原理

从信号分布上，可以将整个空间分为 3 个信号区，分别为：室外、室内、门厅（含地下车库）；从频点分布上，可将所用的频点分为两层：室外型频点、室内专用频点。在应用中需结合伪导频技术、channel list 对空闲状态切换和通话状态切换的引导，实现分区异频方案切换。分区异频参数设置见表 4—13。

表 4—13 分区异频参数设置表

编号	信号区	所有信号的 channel list 中包含的频点	输出信号的频点种类
1	室内	室内专用频点	室内专用频点 + 伪室外型频点（含 283 频点）
2	门厅	室外型频点	伪室内专用频点 + 室外型频点
3	室外	室外型频点	室外型频点

①工作原理

a. 手机从室外切室内。手机从室外到室内、室内低层到室内高层移动的切换通过一般软切换和伪导频辅助切换实现。室外向室内切换原理如图 4—29 所示。

b. 手机从室内切室外。手机从室内高层向室内低层、室外区域移动的切换通过一般软切换和伪导频辅助切换实现，不需进行复杂设计，不需借助手机辅助切换。室内向室外切换原理如图 4—30 所示。

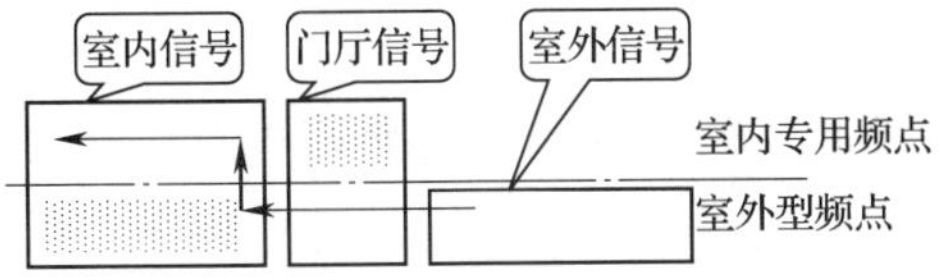

图 4—29　室外向室内切换原理

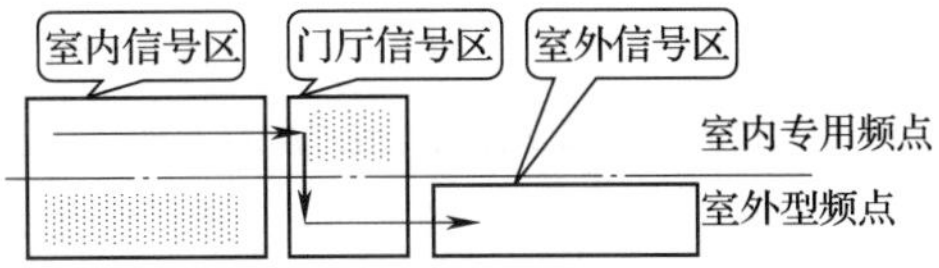

图 4—30　室内向室外切换原理

c. 手机在低层室内覆盖区域开机或起呼。手机在室内低层开机，直接驻留在 283 频点上，并且在 283 频点上进行待机或起呼。

d. 手机在低层窗边开机。这种情况与在高层窗边开机情况相类似，所不同的是低层室外信号一般来自周围一层站的信号，切换关系比较明确，即使存在窗边效应，也较少发生因丢失切换关系而引起的掉话。

e. 手机在高层室内覆盖区域内开机或起呼。手机在室内高层开机，由伪导频导引直接驻留在 160 频点上，并在 160 频点上进行待机或起呼。

f. 手机在高层窗边开机或起呼。在窗边开机或通话结束时，手机都会进行初始化过程。目前部分手机会记录之前通话时占用的频点，并在初始化过程中优先回到之前记录的频点进行初始化，其余手机都会回到 283 频点上进行初始化。部分楼宇的高层窗边室内信号可能无法占到主导频，因此手机可能会在窗外基站的 283 频点上进行初始化，并且根据外部网络的配置进行驻留和起呼。对于这种情况，考虑如下。

首先，如果手机在窗边占的是外部网络信号，当它向室内移动时，无论是处于通话状态或空闲状态下，都会随着室内信号的增强触发基于伪导频的切换。通过切换，手机可以顺利切入室内的 160 频点。

其次，如果手机不马上进入室内，而是继续留在窗边，则由于室内信号不能马上占据主导频，因此手机将继续驻留在外部网络上。但与不采用伪导频无专用频点的常规方案不同的是，常规方案中室内信号即便有机会占据主导频，只要不能成为绝对主导频，就会继续与外部网络发生频繁的乒乓切换，最终会由于切换不及时而发生掉话。但在伪导频的方案中，只要室内信号有机会占据主导频，就会触发基于伪导频的载频间切换，将手机引导并驻留到 160 频点上。

最后一种情况，就是室内信号始终无法在窗边占据主导频并且较远的基站信号越区覆盖，而且没有和室内站与周围较近的基站做切换。这种情况会导致手机因切换失败导致的掉话。对于这种情况，就要考虑对室内覆盖系统做适当的改造，或对越区宏站加以分析，找出越区的原因，加以解决。

②切换区域设置建议。低层信号区域与高层信号区域之间的切换区域位置的设计应该综合考虑两个方面的因素：一是导频污染情况出现楼层的高度；二是楼内用户话

务量在室内站两个扇区间以及室内外基站之间的均衡。

首先，低层信号区实际是作为异频过渡带存在的，在此区域内是允许手机从室内信号切换到室外基站信号的，因此该区域必须位于出现导频污染情况的楼层以下，否则将出现由于信号波动而导致掉话的可能。

其次，需要根据楼内用户的数量和分布情况确定低层信号区以及室外基站需要吸收的话务量，并据此设计低层信号区位置。

（3）单区、分区异频方案的比较。

分区异频方案就是将整个楼宇用同一基站（室内覆盖信源）多个扇区进行覆盖，用不同的扇区来覆盖楼宇低层和高层，同时在高层扇区引入室内专用频点（如 119 频点），这样就在高层创造出一个较为纯净的载频信号，减少窗边效应的发生。另一方面，室外宏站的频点（如 283、201 和 242）在室内设置成为伪导频，这样保证手机室内外切换正常进行。

单区异频方案是将整个楼宇的覆盖用一个扇区进行异频覆盖，并在室内设置专用频点，与分区异频方案类似。

分区异频方案较单区异频方案需多增加一个扇区的资源，这样能很好地解决异频间平滑切换问题。它们之间技术特点比较如下。

1）单区异频方案（室内专用载频 + 伪导频）

①适用场景。针对重要楼宇和用户。

②实施效果。明显改善高层导频污染问题。

③异频间切换问题。室内用户业务状态下向室外的切换依然会受到影响。如果采用手机辅助方式，则有可能在窗边发生向室外基站的切换，从而不能发挥室内专用载频的优点，无法有效解决窗边效应。如果不采用手机辅助方式，可以有效避免窗边效应，但从大厅出去并一直保持通话的客户会受到影响。推荐使用无手机辅助方式。

④切换区域设置。如果采用手机辅助切换区域发生在楼宇出口处和窗边，受影响用户较多。如果不采用手机辅助，则室内到室外无切换区域。

2）分区异频方案（室内专用载频 + 伪导频 + 分区 + 分扇区）

①适用场景。针对 VIP 楼宇和用户。

②实施效果。最大限度改善高层导频污染问题。

③异频间切换问题。彻底解决用户从室内到室外的切换问题。

④切换区域设置。不同载频切换区域发生在不同楼层楼道之间。切换区域很小，受影响用户极少。

4.7 上海地铁 CDMA 网络优化

4.7.1 上海地铁规划及现状

截至 2010 年 6 月 30 日，上海轨道交通线网已开通运营 11 条线、267 座车站，运营里程达 410 km。轨道交通客运量在城市公共交通客运总量中所占的比重达到了 36% 以上。到 2012 年预计开通地铁线路 14 条运营车站 354 座，运营里程为 567 km。至 2020 年预计开通地铁线路 20 条，运营里程为 877 km。

根据上海近 5 年的地铁客流统计情况，大致每年保持 25% 以上的递增速度。上海地铁现在全天平均客流量为 570 万，日最大客流量为 672 万。由于地铁线路还在规划建设，而正在运营的各条线路地铁列车匮乏率都在 40% 左右，可以预计随着以后地铁车辆的到位以及相关配套设施的完善，以后地铁客流将得到更大的释放。上海地铁现状如图 4—31 所示。

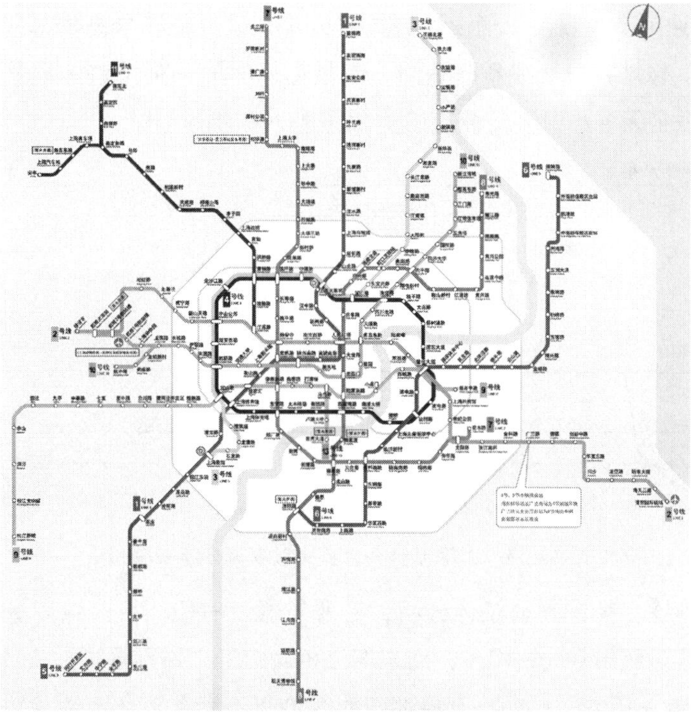

图 4—31 上海地铁现状

经统计，上海地铁乘客年龄段在 21—40 岁的占到总客流的 70% 以上，41—50 岁的乘客占到 10% 以上，其余的由 20 岁以下和 50 岁以上的构成，占 20% 左右，如图 4—32 所示。乘客乘坐地铁的主要目的：上下班的占 43%，因公办事的占 25%，上学的占 11%，余下的 20% 左右主要是私人购物、访亲观光和其他。

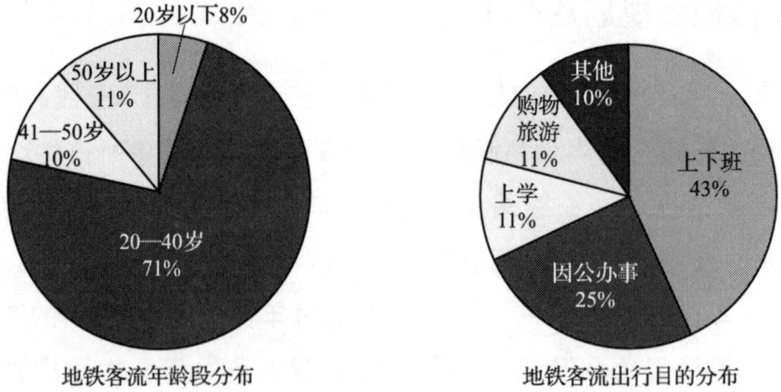

图 4—32　上海地铁年龄段分布和出行目的地分布

上海地铁属于典型的“双峰型”分布形态，其中早晚高峰时段占整个地铁客流的 40%。特别是早高峰的 7—9 点，是全天最繁忙和拥挤的时候。其次为晚高峰的 17—19 点。对于普通单节车厢，车辆设计超员定员 410 人，但在早高峰时段，甚至单节车厢达到 500 人。像地铁一号线 8 节编组，其最高峰时段一列地铁运载接近 4 000 人的客流。上海地铁全天各小时客流分布趋势如图 4—33 所示。

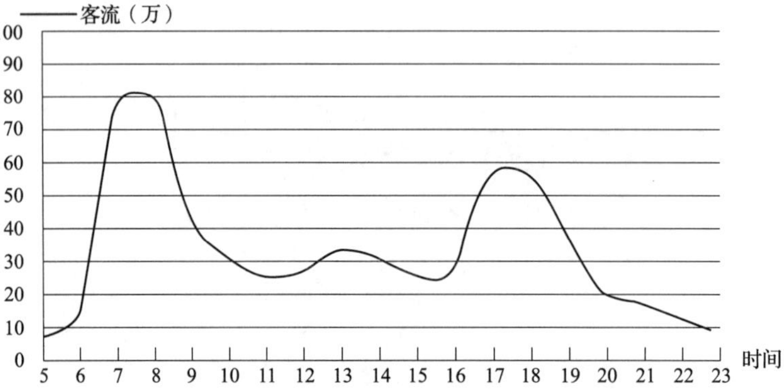

图 4—33　上海地铁全天各小时客流分布趋势图

对于上海地铁，经过大量统计分析，在非节假日时段，目前每周星期五的客流量最大，比平均客流超出 8% ~10%，周末客流相对较低，特别是星期日的客流最低，比平均客流低 10% ~15%，星期一至星期四的客流量不相上下。地铁一周各天客流平均数据如图 4—34 所示（注：本数据取自 2010 年 8 月单日客流的均值）。

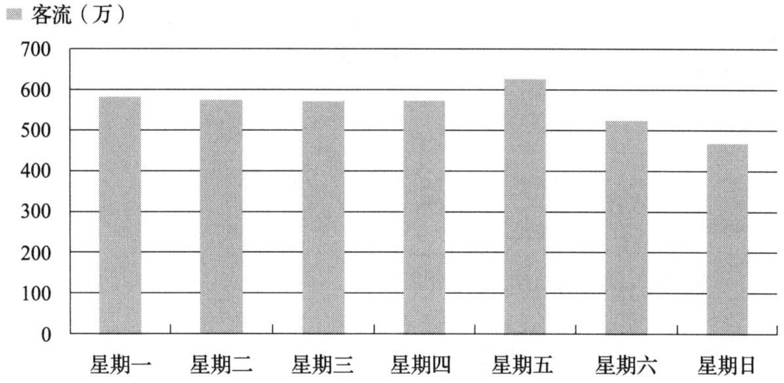

图 4—34　上海地铁一周各天客流分布

一年中，上半年的客流量一般比下半年低，1、2、6 月份的客流量与其他月份相比较低，但在 7 月份之后，客流量开始明显持续走高，直到年底。下半年客流一般占到全年总客流量的 55% 左右。全年最大月度客流基本发生在 10 月份，年中最高日客流基本上是在“十一”期间创下的（例如：2009 年 10 月 1 日创最高客流为 473.5 万。）2009 年上海地铁各月的单日平均客流统计见图 4—35。一年中的最小客流基本发生在春节期间。另外，“五一”“十一”黄金周长假期间客流量增加较明显，比日常增加 20% ~40% 的客流量。

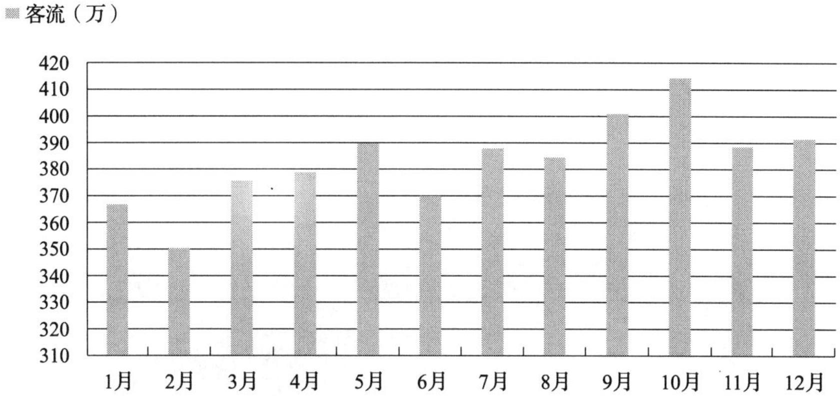

图 4—35　2009 年上海地铁各月的单日平均客流统计

现在中国电信、中国移动和中国联通三大运营商都对上海地铁各站点做了网络覆盖。其中电信 CDMA 采用 1x/EVDO 系统，中国移动采用的是 GSM + TDSCDMA 系统中国联通采用 GSM + WCDMA 系统进行覆盖。

地铁无线通信系统是以与各运营商 BTS 相连的射频合路平台 POI 为中心展开，可以分为 4 个子系统。

1. 天线分布子系统：用于地铁站厅层及站台层。

2. 泄漏同轴电缆分布子系统：用于覆盖隧道区间。

3. 隧道中继系统：用于隧道区间的信号中继，比如光纤放大器等有源器件。

4. 监控子系统：用于对每个 POI、隧道干放及机房环境采用实时及轮询方式监测控制。

4.7.2 地铁无线传播的模型分段

地铁无线传播模型是建立在地铁室分系统基础上的，但地铁室分系统由于种种原因，导致其所经过的网元器件相对宏站和一般室分系统更加复杂。

下面通过站点和站点间、列车隧道内、单站点以及 POI 内部这 4 个场景，逐一分段展示地铁线路内的无线传播模型。

1. 漏缆与车体的覆盖模型

覆盖及隧道中漏缆安放的位置分别如图 4—36 和图 4—37 所示。

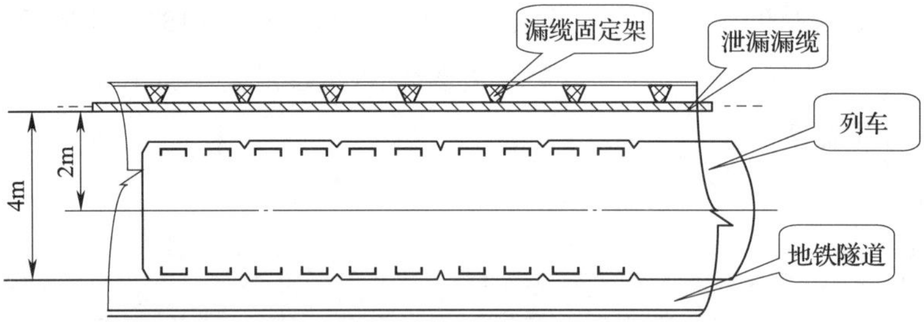

图 4—36　覆盖

图 4—37　隧道中漏缆安放的位置

从图 4—36 和图 4—37 可以看出，地铁在做隧道覆盖的时候是通过单边覆盖的方式来提供无线覆盖的。值得注意的是，地铁内漏缆虽然是上下行独立分开（为了避免造成多系统互调干扰），但是均固定在一个方向上，不会造成链路空间上的不平衡。此外，A、B 两个站点间隧道的漏缆是相互对接的。

2. 单点站厅内

单点站厅内漏缆安放如图 4—38 所示。

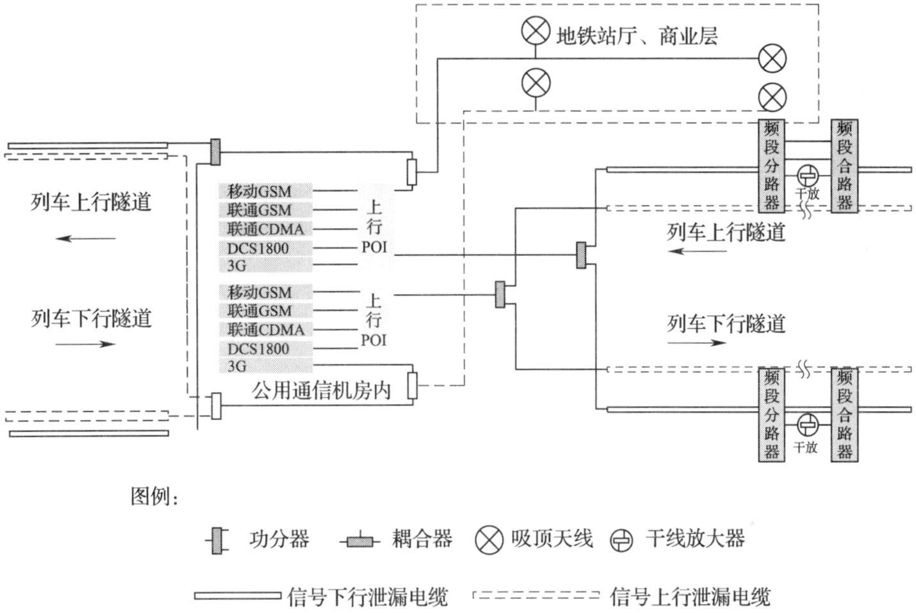

图 4—38　单点站厅内漏缆安放

在单点站厅内，地铁室分系统承载了多个无线制式的覆盖。该室分系统以 POI 为核心节点，对站厅以及列车的双向通道进行了无线覆盖。

室分系统一般分为 3 个扇区，站厅、A－B 的隧道、A 往 C 的隧道。当然如果涉及大型换乘站点，扇区的划分将会变得更加复杂。

3. POI 内部

POI 作为地铁隧道站厅内的重要组成部分，其内部由于存在多种制式的接入，导致结构极其复杂。

POI 内部分为上行系统和下行系统两套。分别对应无线网络覆盖的上下行。下面简单介绍一下 POI 内部系统。POI 系统如图 4—39 和图 4—40 所示。

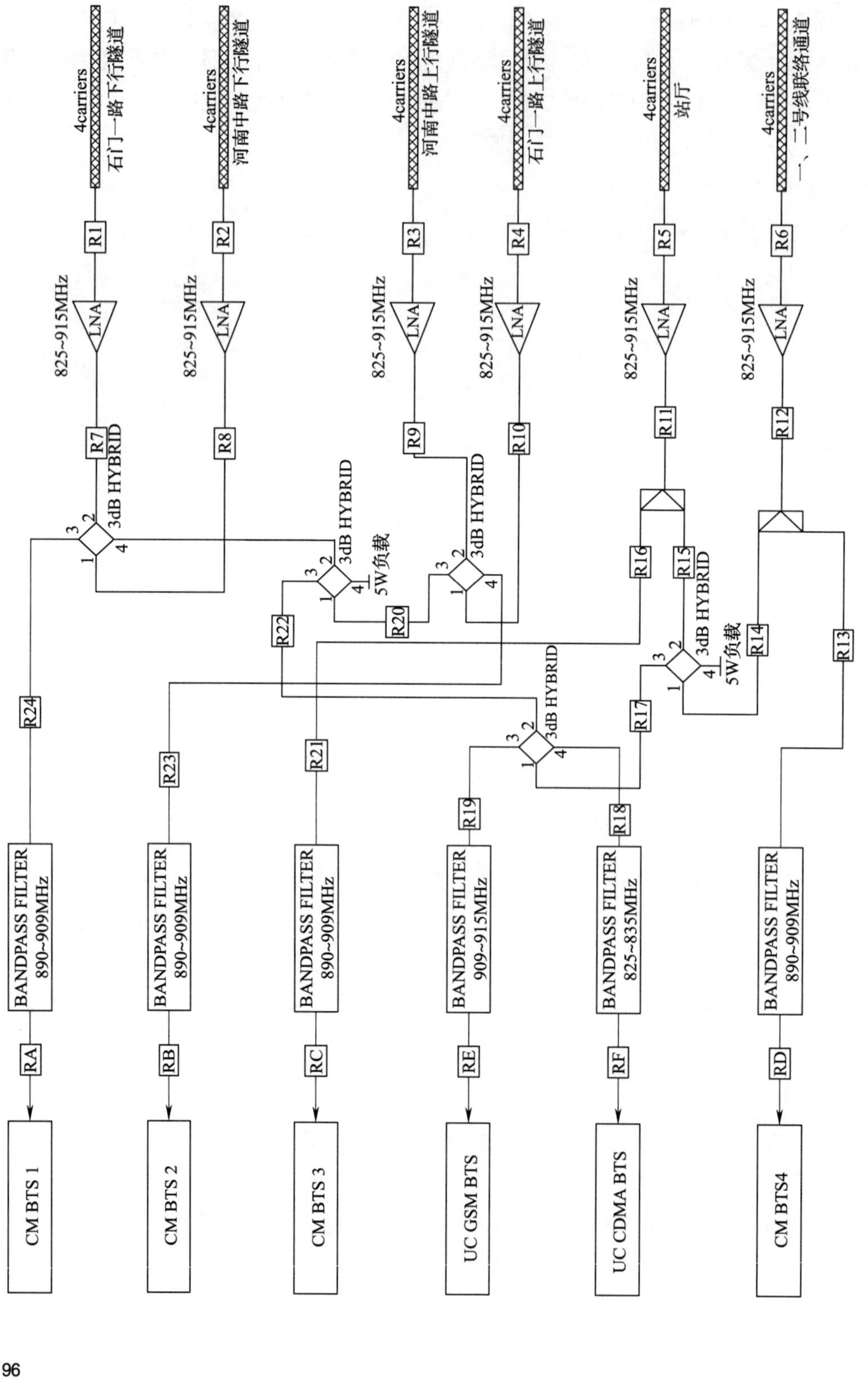

图 4—39　POI 上行部分

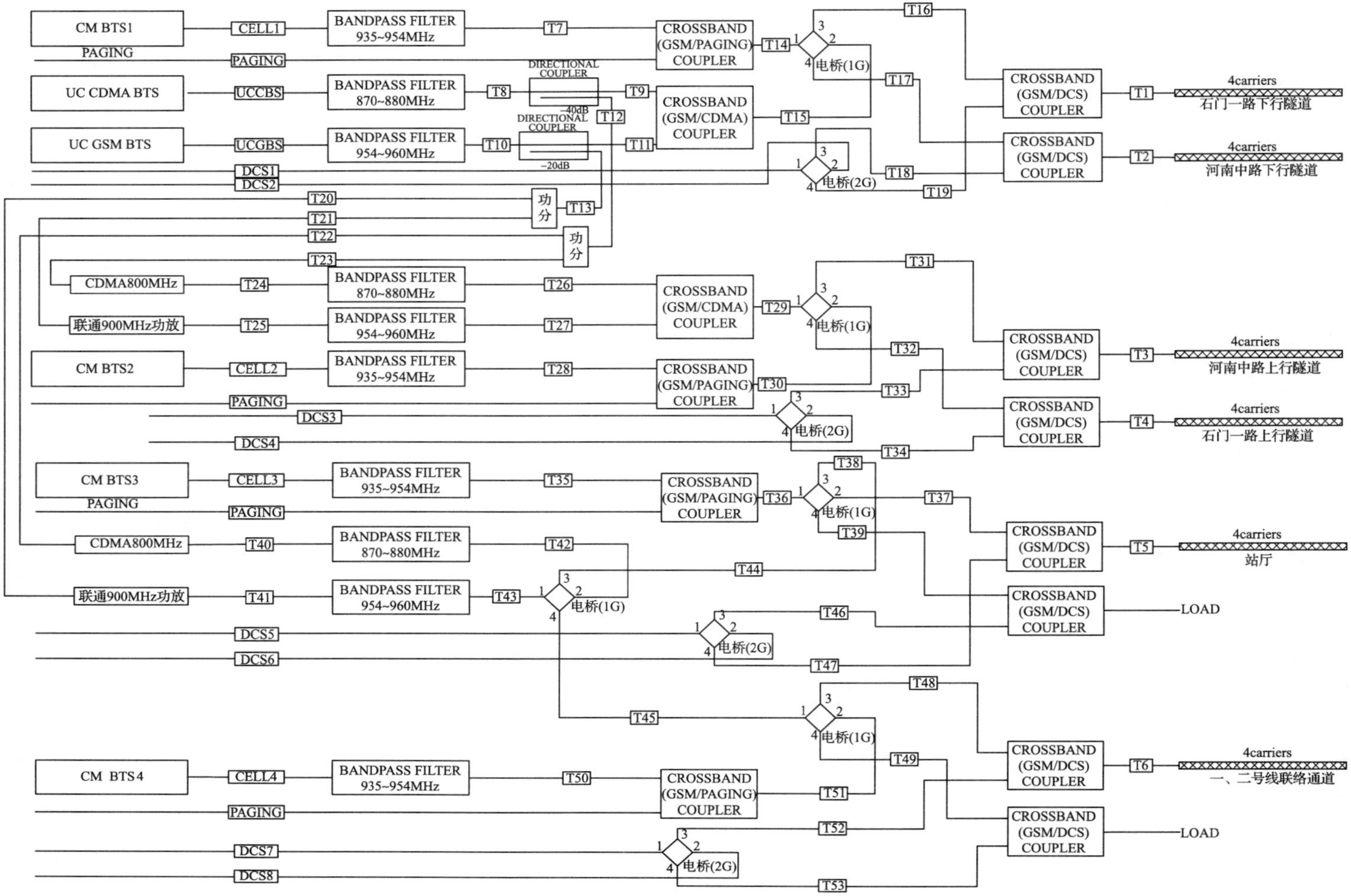

图 4—40 POI 下行部分

从 POI 系统图（见图 4—39 和图 4—40）上可以看出，POI 存在如下问题和需要注意的地方：1）没有多余接口用于扩扇区；2）电信相比移动存在多一级损耗。

下行末端增加了一个底噪放，但是由于地铁方的维护力量不能和通信运营商相比，使得该设备形同虚设，从而导致功率分配上的不合理。

在上海电信无线网络优化中心和地铁方的反复沟通下，地铁方已经在新的线路上采用了新型 POI。通过重塑内部结构解决了上述问题。

而对于老线路，上海电信无线网络优化中心通过一些优化手段，明显改善了上述问题（具体方式方法见文章后面的地铁优化案例）。

4.7.3　上海电信地铁优化常见问题

1．覆盖类

覆盖问题是地铁无线网络最为常见的一类问题，主要现象包括：

（1）盲区、弱覆盖。MS 接收到的基站信号 Rx < −95 dBm，甚至出现 MS 脱网的现象，同时也伴随着 Ec/Io 的严重劣化，影响用户的正常通话和切换。

盲区和弱覆盖产生的主要原因包括工程质量、基站设备硬件告警、方案设计不合理、分布系统故障等。

解决此类问题的主要思路是根据问题现象和测试的数据进行故障点的定位，逐点排查，如整个小区的覆盖范围都存在盲区，故障点在合路点和硬件部分的可能性较大；弱覆盖区周边无天线，则需要对方案进行调整。

（2）上下行不平衡。MS 的前向或反向链路较差（通常为反向链路较差），体现为 Tx 和 TxGainAdj 值偏大，易造成基站 RSSI 抬升。

造成该类问题的主要原因包括反向的分布系统存在故障点、引入了有源放大设备后上下行增益不平衡等。

可以通过对问题区域分布系统的排查，重新设置有源放大设备射频参数等方式进行解决。

2．天馈类

（1）线缆布放不规范，如弯曲角度过大，线缆不固定造成连接器件和接头有受力等，长期如此往往会引起系统 RSSI 抬升和告警。

（2）接头制作工艺不过关或者施工时接头未拧紧甚至未连接，往往会引起覆盖区内信号偏弱甚至无信号。

（3）POI 系统进水受潮或者不同系统对应端口连接错误往往也会引起信号质量异

常等现象。

(4) 天线或泄漏电缆损坏将会直接导致覆盖区内 Rx 弱覆盖，信号质量劣化。

(5) 天馈走线错误或工程中接线错误，将会导致非规划小区覆盖问题区域、软切换区过大等问题。

解决此类问题的思路主要是在排除硬件侧和网络侧故障原因后，根据路测数据和驻波比测试等手段进行故障点定位并加以排除。

3. 切换类

在地铁场景中切换主要存在于线路区间、各地下站台出站口、站台 B1F 至 B2F 楼梯这几个地段。发生切换类问题主要现象包括：

(1) MS 在源小区信号劣化后，因为不能及时增加新的激活集分支而掉话。

(2) 由于邻区漏配而无法发生切换导致 MS 掉话后重新接入。

(3) 引入光纤分布系统后由于引入时延超过搜索窗导致切换失败。

(4) 出入口导频数量过多形成导频污染。

(5) 室外信号进入地下站台形成孤岛效应。

针对上述切换类问题，要结合路测数据和网络侧参数指标进行综合分析，针对引起问题的原因进行分类处理，如覆盖原因引起的切换失败可对天馈系统和基站输出功率进行调整，参数设置引起的切换问题可以对相关参数进行优化调整等。

4. 拥塞类

地铁场景话务量存在较大的波动性和突发性，不同的站点和不同时间段话务量差别明显，而且其忙闲时分布和大网有所不同，其忙时主要集中在工作日的上下班高峰期。在一些重点交通枢纽站点的忙时和一些大型集会活动后的相邻站点极易产生话务拥塞，但是在闲时又呈现极低话务量的特点。因此在一些重大节日和集会活动时，为保障通信质量可临时进行载频扩容或通过分裂小区的方式满足容量需要。

4.8 优化投诉处理一般方式和流程

C 网无线侧客户申告整体处理流程见表 4—14。

对一次 C 网用户申告处理中流经网优中心的环节（从接收到用户申告单至第一次回复），经进一步梳理为 9 项内容，见表 4—15。

网优专业 C 网客户申告处理流程见表 4—16。

表 4—14　　C 网无线侧客户申告整体处理流程

<table>
<tr><th colspan="2">工作流程</th><th>责任部分（岗位）/配合</th><th>工作要求</th><th>记录文档</th></tr>
<tr><td>申告受理、预处理</td><td>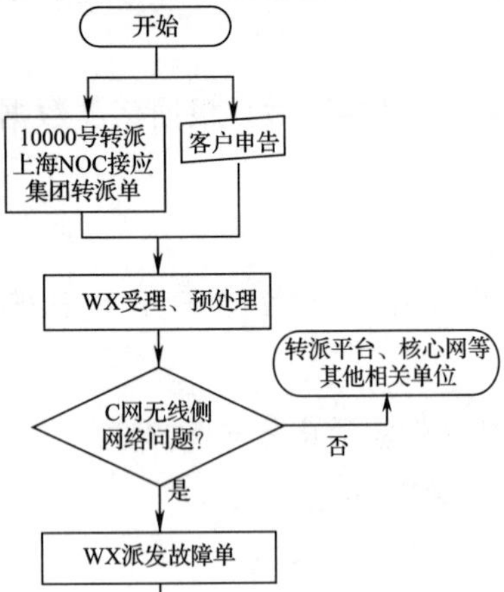
</td><td>客调中心
（受理岗位）
（预处理岗位）</td><td>1. 客调中心作为客户网络问题申告管控的主体责任部门，要做好客户申告全程管控、跟踪、分析工作
2. 本环节分客户申告受理、预处理、规范转派三个动作，客调中心严格执行、规范操作
3. 本环节总时限：2 h
其中：
申告受理：30 min
预处理及规范填单派发：90 min</td><td>WX 系统（部分涉及 CRM 系统）</td></tr>
<tr><td>申告处理</td><td>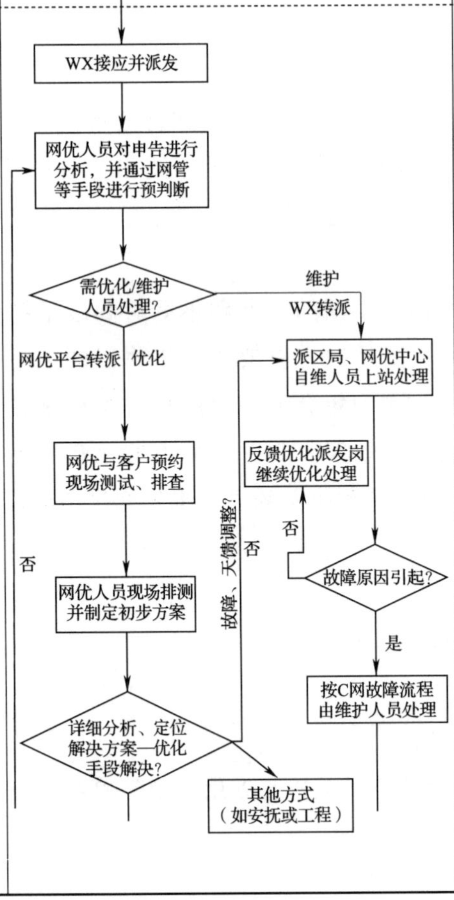
</td><td>网优中心
（监控岗位）
优化投诉管控岗位
优化投诉管控岗位
优化岗位（含优化代维）
优化岗位（含优化代维）
优化岗位（含优化代维）/维护岗位（含维护代维）</td><td>1. 网优中心监控岗位负责及时接应并转派，处理时限 15 min
2. 投诉岗位接应无线侧投诉后，通过网优平台、盲点信息、网管获取派发下环节的必要信息（含相关硬件设备工作状态、扇区性能指标分析），并进行必需的预处理判断，时限要求 2 h 完成派发；对非本部门问题，也须在 2 h 内派其他处理
3. 经必要的预判后，初判为需优化人员处理的问题，通过网优平台派优化代维预约用户进行现场测试、并完成分析、定位、解决方案制定；可直接优化处理的直接办理
4. 经预判后，从网管数据、网优平台数据发现基本属硬件故障问题派区局处理（网优中心自维部分派网优维护岗），并按故障处理流程处置
5. 对接收部门上门或上站测试、判断后仍需另外专业处理要及时通过平台反馈优化投诉管控岗位</td><td>WX 系统
网优平台</td></tr>
</table>

续表

工作流程		责任部分（岗位）/配合	工作要求	记录文档
申告处理	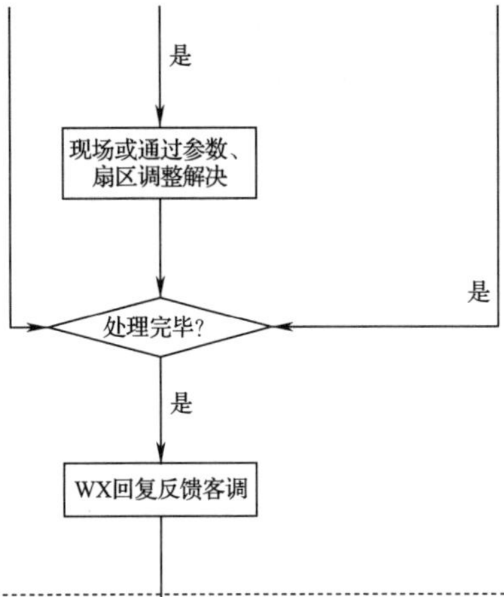 	优化岗位（含优化代维） 优化岗位（含优化代维）	6. 无线侧申告处理中，如需上门测试的，必须在接收申告后4 h内完成用户预约工作，如遇夜间与无法联系用户的情况按相关挂起原则进行操作 7. 各环节处理单或处置岗位必须在15 min内接应工单并派发 8. 结案处理完毕后，优化岗位30 min内通过WX进行申告处理反馈 9. 申告处理总时限（通常情况下）为：20 h	
结案归档	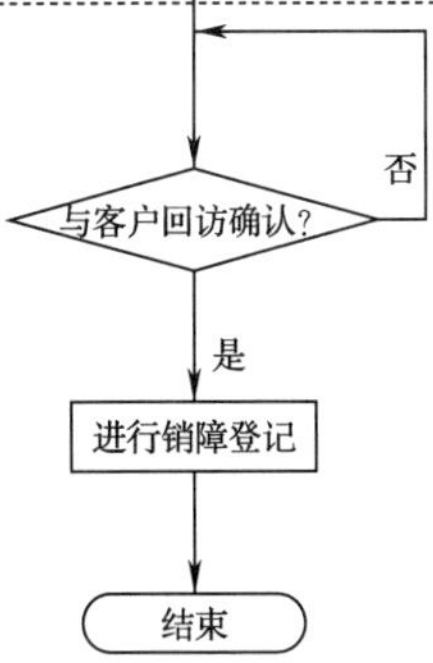 	客调中心 说明：本栏中“/”后为配合部门或岗位	1. 接到修复请求之后要求在2 h内与用户进行联系，用户认可方可结案。如遇多次联系不上用户情况，则可通过短信方式告知用户并结案 2. 对政企高端或重大客户投诉中涉及无线侧网络质量的，需由网优中心汇总并提供分析报告 3. 本环节时限要求：2 h内归档注单，无法联系客户建议直接结案	WX系统

表4—15　　　　C网用户申告处理中流经网优中心的环节

编号	环节	内容
1	申告单接应和派发	在用户申告工单系统中接应用户申告，由投诉流程管理人员对申告单和申告内容进行判断，对非无线网络问题及时在用户申告工单系统中流转相关专业处理；对无线网络问题及时接收，若其中A类必要信息缺失的，反馈客服部门进行确认
2	室内覆盖申告判断、预处理和转派	根据已有资料，判断问题点是否已有室内覆盖，如没有或无法判断则转入后续“网优预处理”环节 对室内覆盖申告进行预处理，包括已知异常情况的核对、基站状态等的核查 在预处理后，对非已知异常情况的已建室内覆盖用户申告点，进行快速转派，由室内覆盖责任单位继续进行相关处理（包括设备故障处理和现场分布系统测试排查）

续表

编号	环节	内容
3	网优预处理（在第 2 步之后；部分包括与用户沟通）	如申告单中必要信息已经明确，则根据弱覆盖盲点信息和工程建设信息、涉及设备异常相关的区域信号问题及处理进展、话务性能分析及处理进展等已知信息进行预处理，部分可直接获得优化分析判断则进入“制定优化方案”环节 如申告单中的信息必须与用户沟通后才能明确，则与用户沟通确认投诉信息；其中，如沟通中确认地址（如用户更新地址），发现实际为室内覆盖申告，则转至“室内覆盖申告判断、预处理和转派”环节；如需现场确认，则发起预约测试
4	预约测试	与用户预约测试，如之前“网优预处理”环节中未与用户沟通过，则在本环节与用户沟通确认地址、问题现象等必要信息，如发现必要信息与申告单不符，则重新转入“网优预处理”环节 在具体操作上，主要依据用户配合情况，对每天中午 12 点以前的申告故障，争取当天与用户约修，对每天中午 12 点以后的申告故障，争取 24 h 内与用户约修
5	测试分析	现场勘查问题点周边无线环境 对问题点进行信号测试，与用户沟通确认，部分涉及换机换卡测试 对室内覆盖申告进行优化支持：如相关单位在处理室内覆盖申告时遇到相关技术问题，由优化专业进行支持处理
6	优化措施落实	根据现场勘查、测试、与用户沟通、换机换卡情况，对问题进行判断，确定情况是否属实、用户是否认可，并针对无线网络问题制定优化方案或核对已在进行的方案 对优化调整措施的进展进行跟踪，主要涉及参数调整、天线调整、设备修复等 对已完成的优化调整，与用户沟通，如有需要则进行复测
7	反馈意见制定	由优化工程师根据现场测试、优化方案落实等情况，形成反馈客服部门的意见（包括用户反映情况是否属实、优化措施、对非无线网络问题转相关部门和专业处理），并通过优化审核确保准确
8	反馈意见审核和回复	将审核通过的反馈意见，在用户申告工单系统上进行反馈
9	向客服部门提供预处理信息	为支持客服部门的预处理工作，网优专业形成获得有用信息的供给机制，包括定期整理反馈客服盲点信息、及时报告突发异常情况等

表 4—16　　网优专业 C 网客户申告处理流程

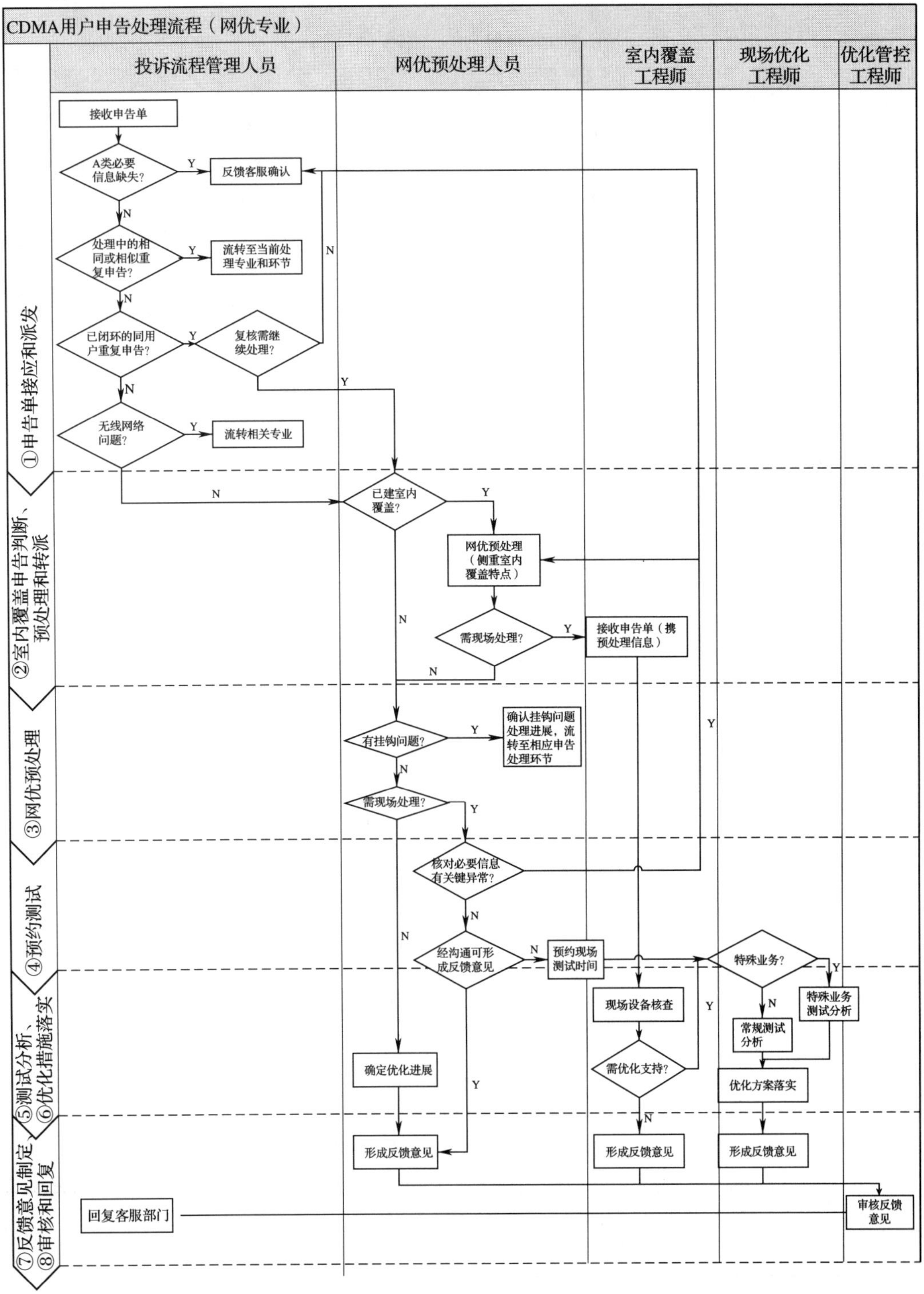

用户申告单包含的“必要信息”见表4—17。

表4—17　　用户申告单包含的“必要信息”

编号	字段	类型	含义
1	工单流水号	A	
2	客户标志码	A	客户唯一标志，即客户ID。说明：申告客户为E家客户，则填固话号码；申告客户为公众客户，则填申告目标手机号
3	客户等级	A	钻石级（A）/金卡级（B）/银卡级（C）/普通城镇用户（D）/普通农村用户（E）。不能为空
4	申告产品名称	A	语音（A）/短信（B）/智能短信（C）/彩铃（D）/彩信（E）/爱音乐（F）/手机上网（G）/无线宽带（H）/无线宽带（增强版）（I）/移动全球眼（J）/天翼对讲（K）/移动IM（L）/PUSH MAIL（M）/手机IPTV（N）/流媒体视频（O）/天翼一号双机（P）/手机影视（Q）/天翼LIVE（R）/天翼对讲机（S）/综合办公（T）/WLAN（U）/其他产品（V）
5	申告时间	A	客户申告故障的时间。不能为空
6	故障号码	A	申告目标手机号。不能为空
7	申告现象	A	故障申告现象，填代码
8	故障级别	A	本地（A）/省内（B）/省际（C）/国际漫游（D）
9	联系电话	A	用户提供的能联系到的电话，为保障能及时联系到用户，一般要求为移动电话。建议联系电话为两个
10	问题地址	A	包括门牌号的详细地址（如“××路××弄××号”）、楼层和区域信息（××层××室××位置）
11	周边其他CDMA用户使用情况	B	通过用户了解周边其他CDMA用户使用情况，便于对问题分析作支撑
12	问题时段	B	请问该现象是经常发生还是最近才开始发生的
13	终端情况	B	请问终端（手机/上网卡）类型是什么，这部终端在其他地点是否有同样问题发生
14	周边用户对比	B	请问此处其他用户的终端能否正常使用
15	周边环境	B	（如排除终端问题，对于信号差问题）请问您住所附近有无遮挡物
16	EVDO速率情况	B	（对EVDO上网卡下载速率慢问题）请问您使用EVDO上网卡单独做一个文件下载，下载速度是多少
17	具体问题位置	B	居民楼：结合“楼宇信息库”做平面图，并对反映智能终端速率慢的用户，咨询并标注电信宽带客户端位置，如南卧室（东侧）、南卧室（西侧）、客厅、厨房、洗手间、北卧室（东侧）、北卧室（西侧）、楼道、电梯 工厂：车间、办公室、门卫室

“感知问题和原因及措施挂钩图”如图 4—41 所示。

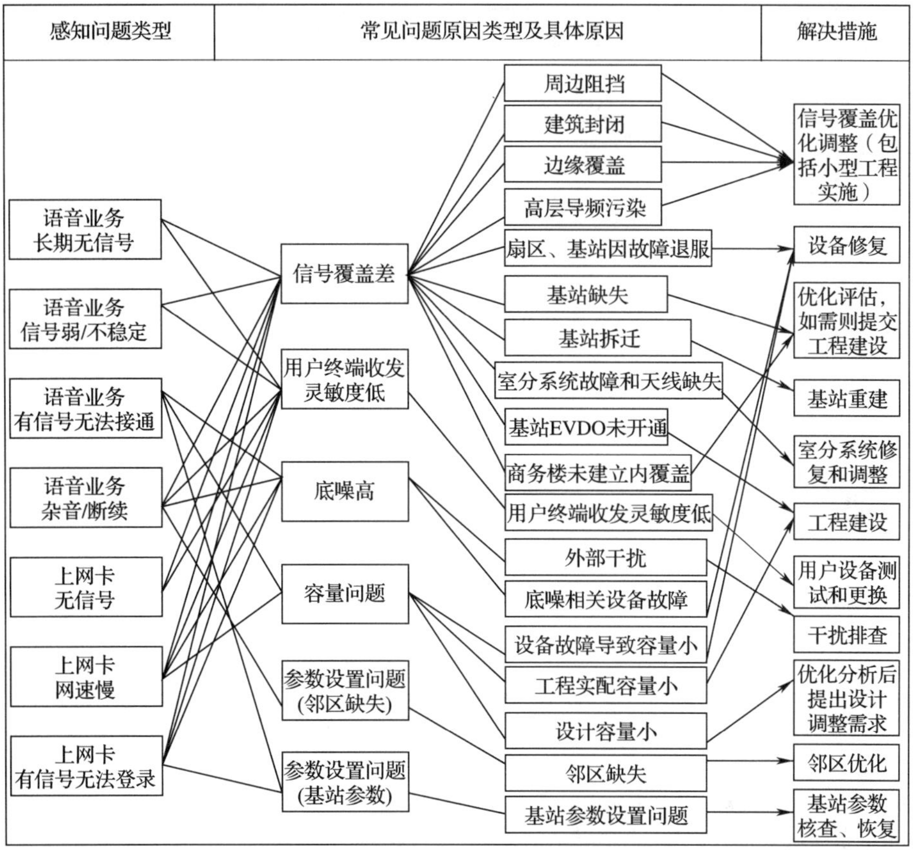

图 4—41　感知问题和原因及措施挂钩图

4.9　常见问题分析与处理案例

4.9.1　上海“三高”优化案例

上海都市型道路主要由三方面组成，分别是高速铁路、高速公路和高架道路。上海境内的高速铁路有沪宁、沪杭高铁，设计时速为350 km/h；高速公路主要有外环、内环、中环等；高架道路主要有延安高架、南北高架等。

1. 高速铁路的优化

由于高速铁路速度快，达到 300 km/h 以上，因此需要对覆盖高铁线路的现网基站添加邻区关系等。在实际优化过程中，碰到的主要问题是邻区关系漏配、越区覆盖等。

沪杭高铁线路如图 4—42 所示。

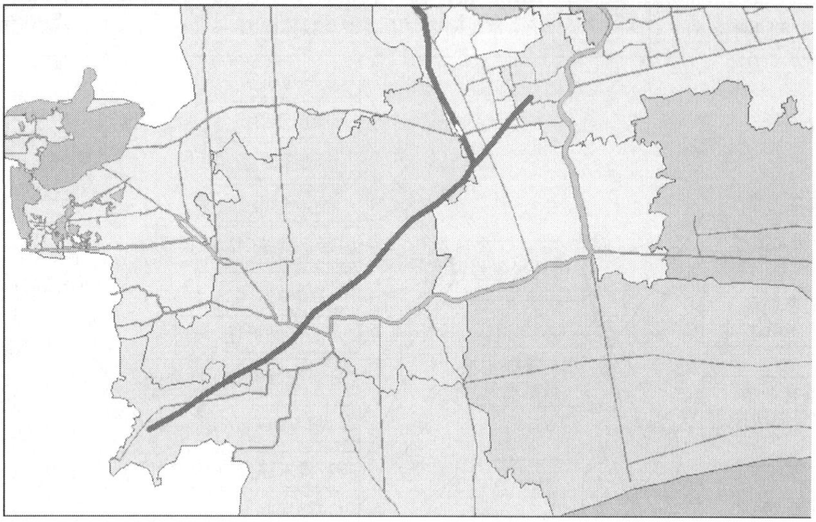

图 4—42　沪杭高铁线路

（1）邻区关系漏配：沪杭高铁近新车公路（121. 307 980，31. 050 929）测试数据如图 4—43 所示。

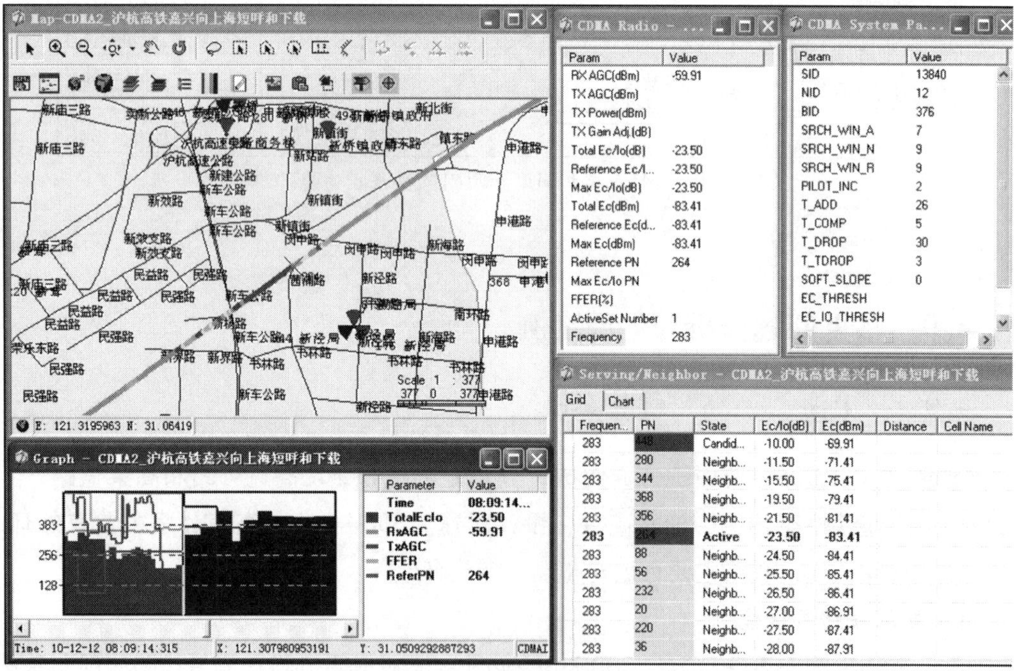

图 4—43　沪杭高铁近新车公路测试数据

分析：在该路段 MS 主要占用荣乐东 C1730（2e _319）第二扇区 PN264 的3 km外的覆盖信号，由于列车行驶较快，未能及时切换至 PN448 的信号，Ec/Io 瞬间恶化至 −23 dB以下，导致被叫掉话一次。

建议增加已落实新站，规划站号：SJn059，地址：松江区新桥工业区新杨路 2 号内，经纬度：121. 300 49，31. 046 89。

复测结果如图 4—44 所示。

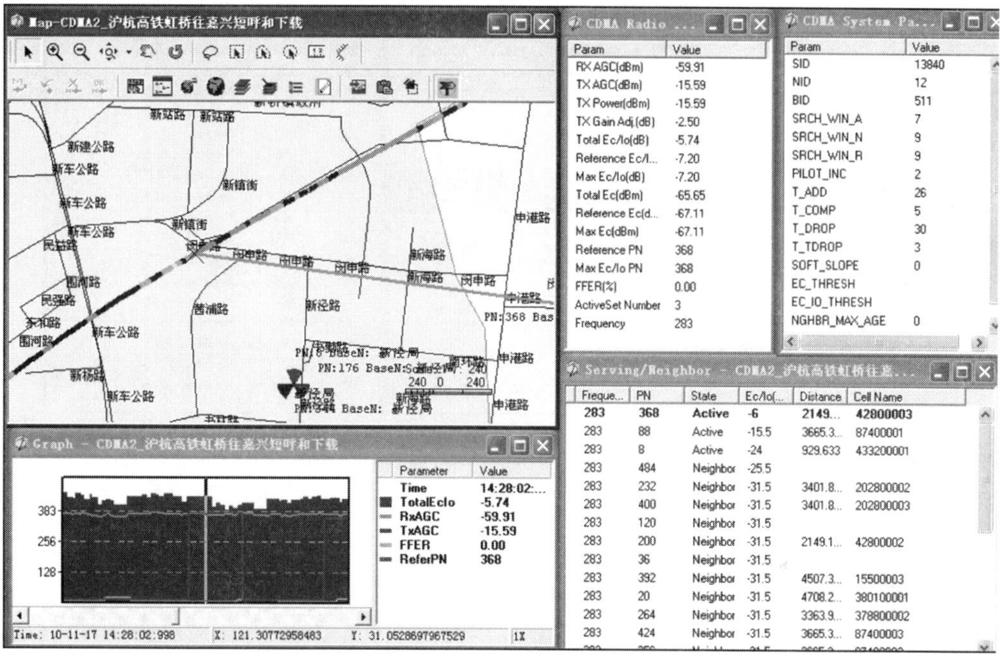

图 4—44　沪杭高铁近新车公路复测数据

优化后，该路段 MS 占用申港 C0851（2e_255）第三扇区 PN368 的信号，Ec/Io = −6 dB左右，Rx = −60 dBm左右，接通正常，切换正常。

(2) 越区覆盖。沪杭高铁近东库一路（121. 135 495，30. 920 750）测试数据如图 4—45 所示，基站覆盖情况如图 4—46 所示。

分析：由于该路段处于周围基站旁瓣覆盖区，MS 主要占用5 km外的新浜 C0240（8e_9）第二扇区 PN304 的信号，FER 陡增到 100，Ec/Io 一直恶化至 −24 dB 左右，导致主叫寻呼失败，从而掉话一次。经查询该站高度为 50 m，属于较高基站，且该扇区机械下倾角为 0°，故导致较远地方都能占有到该扇区的弱覆盖信号，从而导致掉话。建议调整华新浜 C0240（8e_9）第二扇区 PN304 的机械下倾角，角度由原来的 0°调整为 4°，其他参数保持不变。

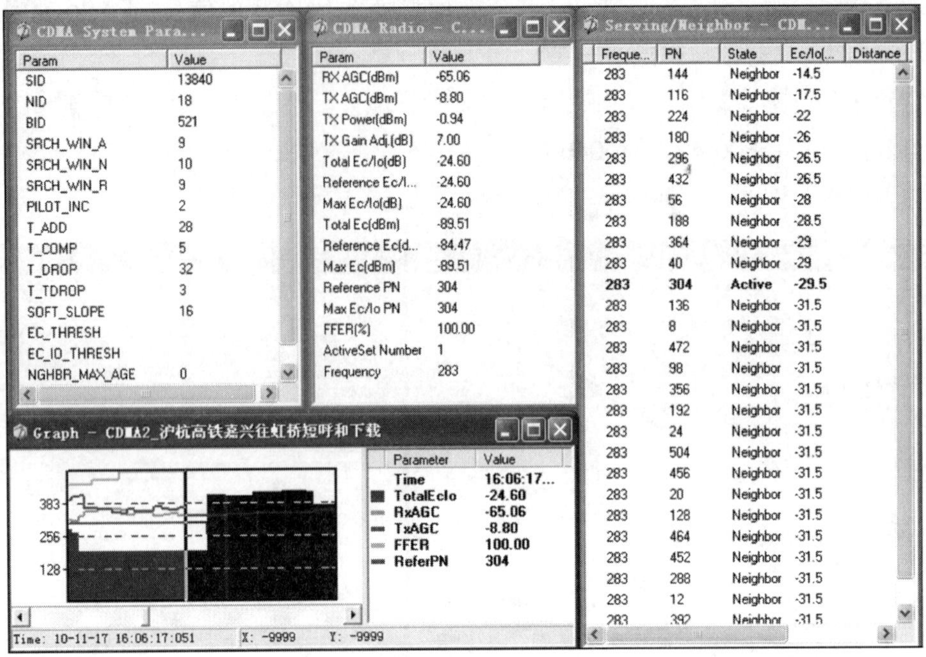

图 4—45　沪杭高铁近东库一路测试数据

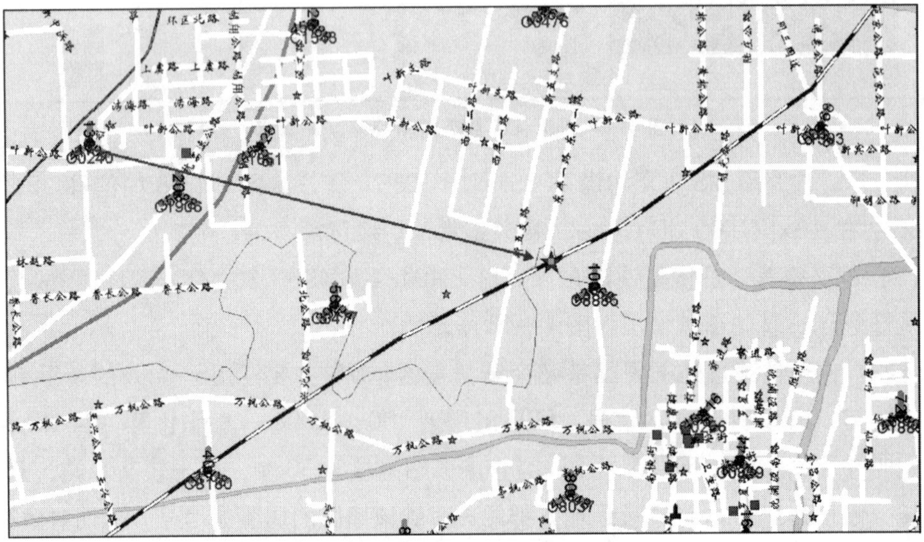

图 4—46　沪杭高铁近东库一路基站覆盖情况

复测结果如图 4—47 所示。

图 4—47　沪杭高铁近东库一路复测数据

优化后，该路段 MS 占用朱定村 C8885（8e_737）第一扇区 PN100 和第三扇区 PN436 的信号，Ec/Io = −4 dB左右，Rx = −61 dBm左右，接通正常，未出现掉话情况。

2．高速公路的优化

上海高速公路分布如图 4—48 所示。

而在对高速公路实际优化的过程中，主要碰到的问题有邻区缺失、越区覆盖、设备故障等。

(1) 弱覆盖—掉话分析：S32 申嘉湖高速近鲁陈公路（121.500 946，31.054 041）测试数据如图 4—49 所示，基站覆盖情况如图 4—50 所示。

分析：当行驶到该路段时，由于在该路段处 MS 占用吴泾 C0308（2e _43）第一扇区 PN68 的临近基站旁瓣且较远弱覆盖的信号，以致当占用到吴泾 C0308（2e _43）第一扇区 PN68 的信号时，Rx 在 −70 dBm左右，Ec/Io 恶化至 −18 dB 以下，导致掉话。

建议调整联跃 C1718（2e _675）第一扇区 PN124 的方向角，方向角由原来的 0° 调整为 15°，其他倾角保持不变。

复测结果如图 4—51 所示。

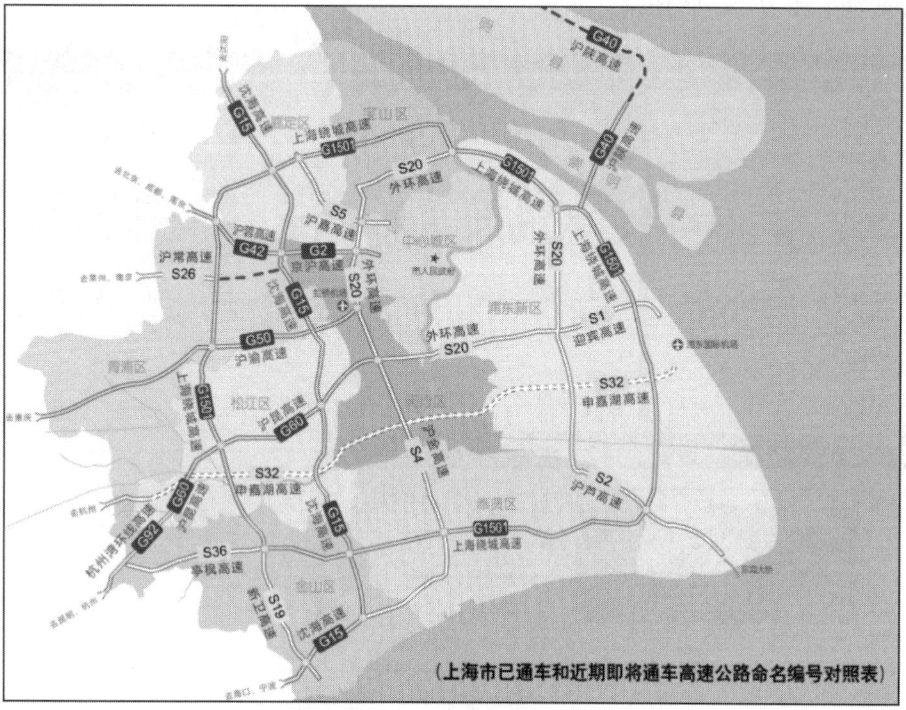

图 4—48　上海高速公路分布图

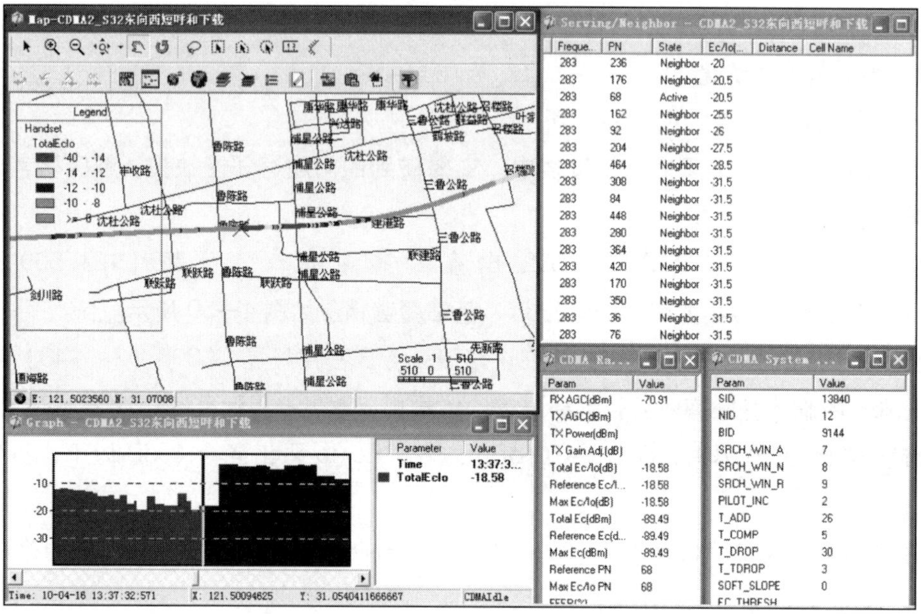

图 4—49　S32 中嘉湖高速近鲁陈公路测试数据

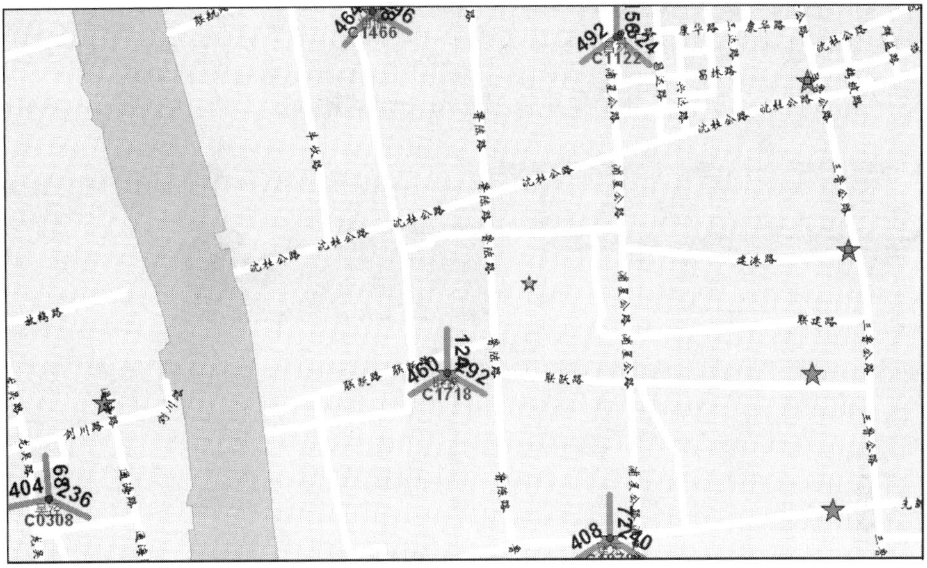

图 4—50　S32 申嘉湖高速近鲁陈公路基站覆盖情况

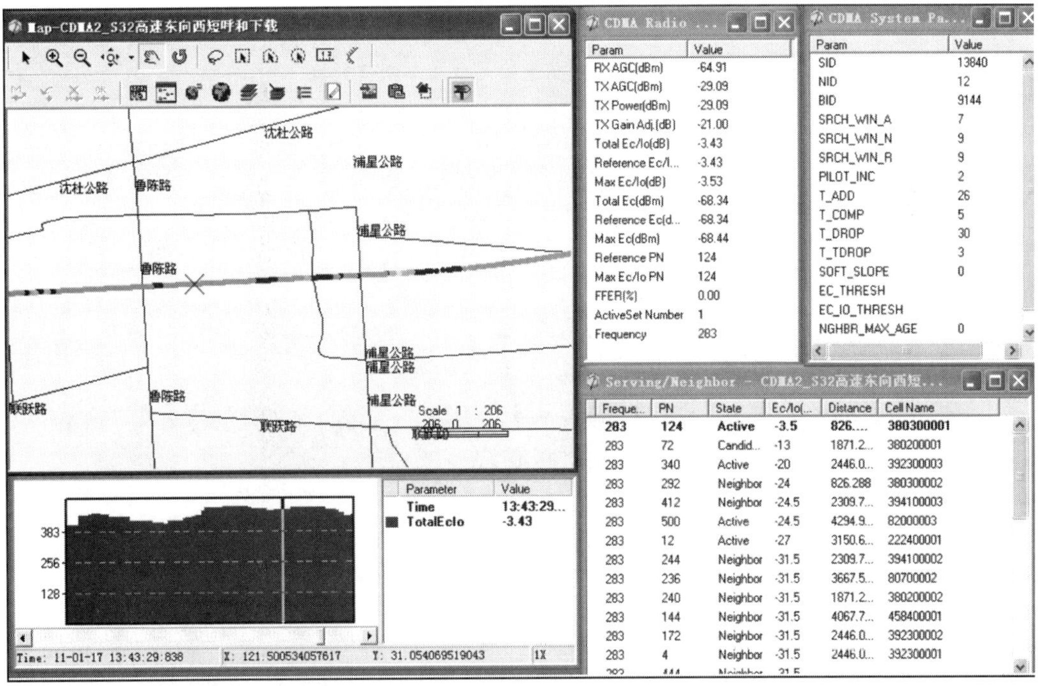

图 4—51　S32 申嘉湖高速近鲁陈公路复测数据

优化后，该路段 MS 占用联跃 C1718（2e _675）第一扇区 PN124 的信号，Ec/Io = -3 dB 左右，Rx = -65 dBm 左右，接通正常。

（2）邻区缺失—掉话分析：沪芦高速近大亭公路（121.781 870，30.928 830）测试数据如图 4—52 所示，基站覆盖情况如图 4—53 所示。

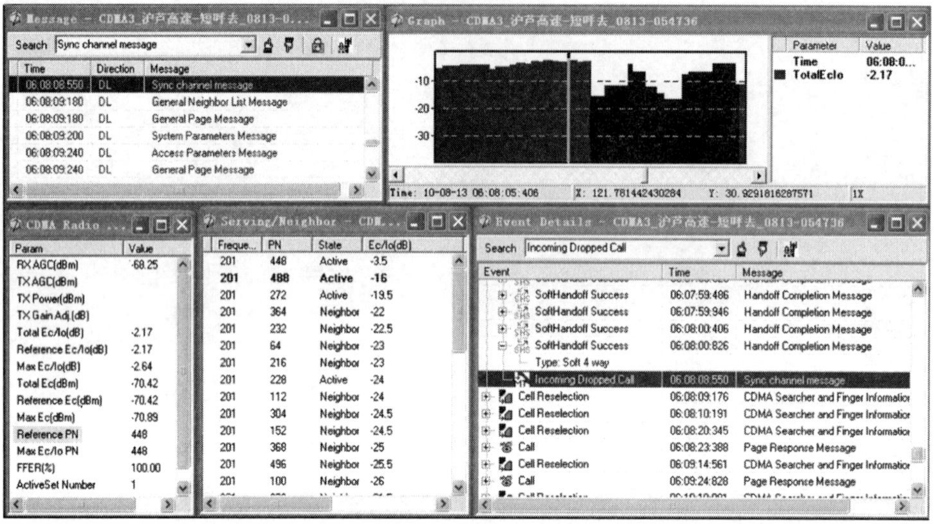

图 4—52　沪芦高速近大亭公路测试数据

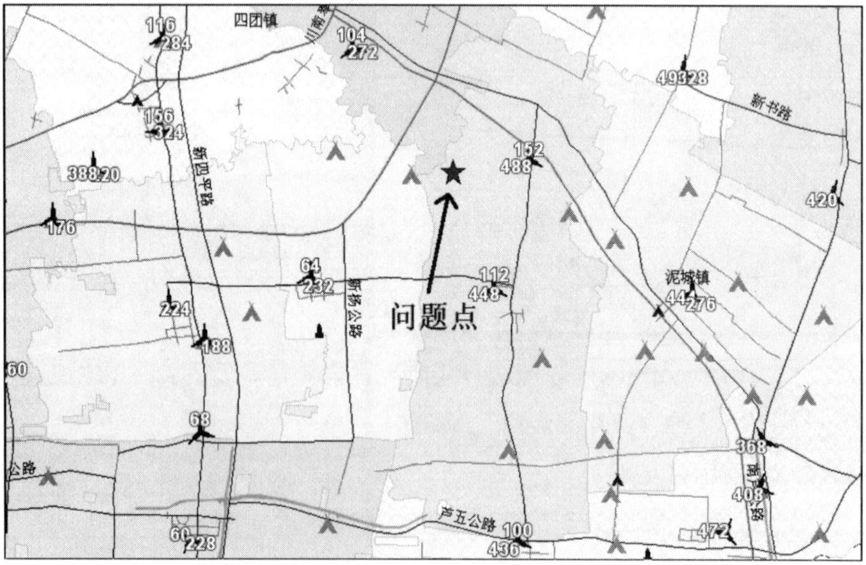

图 4—53　沪芦高速近大亭公路基站覆盖情况

分析：移动台行驶在沪芦高速上，此时 MS 激活集中有 PN =272 大芦第 2 扇区、PN =488 彭镇第 3 扇区和 PN =448 靓龙第 3 扇区三个导频，覆盖正常 Rx 在 -72 dBm 左右，Ec/Io 在 -5 dB左右。但随着车辆的继续行驶，MS 激活集中增加了越区覆盖导频 PN =228 五四农场第 2 扇区，该导频加入后导致 FER 急剧恶化，手机关闭发射造成前向掉话。根据分析，由于原先激活集中 PN =448 有 PN =228 的邻区关系，导致 PN =228 加入后造成前向干扰导致 FER 急剧恶化。而 PN =448 与 PN =228 的切换率仅有 1. 4%，二者间距 7 km，故建议在 PN =448 的邻区表中删除 PN =228 的邻区关系。

优化方案：建议在 PN =448 靓龙第 3 扇区的邻区表中删除 PN =228 五四农场第 2 扇区的邻区关系。

(3) 设备故障—掉话分析：申嘉湖高速近三鲁公路（121. 520 50，31. 055 82）测试数据如图 4—54 所示。

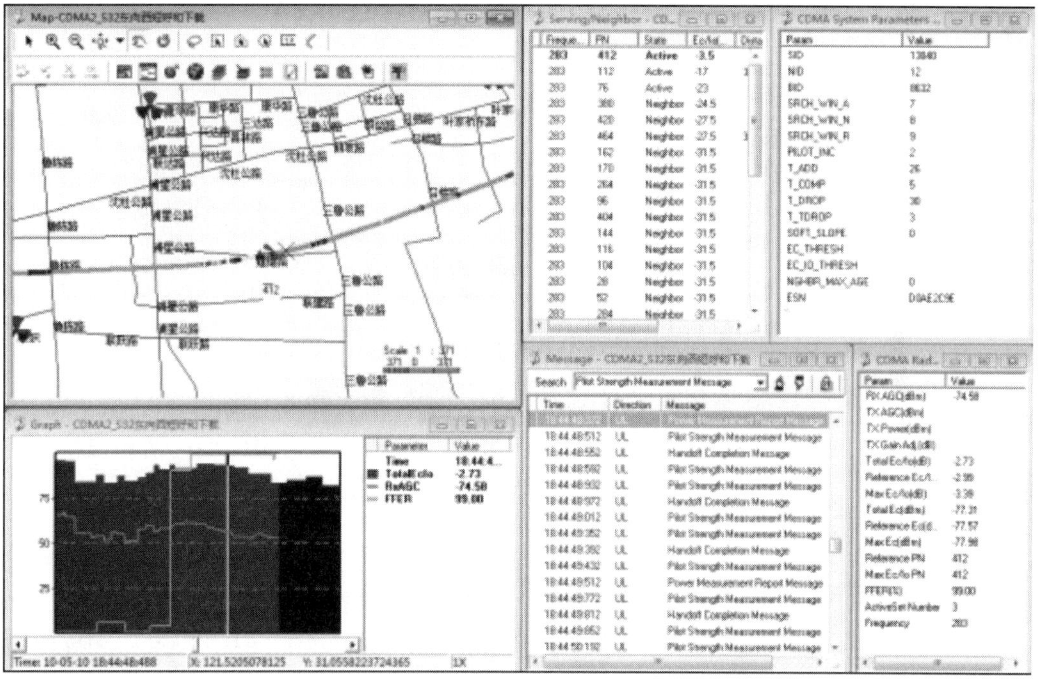

图 4—54　申嘉湖高速近三鲁公路测试数据

分析：该路段占用新站第一扇区信号 PN76（BID：8632）时通话正常；切换至该站第三扇区 PN412（BID：9144）后，Rx 在75 dBm左右，Ec/Io 在 -3 dB左右的情况下，邻区中未发现强干扰信号，FER 陡增至 100%，出现掉话；在由西向东的过程中，占用该信号情况较好的情况下出现无法接通的现象。分析原因为该站第三扇区基站侧故障。由于该站未在 SITEINFO 中更新，建议咨询厂商，核查该站第三扇区硬件是否存在故障。

复测结果如图 4—55 所示。

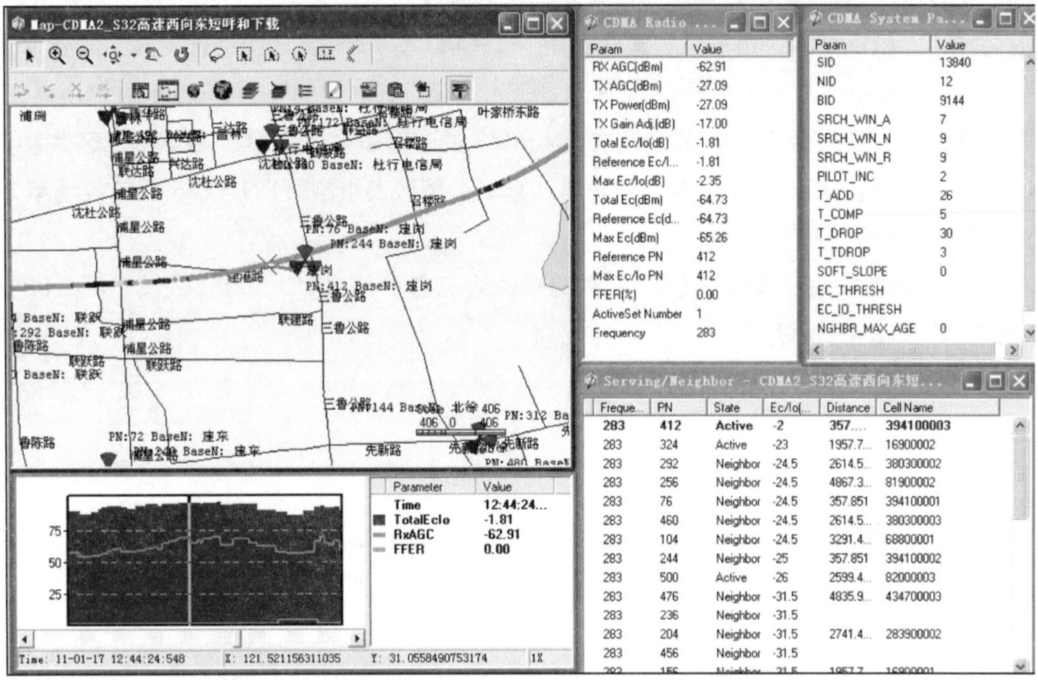

图 4—55　申嘉湖高速近三鲁公路复测数据

优化后，该路段 MS 占用建岗 C1936（2e_696）第三扇区 PN412 的信号，Ec/Io 在 −2 dB 左右，Rx 在 −63 dBm 左右，FER 正常，接通正常，未出现掉话和未接通情况。

3．高架道路的优化

在对高架道路的实际优化过程中也经常会碰到邻区缺失、设备故障等问题。

（1）基站故障—未接通：延安路高架外环线（121. 350 3，31. 181 8）测试数据如图 4—56 所示。

分析：该路段弱覆盖 Total Ec/Io = −16. 82，RxAGC = −61. 58，servicePN = 176 虹中站 C0426 的 1 扇区。从地图上看这段路应该由红松站 C0368 的 1 扇区覆盖，而在这段轨迹上没有任何红松站的信号，当时红松站故障产生覆盖空洞。

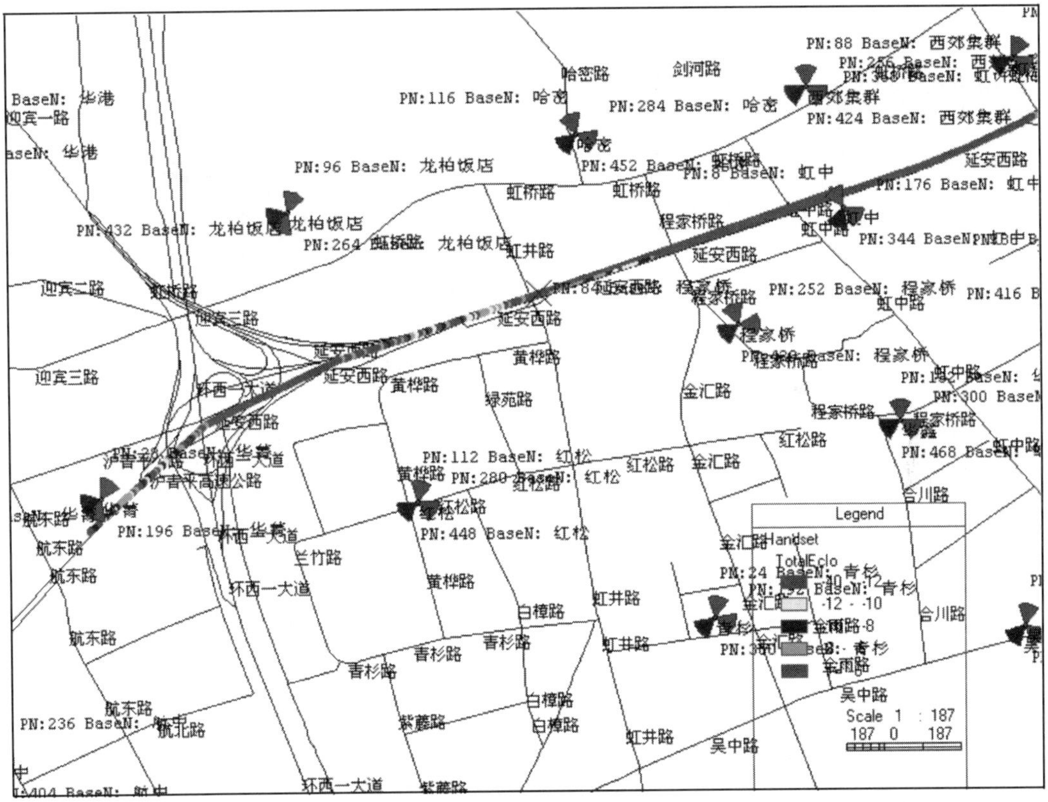

图 4—56　延安路高架外环线测试数据

优化方案：检查红松站然后复测。

(2) 邻区调整—掉话分析：中环邯郸路地道（121.504 5，31.300 1）测试数据如图 4—57 所示。

分析：该路段弱覆盖 Total Ec/Io = −16.18，RxAGC = −63.81，servicePN =104 国定 C0787 的 1 扇区。移动台从国定站（C0787）切换到中环线邯郸路隧道站（C3130）发生掉话。从图 4—57 上看，同样经过邯郸路地道，反方向从国定站（C3130）切换到中环线邯郸路隧道站（C0787）却没有掉话，而且 Ec/Io 正常。查看邻区表发现国定站没有加中环线邯郸路隧道站为邻区，因此发生掉话。

优化方案：建议在 7_59_1 的邻区表中添加 7_249_1。

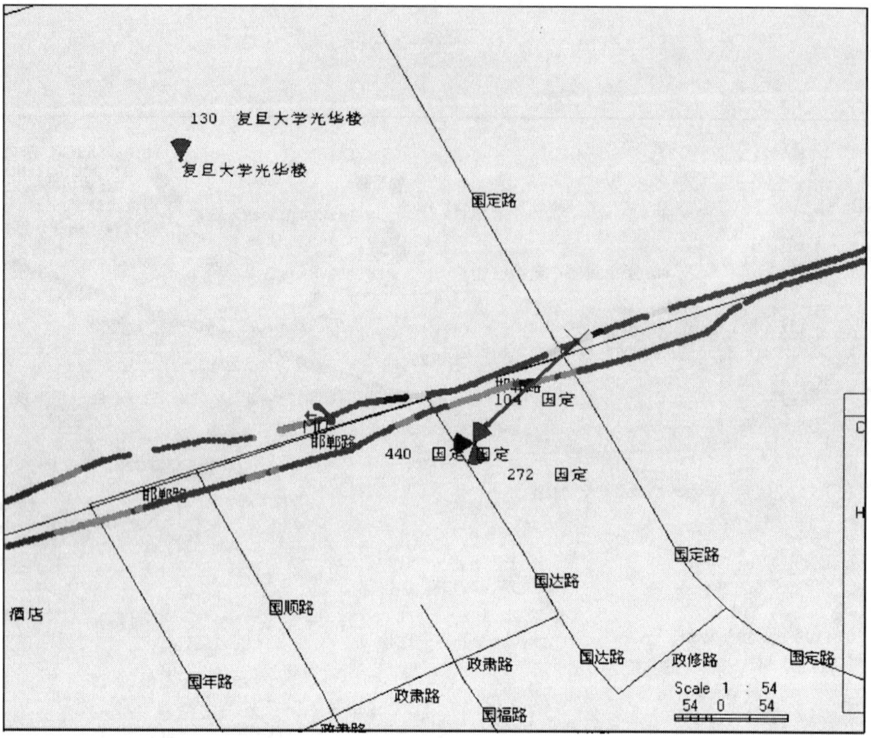

图 4—57　中环邯郸路地道测试数据

4.9.2　海面和边界优化概要及案例

上海地处长江三角洲前缘，北界长江，东濒东海，南临杭州湾，西接江苏、浙江两省，地处南北海岸线中心，长江三角洲东缘；海岸线总长约172 km。上海市边界线如图 4—58 所示。

1. 边界组网方式概述

边界组网方式分为同厂商和异厂商两种，边界组网方式如图 4—59 所示。

上海周边区域都是用华为设备。

上海与苏州、嘉兴边界主要属于陆地边界，存在异厂商边界，广泛采用异频待机等技术。

上海与南通、舟山边界属于水域边界，存在同厂商边界，全部实现跨省软切换。

（1）同厂商—省际软切换。边界主要存在跨省硬切换问题，为了提高网络质量，减少省际硬切换造成的掉话和呼叫失败问题，同厂商边界实现跨省软切换，如上海嘉定和江苏南通区域。

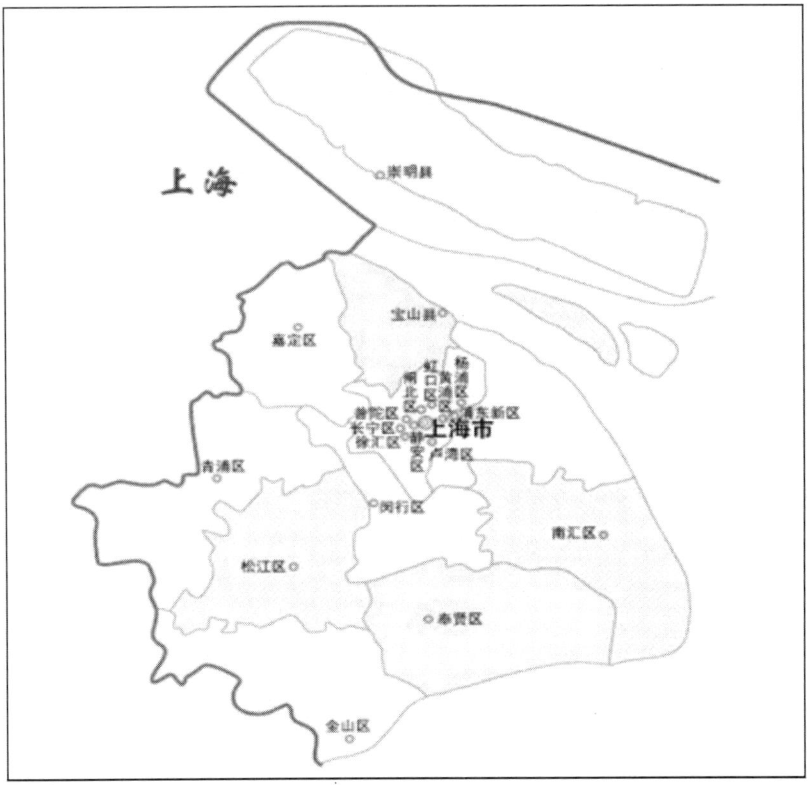

图 4—58 上海市边界线

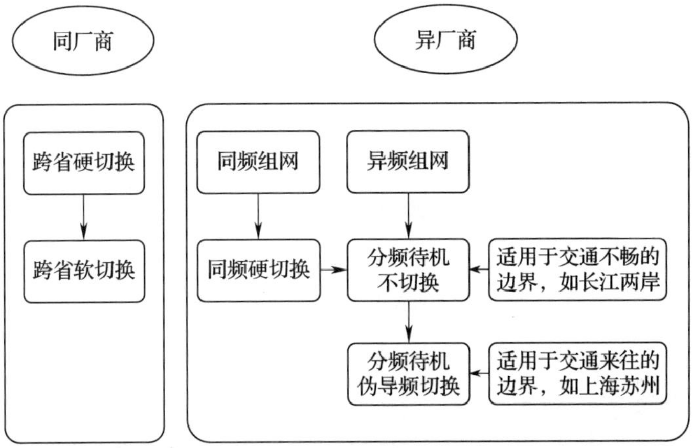

图 4—59 边界组网方式

（2）异厂商—同频组网与异频组网。异厂商组网分为同频组网和异频组网两种。由于同频组网存在一些问题，所以上海本地采用异频组网方式。同频组网的问题主要如下：

- 通话状态的乒乓切换及话音干扰问题。

由于无线信号空间变化波动较大，在双方信号强度相当的部分区域，容易形成乒乓切换，过多的切换会导致掉话和语音断续。硬切换前后，对方的强导频对于通话都是一个强干扰源。因此，整体通话质量较差。

- 待机状态的乒乓登记及被叫难问题。

由于异厂商之间分属不同的位置区及寻呼区，手机在双方信号强度相当的情况下，会不停地选择监听较强一方的系统消息，并根据登记区域的变化不断发起登记。为减轻边界基站的寻呼及接入信道的负荷，故设置一定的时间惩罚机制，对乒乓登记进行限制。容易造成系统对手机的位置区判断错误，造成边界用户被叫难的问题。

同频组网虽然经过优化，切换成功率可以达到 80% 以上，但还是存在以上两方面问题。

异频组网方式如图 4—60 所示。

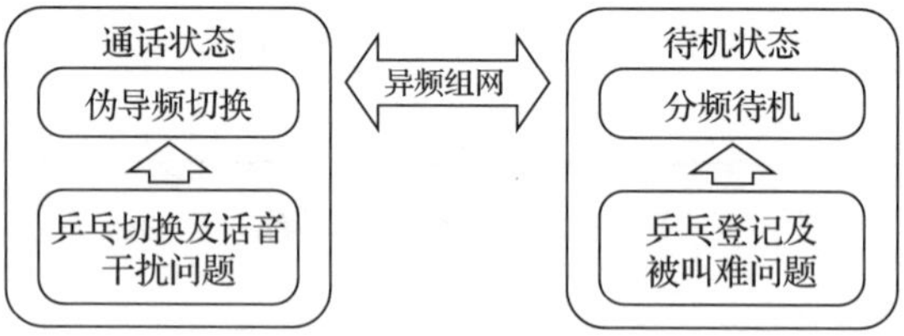

图 4—60　异频组网方式

引入异频组网以后，在通话状态使用伪导频切换，在待机状态使用分频待机。有效地解决了上述两个难题。

2. 边界优化案例

边界优化需要网优中心与区局、邻省电信三方人员密切配合，对重点区域问题点通过现场测试、现场制定优化方案（以调整天线方位角、俯仰角和调整伪导频功率为主）、现场复测的工作流程，实现了问题点现场解决。对于非重点区域，采用普测，然后批量提出优化建议，互相配合，批量调整。下面以枫泾新春苑为实际优化案例进行介绍。枫泾新春苑基站覆盖情况如图 4—61 所示。

该区域受嘉兴姚庄开发区、姚庄、虹桥、老里泽信号影响，漫游情况严重，如图 4—62 所示。

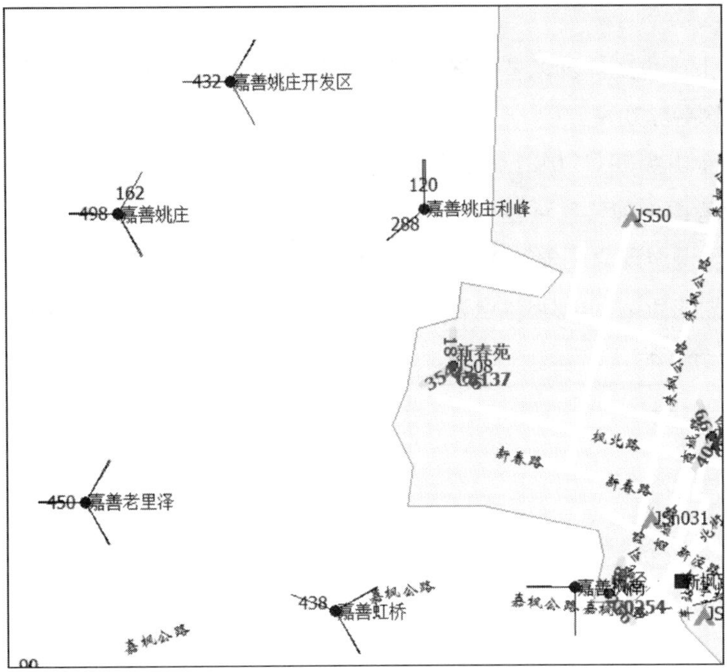

图 4—61　枫泾新春苑基站覆盖情况

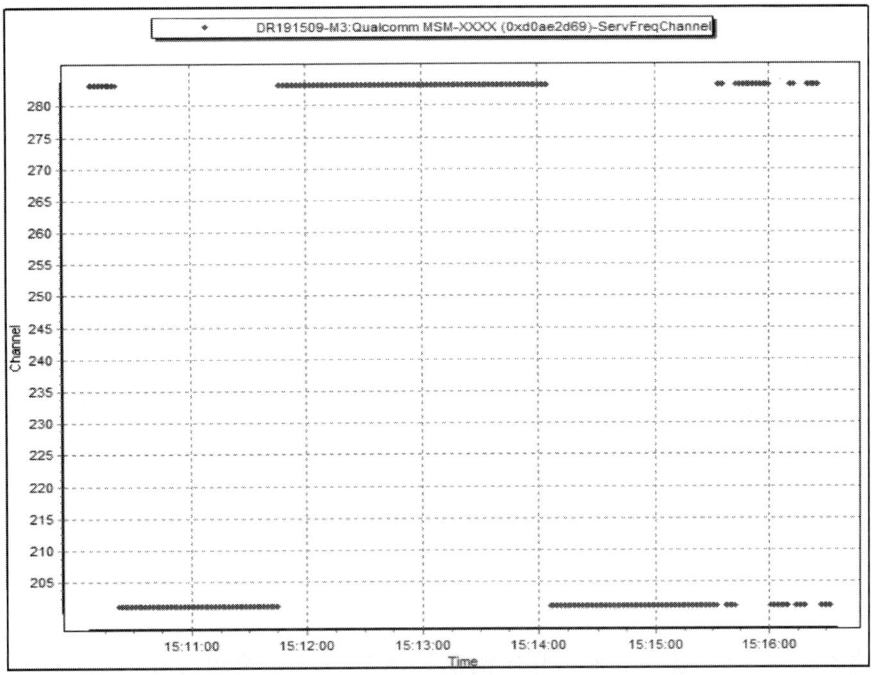

图 4—62　枫泾新春苑信号漫游情况

优化方案：

（1）嘉兴下压姚庄开发区 2 扇区、姚庄 2 扇区、虹桥 1 扇区、老里泽 1 扇区的俯仰角，并降低伪导频功率。

（2）调整金山金轩 C1142（8_155）第三扇区方向角 240°~250°。

（3）可以考虑增加背靠背基站。

优化结果：漫游现象明显改善，枫泾新春苑优化后信号漫游情况如图 4—63 所示。该区域已有规划的新站（JS08，已开工），建成后将基本解决用户漫游问题。

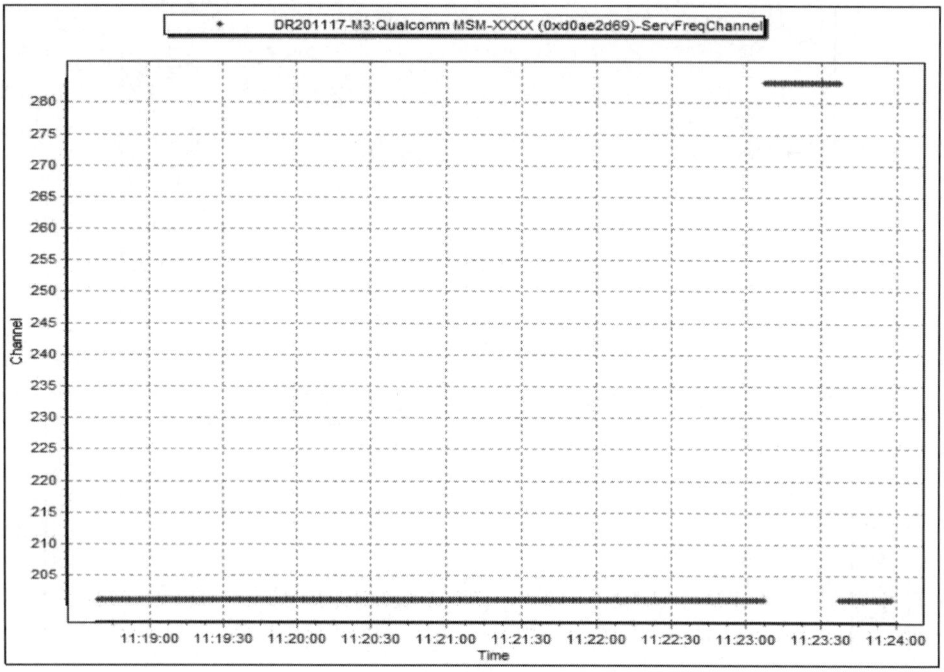

图 4—63　枫泾新春苑优化后信号漫游情况

在边界优化中，主要采取以下手段：调整天线，减少双方越区覆盖；边界基站进行差异化设置（伪导频功率和切换参数）；功率调整以及边界网络改造（共建共享基站、关扇区和搬迁基站）。

4.9.3　光纤直放站掉话案例

1．现象

世博园区内，罗阿案例馆和汉堡案例馆 C 网 1x 和 DO 室内信号均无法和室外信号切换导致掉话。

2. 原因分析

在双向切换过程中，以手机终端从室内向室外移动为例，通过 log 分析发现，手机在通话过程中，始终没有发送 PSMM 消息，在邻居集中也看不到宏站的 PN。但室内信号的 Neighbor List 消息有室外宏站的邻区关系。判断为手机未解调室外宏站信号，原因为室外信号落在室内信号搜索窗以外。当把搜索窗开到 160 chips 后，手机终于能解调室外信号，上报的 PSMM 消息显示相对宏站信号（PN64），室内信号延迟了4 096 −4 030 =66 chips，相当于至少要大于132 chips的搜索窗大小才能满足解调需求。

对可能造成信号延迟的各个节点原因做了分析，主要可能有 3 种：

- 基站 CBR 等相关板件隐性故障导致信号输出延迟过大。
- 光放（近端/远端）故障导致处理时延过大。
- 光路过长导致传播延迟过大。

对于第一点，上站对该扇区做了切换测试，PSMM 消息上报的从基站直接输出的信号延迟为 0chip。基站硬件没有故障。

对于第二点，联系了设备厂家，对光放近端进行了更换，并要求新的光放近端必须在更换前进行处理延迟测试，保证处理延迟在符合规定的15 μs以内。在更换完光放近端后（经过出厂测试，处理延迟为13 μs），浦西组复测发现，这两个馆的信号仍然无法和室外信号切换，情况和之前一样。

对于第三点，使用了 OTDR（光时域反射仪），复测光路长度。测试结果显示近远端机间的光路长度为8. 264 km。通过计算，取 1. 47 的折射率，整个路由延迟约为［（8. 264 ×1. 47） ×103/3 ×108 +13］ ×1. 228 8 =66 chips，和测试结果完全符合。最终分析确定，罗阿案例馆和汉堡案例馆无法切换的原因就是光路过长导致传播延迟过大。

3. 应对措施

维修人员决定采取优化光路路由的手段，并及时向世博周家渡指挥部申请重新割接调整罗阿案例馆和汉堡案例馆的光路路由，并确保把光路长度控制在 5 km 以内。

4. 处理结果

最终，经过光路路由调整优化（实测调整后光路长度为 3. 2 km），罗阿案例馆和汉堡案例馆目前已能正常和室外宏站切换了，问题顺利解决。

4.9.4　邻区配置不合理引起掉话案例

1．问题描述

在进行日常掉话率 TOPN 分析时发现，C0069 中宁 3 扇区掉话次数及掉话率整体较高且波动较大，近期忙时（10：00－11：00）C0069 中宁 3 扇区掉话次数及掉话率变化趋势如图 4—64 所示。

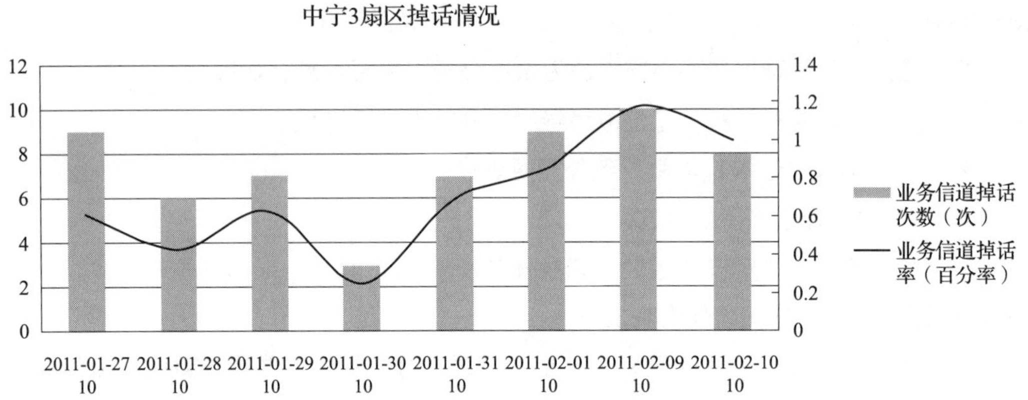

图 4—64　中宁 3 扇区掉话趋势图

近期，C0069 中宁 3 扇区掉话次数及掉话率整体较高，针对这一问题，技术人员进行了进一步分析。

2．问题分析

针对近期 C0069 中宁 3 扇区掉话次数及掉话率整体较高问题，首先查看了 C0069 中宁基站及其附近基站的状态，均没有发现告警，ROP 中也没有发现任何异常的现象。接着对 homax 进行分析，取了近五天的 homax，根据 homax 的结果与现网邻区配置进行比对。在 homax 中，C0069 中宁 3 扇区与 C8071 兰溪 2 扇区切换次数最多，占了总次数的 20. 44%。从图 4—65 可以看出，C0069 中宁 3 扇区与 C8071 兰溪 2 扇区正对，然而，在 C0069 中宁 3 扇区邻区列表中，C8071 兰溪 2 扇却在后 20 条，邻区配置不合理。同理从图 4—66 可以看出，C0070 新大渡河 1 扇区与 C0069 中宁 3 扇区切换次数也较多，该站同样在邻区列表的后 20 条。据此，可以判断，导致近期中宁基站 3 扇区掉话增多的原因主要是邻区配置不合理。

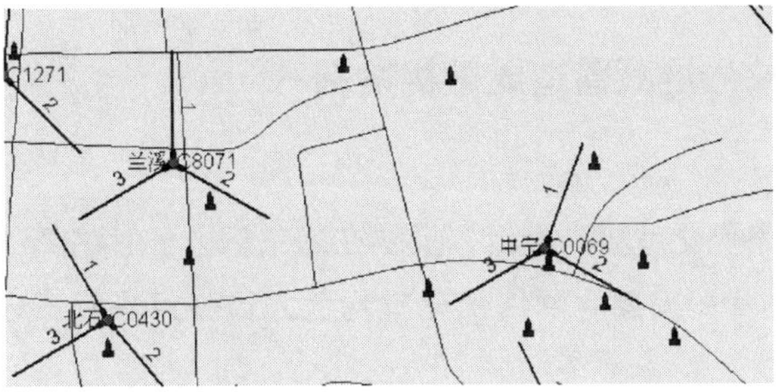

图 4—65　中宁 3 扇区和兰溪 2 扇区

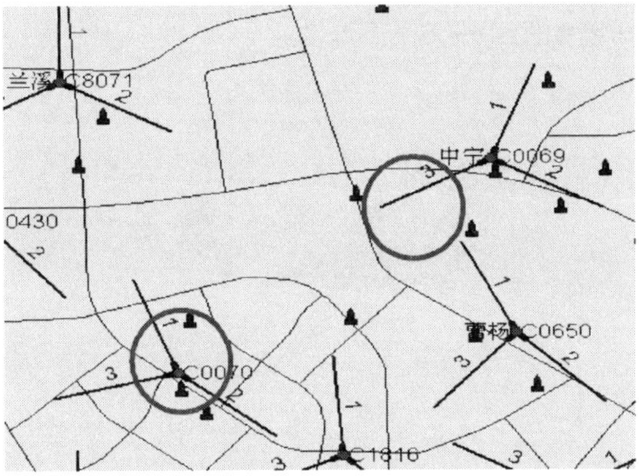

图 4—66　中宁 3 扇区和新大渡河 1 扇区

3. 解决方案

针对分析结果，对 C0069 中宁 3 扇区的邻区列表进行调整，将切换比例较低且距离 C0069 中宁基站较远的 C0652 长征基站 2 扇区及 C0066 金沙江 1 扇区移至邻区列表后 20 条，将 C8071 兰溪 2 扇区及 C0070 新大渡河 1 扇区调整到邻区列表前 20 条。

关注指标发现，邻区调整后 C0069 中宁 3 扇区掉话率明显下降，此次优化成功有效。调整后中宁 3 扇区掉话趋势如图 6—67 所示。

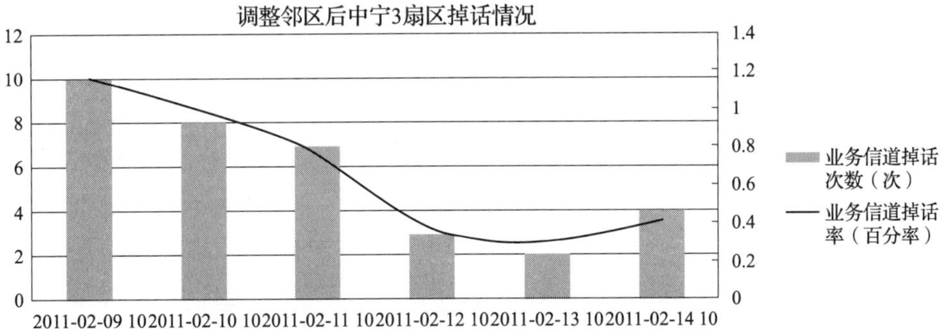

图 4—67　调整后中宁 3 扇区掉话趋势

4.9.5　手机信号屏蔽器造成干扰案例

1．问题描述

2010 年初，网络优化室接到投诉，反映在浦东新区玉兰路 257 号广发证券 2 楼办公室内存在手机无信号的问题。网络优化室网优人员张卢华和王珏对投诉点进行了详细的实地测试。

2．问题分析

问题点周边无线环境如图 4—68 所示。

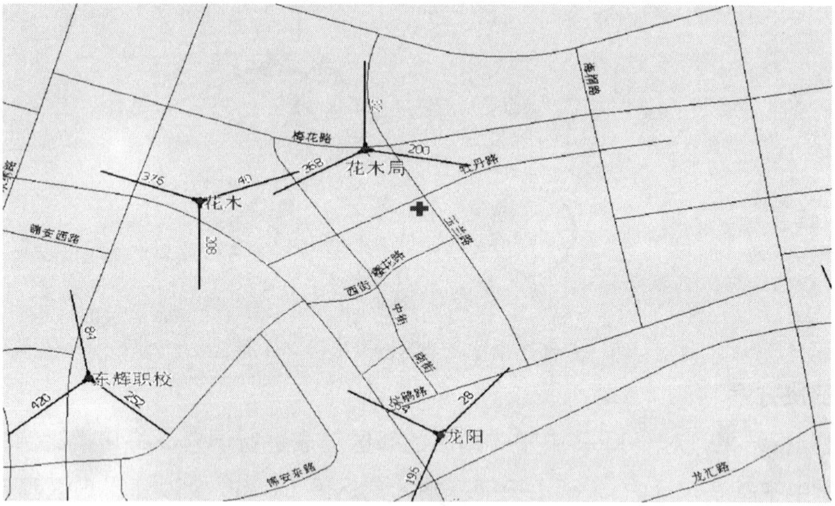

图 4—68　问题点周边无线环境

图 4—68 中“十”字图标为投诉点（广发证券），位于玉兰路牡丹路路口。

投诉点 2F 营业厅测试情况如图 4—69 和图 4—70 所示。

测试发现投诉点（广发证券 2 楼办公室内）主要占用花木局 C1453（5_330）第 2 扇区 PN200 的信号，手机接收电平 Rx 基本分布在 −55 dBm 至 −75 dBm 之间，整体信噪比 Ec/Io 分布在 −12 dB 以下，通话有断续和未接通现象。广发证券 1F 大厅内占用花木局 C1453（5_330）第 2 扇区 PN200 的信号，手机接收电平 Rx 基本分布在 −55 dBm ~ −70 dBm，整体信噪比 Ec/Io 基本分布在 −3 dB ~ −8 dB，通话正常。

从测试数据的分析来看，有前向 FER 突然升高的现象，于是网优人员决定采取干扰排查的优化手段来查找造成手机信号弱的外部干扰源。

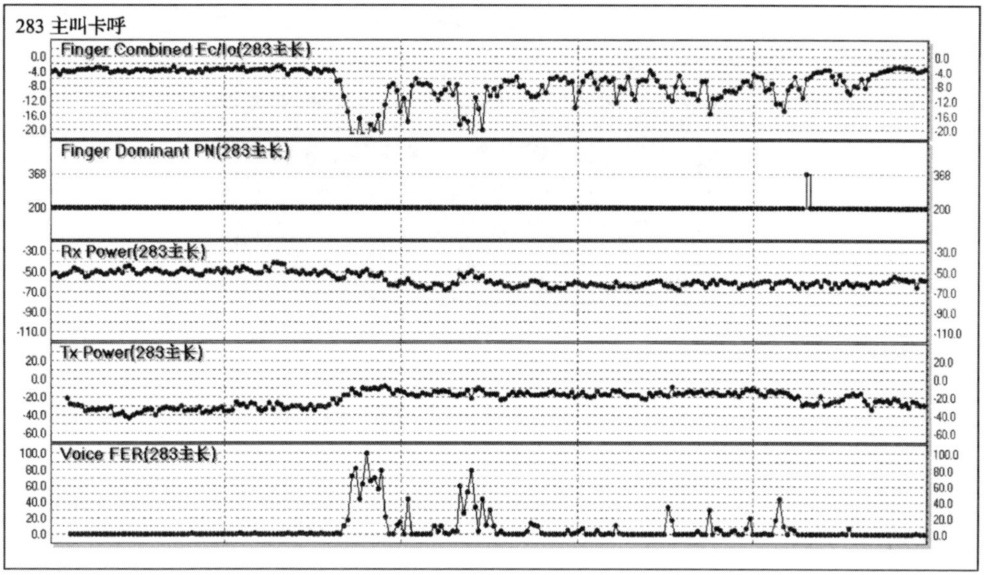

图 4—69　投诉点 2F 营业厅 283 主呼测试情况

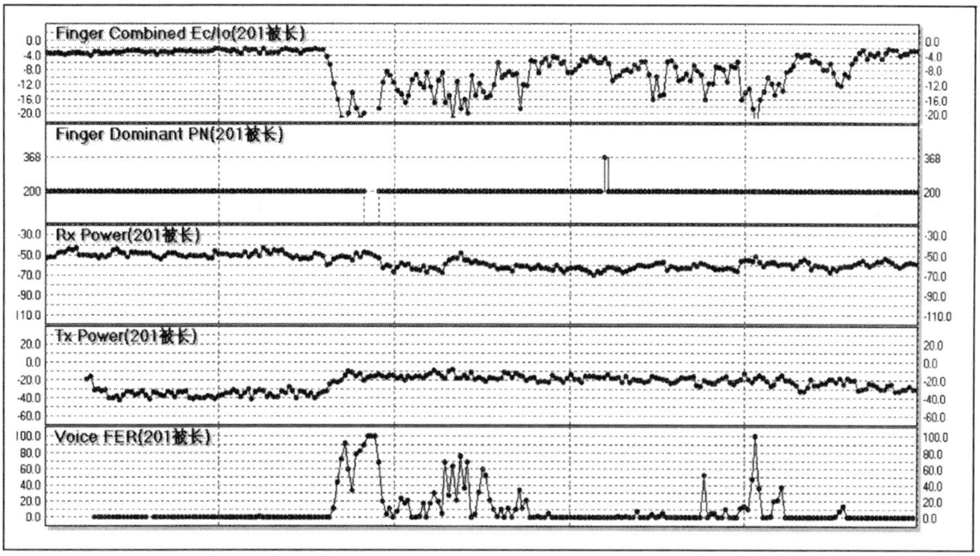

图 4—70　投诉点 2F 营业厅 201 主呼测试情况

在用 YBT250 扫频设备对广发证券 2F 办公室内、广发证券 1F 大厅内以及 1F 工商银行 ATM 取款机周边进行扫频后，发现 1F 工商银行 ATM 取款机有很强的噪声干扰，在 CDMA 前向工作频段870 MHz ~ 880 MHz内，噪声强度在 −30 dBm左右，如图 4—71所示，从而导致手机处于脱网状态。

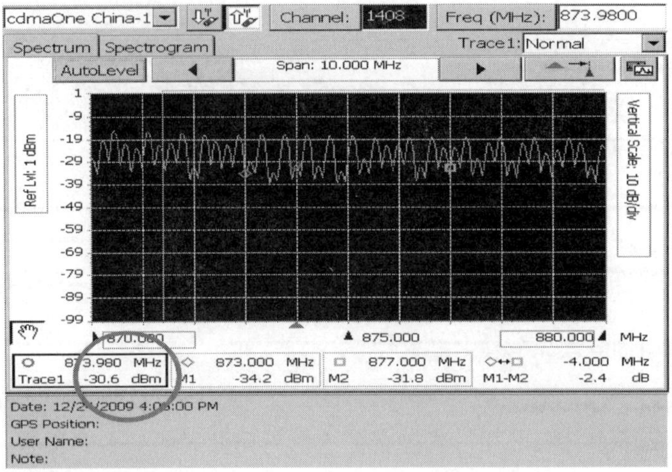

图 4—71　投诉点 2F 营业厅 YBT250 扫频结果

3. 解决方案

在联系该行行长后得知，ATM 取款机机房内安装了手机信号屏蔽器，位置如图 4—72 所示，是公安局为了防止手机短信诈骗而要求安装在所有 ATM 取款机机房内的设备，故导致在 ATM 取款机周边 15 m 左右范围内手机处于脱网状态。

图 4—72　投诉点 2F 营业厅照片

经过协商，相关部门降低了该处手机信号屏蔽器的发射功率，以减少屏蔽装置对 2F 广发证券办公室内手机信号的影响。